ars vivendi

Mit Menschen leben
Ein Nürnberger Lesebuch

Er genoß den süßesten Ruhm, den Lokalruhm.
H. K., Die Zwillinge von Nürnberg

Inhalt

Wolfgang Buhl
Der Weltbürger

Er war oft bei uns. Öfter als jeder andere Dichter, und immer wieder war es die gleiche Handlung. Auch als es Toni noch gab, klingelte er, nicht sie, an der Gartenpforte. Ehe der Öffner summte, nahm er den Hut ab, Hiobs Hut, wie ich ihn nannte, drehte ihn zwischen den Händen, öffnete dann das Türchen, kam mir mit ausgebreiteten Armen entgegen, rief »Welche Freude!«, überließ Toni alles übrige der Begrüßung, nahm mit drei jugendlichen Sätzen die Treppe zur Haustür, öffnete den Windfang, warf seinen Hut mit der Anmut eines Herrn von Welt mehr auf den Garderobenfirst, als daß er ihn dorthin legte, bog zielsicher nach rechts ab zur Glastür zum Wohnzimmer, dann abermals in scharf rechtem Winkel nach rechts, noch ein paar schnelle Schritte, rascher Blick zur Bücherwand, an der er entlang, ob die stattliche Reihe der Kestens, brav alphabetisch angetreten, wie sich's gehört, noch immer zwischen Keller/Kempowski und Kerr und der guten Keun stünden, und ließ sich behaglich in dem blauen Ohrenstuhl nieder neben der Stehlampe mit dem tollen italienischen Leuchtfuß, der ihm eine Spur dämonisches Unterlicht vors Kinn legte, daß er einen Augenblick lang mit Prechtls E.T.A. Hoffmann in einer Zierlücke in den acht engen Reihen der Bücherrücken zu korrespondieren schien, aber nur ganz kurz, denn schon nahm er sich, auch das gehörte zum Ritual, ein besonders wohlgeformtes Stück Würfelzucker aus der Zwiebelmusterdose des Kaffeetischs, knackte es schneller als das behendeste Eichhorn und sagte: »Was gibt es Neues, mein Freund?«

»Nun ja«, sagte ich, »wir können nicht jeden Monat einen neuen Oberbürgermeister wählen, die Pegnitz ist immer noch kein reißender Fluß, der ein fränkischer

Rhein sein könnte, wie ihn Hein Böll so vermißte, als Sie ihn hier in diesem Stuhl über die Stadt einvernahmen, damals zum Dürerjahr (wissen Sie's noch), und er Ihnen bei jeder Frage über Nürnberg mit einer Kölnischen Antwort bewies, welches der beiden Nester das ältere und schönere und natürlich bessere sei, selbstverständlich sein heiliges Köln. Und wie unser Nachbar, Gott hab ihn selig, dessen großdeutscher Blick bei uns stets nur Juden und Kommunisten aus- und eingehen sah, nachdem er schon mal Walter von Cube als Eduard von Schnitzler entlarvt hatte, Sie beim letzten Mal einwandfrei als denselben durchschaute, wenn auch durch Bartabnahme raffiniert getarnt, woran auch der Ü-Wagen vorm Haus nichts zu ändern vermochte, der seinen weißblauen Leib so prall in den heiteren Himmel berzte, daß ihn nur Farbblinde für einen aufgemotzten Trabi halten konnten?« O ja. Und wie sich dann seine Brauen, gegen die Waigels keineswegs schmälernswerte Nebenbuhler zu Kümmerlingen herabdarben, in Schwingen verwandeln, auf denen sein Vergnügen schier ins Endlose steigt, während er keine Miene verzieht – Herr, ein ewiger Jammer, daß man's nun nicht mehr erleben kann. Wer es je genießen durfte, wird es nie vergessen. Nein, beim Teufel, oder gar drei oder dreißig seiner unseligen Brüder, er wird es nicht. Nie und nimmer hätte man's einem Nürnberger zugetraut. Oder war eben das eins seiner hiesigen Erbteile?

Einem Nürnberger? War er wirklich einer? Oder stimmt das Entsetzliche, was seinerzeit, 1954, als man ihm den Nürnberger Kulturpreis verlieh, die kenntnisreiche Rathaus-Opposition herausgefunden: daß er in Galizien das Licht dieser ohnehin verruchten Welt erblickt, dazu in einem Kobel mit dem unaussprechlichen Namen Podwoloczyska, den er selber, bis auf seine letzten Jahre, so hatte er ihn verdrängt, kaum buchstabieren konnte? Und in der Tat verschwand erst 1993 selbst im P.E.N.-Lexikon Nürnberg als Geburtsort aus seinen Annalen zugunsten einer Lücke, die zu schließen er sich allerdings zu keiner Zeit Mühe gab – weshalb denn auch, wenn sich sein Freund Joseph Roth statt eines unehelichen Unbekannten einen hochdekorierten habsburgischen Offizier als Vater erfunden hat, an den heute noch einige glauben? Selbst zu seinem Neunzigsten sprachen ihn Brandt, Jens, sogar sein einstiger P.E.N.-Generalsekretär Thilo Koch unverblümt und unwidersprochen als Nürnberger an. Weshalb denn nicht? Man zimpere doch nicht mit Lappalien. Ist sein Freund Richard Lindner ein Hamburger, weil er dort geboren, aber auf Kindsbeinen nach Nürnberg gebracht, Claire Goll eine Nürnbergerin, weil, noch viel jünger als jener, nach München versiedelt wurde? Seine denkwürdige Zweite Nürnberger Rede, »Zwanzig Jahre danach«, begann der Fünfundsechzigjährige mit dem Satz »Ich fühle mich in keiner Stadt der Welt so zu Hause wie in Nürnberg und in keiner Stadt der Welt so fremd.«

Vier Jahre früher, 1961, hatte er seine Ansprache vor der Vollversammlung des P.E.N.-Zentrums der Bundesrepublik im Audimax der alten Handelshochschule an der Findelgasse, die inzwischen zur Wirtschafts- und Sozialpolitischen Fakultät der Universität Erlangen-Nürnberg promoviert worden war, mit den nicht weniger gewichtigen Sätzen beendet: »Ich nahm also zum Titel: ›Wir Nürnberger‹, um klarzumachen, daß ich ebensogut auch den Titel: ›Wir Münchener‹ oder ›Wir Berliner‹, ›Wir New Yorker‹, ›Wir Pariser‹, ›Wir Römer‹ hätte wählen können; denn überall sitzen mehr Sünder als Gerechte, und in allen diesen Städten habe ich lange gelebt und fühle mich ihnen so unauflöslich verbunden wie der alten Stadt Nürnberg.«

Daß er ihr zeit seines Lebens verbunden blieb, zeigt dieses Buch, vielleicht kann es sogar seine Liebe andeuten, allein durch Zitate aus seinen Büchern, zur Stadt seiner Kindheit und Jugend, auch wenn er es an einigen zornigen Worten, vor allem als junger Mann in den zwanziger und dreißiger Jahren, nicht mangeln ließ, in seiner guten Zeit, bis in die späten Siebziger, war er von allen deutschen Dichtern der Quickste. Seine Beweglichkeit kannte keine Grenzen. Als er, ohne sein Studium in Frankfurt beendet zu haben, 1927 Nürnberg verließ, war er schon in Italien, Spanien, Marokko und Tunesien gewesen und nur aus Berlin zurückgekehrt, um auf Anregung Fritz Helmut Landshoffs seinen ersten Roman zu Papier zu bringen. Geschrieben wurde er, flugs wie sein Autor nun einmal war, im Café-Restaurant am Dutzendteich, das es längst nicht mehr gibt. »Da brauchte ich nicht viel mehr als eine Woche dafür«, behauptete er später – siehe seine autobiographische Skizze »Mit Menschen leben« –, Karl-Heinz Goldmann freilich, erster Nachkriegsdirektor der Nürnberger Stadtbibliothek und bis heute einsames As im Finden und Aufschreiben von Jahreszahlen, spricht von vier Wochen. Aber auch ein Monat gliche in diesem Falle dem Mitschnitt eines blitzschnellen Aufwärtshakens ans Kinn des Lesers: schneller ging's nicht, und wen wundert's, daß Nürnberg dabei nur ein Schatten im Hintergrund bleibt, angedeutet zwar durch den Namen Streicher, aber als völlig beliebiger und vor allem unpolitischer Name, und sonst erkennbar nur an der Enge einiger Innereien, aus denen es zu fliehen gilt:

»Wie kann man sich vor Onkel Roß fürchten? Er ist doch bloß unser ›Parasit‹, sagte Josef. Dieser Onkel, auch dieser Onkel war seltsam. Es gab Geheimnisse um ihn, die scheinbar offenlagen, aber nicht für ihn, Josef, der doch kein Kind mehr war, er war doch schon dreizehn Jahre, da war man doch kein Kind mehr, er ging doch schon ins Gymnasium, er war doch kein Quartaner mehr, kein kleiner Junge mehr, mußte man schon ein Mann sein, um die Wahrheit erfahren zu dürfen, denn es gab doch die Wahrheit, sie war da, nur nicht für ihn; war er denn ein Gefangener seiner Jugend, wurde bestraft, weil er noch nicht verstaubt und alt war, hineingekettet wie die Erwachsenen in die Enge ihrer Beschränktheit, war er denn ein Gefangener, er wollte doch frei sein, und frei sein, das heißt: wissen.«

Das Buch heißt »Josef sucht die Freiheit«, und sein Titel spiegelt, auf literarische Weise, Kestens Lebensprogramm. Es wurde in der *Frankfurter Zeitung* vorabgedruckt, mit einer *Ehrenden Erwähnung beim Kleistpreis 1929* bedacht und führte zur Freundschaft mit Joseph Roth, wohl der tiefsten seiner jungen Jahre, später abgelöst von der Brüderlichkeit mit Erich Kästner.

Mag sein, daß Roths und Kestens gemeinsame galizische und jüdische Herkunft zugleich diese Gegenliebe, wenn auch nicht ohne Vorbehalt, begünstigte, aber da waren auch, bei allem Unterschied, nicht nur im Umgang mit Alkohol, andere Übereinstimmungen, das zeitlose Thema Flucht und das noch größere der Menschlichkeit in barbarischer Zeit und Verwandtschaft bis in Wortwahl und Satzbau hinein, den Kaskadenstil, wie Manès Sperber das speziell bei Kesten nannte, Überrest und zugleich Gegenpart des Expressionismus, »in dem das Wort zu tanzen beginnt auf einem Springbrunnen, immer wilder hochgeworfen wird und eine Art Berauschtheit ergibt.«

Auch das wiederum Ausstoß eines Unruhegeistes, den es an keinem Schreib- oder viel besser Caféhaustisch der Welt hielt, aber immer wieder in die Welt hinaustrieb. Erich Kästner schrieb ihm zum Siebzigsten ein »Geburtstagsständchen, fast aus dem Stegreif«, wie er es nannte:

Noch wenn man mich fragt, wo er diesmal stecke,
biegt er brisant um die nächste Ecke,
vielleicht in Soho, vielleicht in Paris
oder in Cannes oder Overseas.
Er reist von Darmstadt nach Marrakesch.
Er reist von Stockholm zur Insel Desch.
Er reist, da gibt's kein Füllfederlesen,
denn was er nicht sah, ist für ihn nicht gewesen.
Er reist je nachdem,
wenn's sein kann bequem,
wenn's sein muß billig.
(Und zwölf Jahre lang reiste er unfreiwillig.)

Nachdem er am 2. März 1933 noch im Berliner Rundfunkhaus aus seinem eben entstehenden Roman »Der Gerechte« mit seiner Nürnberger Lieblingsfigur, einem erdachten Tucher, vorgelesen hatte, verließ er Deutschland in Richtung Amsterdam. Dort lebte er einige Zeit und dann in Paris, wo er im gleichen Hotel wie Joseph Roth wohnte, »in derselben Straße wie André Gide, fünf Minuten vom Bon Marché, Zolas Warenhaus«, auch ein bißchen in Sanary-sur-Mer, dem deutschen Emigranten-Nistkästchen, in dem die Kestens eine Etage unter – na, wem denn wohl? – den Roths lebten, und ab 1940 in New York, Germantown, wo ihn zehn Jahre später als erster der deutschen Kriegsgeneration Thilo Koch besuchte, sein späterer Generalsekretär im westdeutschen P.E.N., dessen Präsident er als Nachfolger Heinrich Bölls von 1972 bis 1976 war.

Als Kesten im ersten Jahr seines Exils in Übersee Fritz von Unruh am New Yorker Kai begrüßte, hatte der gesagt: »Ich bin einer der letzten.« Er war einer der ersten, denn die Flucht hatte das Ausmaß einer Flut angenommen, und die Schriftsteller waren darin nur eine Woge. Etwa tausend von ihnen verließen Deutschland. Nicht alle fanden in der Neuen Welt eine heile. Ernst Toller und Stefan Zweig brachten sich um, Franz Blei verhungerte. »Nach wie vor nähren wir uns, ärmlich, aber sauber gekleidet, von einem stets reingewaschenen und geplätteten Hungertuch«, schrieb Franz Carl Weißkopf, nach dem Kriege tschechischer Diplomat, am 10. September 1942 in New York an Hermann Kesten, der nicht nur ein Vermittler, sondern ein Mittelpunkt jenes Exils war. Er hat selten darüber geredet, in seinen Büchern finden sich kaum direkte Hinweise auf die Brecht betreffende Szene, die sich bei einer Einladung deutscher Exil-Autoren in der Wohnung Ferdinand Bruckners abspielte. Bruckner kam Kesten an der Tür entgegen und sagte: »Brecht ist da.«

»Und?« fragte ich.

»Hatten Sie nicht einen Streit, Brecht und Sie? Ich hatte es vergessen, als ich Sie zusammen einlud.«

»Einen Streit?« fragte ich. »Ich habe nur einmal mitgeholfen, ihm sein Leben zu retten.«

Fast mit den gleichen Worten wehrte er sich übrigens später gegen einige abfällige Bemerkungen seines galizischen Kollegen Soma Morgenstern.

Hermann Kesten rettete viele Leben. Zusammen mit Thomas Mann war er Honorary Adviser, also unbezahlter Berater, für die deutschsprachigen Autoren bei dem von amerikanischen Schriftstellern gegründeten Emergency Rescue Commitee, das sich die Rettung gefährdeter Autoren aus Europa zur Aufgabe gemacht hatte. An die zwei Jahre lang war er in den einschlägigen Ämtern zwischen New York und Washington ständiger Gast, um Notvisa, die begehrten Affidavits (Bürgschaften) und Gelder zu beschaffen. Obwohl der Landessprache kaum mächtig, gab er nie auf. Aber gäbe es seine Briefe nicht und die Briefe anderer an ihn – auf weit mehr als 10 000 schätzte er selber diesen Briefwechsel in den Jahren zwischen 1933 und 1949 –, niemand wüßte um diese »schöne und dankenswerte Aktivität«, wie sein 65jähriger Partner Thomas Mann dem gerade Vierzigjährigen aus Los Angeles schrieb.

»Ich bin überzeugt, daß nur eine persönliche Intervention in Washington meinen verpfuschten Fall klären könnte, und da es um nichts weniger als um das Leben geht, sollte das sofort geschehen. *Ich bitte Sie!* Könnte denn nicht eine Extraanstrengung für mich gemacht werden? Ich bin ja tatsächlich der einzige mit bekanntem Namen, der das Visa nicht hat. Sie müßten es sich schon zur *Aufgabe* machen, mich zu retten. Bitte schreiben Sie mir einen ausführlichen Brief, was eigentlich los ist. Und handeln Sie! Handeln Sie!«

So Leonhard Frank – er erhielt übrigens, so wenig wußte man anfangs der Fünfziger von diesen Dingen, den Nürnberger Kulturpreis ein Jahr v o r seinem Retter Kesten – aus Lissabon. Bedarf es weiterer Beispiele und Namen: Feuchtwanger, Heinrich Mann, Landshoff, Masereel? Waren es fünfzig oder hundert oder mehr? – Zuckmayer aus Vermont: »... wie ich höre, sind Sie der aktivste und energischste Helfer für unsere gefährdeten Freunde in Europa.« – Joseph Wittlin, der Pole, aus Lissabon: »Sie erfreuen sich hier einer Reputation eines allmächtigen Retters.« – Stefan Zweig schließlich, im Februar 1941, aus Connecticut: »Da Sie der Schutzvater und geradezu Schutzheiliger aller über die Welt Versprengten sind ...«

Und verlor kein einziges Wort. Aber welch ein Bild: Während in Nürnberg, der Stadt seiner Kindheit und Jugend, der Unmensch Streicher hauste, setzt ein jüdischer Bücherschreiber, der als satirischer, die Groteske liebender Autor zwar längst den Ruf eines Moralisten hat, nun aber als rastloser Humanist eine Tradition dieser Stadt fort, die Willibald Pirckheimer und sein Freund Albrecht Dürer begründeten. An ihrer Seite nähert er sich zugleich, natürlich unbewußt und deshalb um so demütiger, Erasmus von Rotterdam, »seinem geheimsten Alter ego«, wie ihm Walter Jens zum neunzigsten Geburtstag bescheinigte. Zufall oder nicht, daß er neunzehn Jahre lang in Basel lebte, der Stadt, in der auch Erasmus starb?

Wer weitere Spuren der Zeit sucht, müßte keineswegs in den »Zwillingen von Nürnberg« allein lesen, sondern in seinen historischen Romanen überhaupt, in denen, von ferner Geschichte verspiegelt, viel Gegenwart von damals geborgen ist – nicht zufällig wird in diesem Buch ein Kapitel aus »Ferdinand und Isabella« abgedruckt, das an den Holocaust erinnert –, Bücher, die von der deutschen Literaturwissenschaft schon deshalb endlich zur (mit Gewißheit keineswegs durch die Bank positiven) Wertung angenommen werden sollten, um ihren großen Erfolg in Amerika wenigstens im Rückgriff zu entschlüsseln. Orville Prescott etwa feierte Anfang der fünfziger Jahre Hermann Kesten nach Erscheinen des Romans »Der Mohr von Kastilien« als den neben Thomas Mann bedeutendsten Romancier, er nannte dieses Buch »den brillantesten historischen Roman der letzten Jahrzehnte«, und zeitweise war Kesten der meistübersetzte deutsche Autor überhaupt, vermittelt in über zwanzig Sprachen.

Daß er nach seiner ersten Rückkehr im Juni 1949 nicht in Deutschland blieb, mag, sehr vereinfacht, ein Zitat von Joseph Roth erklären, das er seinen eigenen Gedichten voranstellte: »Wo immer der deutsche Dichter ist, da ist Deutschland.« Wo aber sollte Kesten hin in diesem Land, zumal es ihm geglückt war, seine Familie mit nach Amerika zu nehmen?

»Das Exil ist eine klassische Einrichtung«, schrieb er 1963 als ersten Satz seiner hochpolitischen Anthologie »Ich lebe nicht in der Bundesrepublik«, an der sich weitere 33 seiner Kollegen beteiligten. Er widmete sie Ludwig Marcuse und beschloß sie mit folgender Sequenz:

»Die blinden Anbeter eines Volks oder gar einer Regierung sind die schlechtesten Patrioten. Wer sein Volk liebt, kritisiert es. Das Exil ist obendrein auch eine gute Schule für Weltbürger.

Ein Weltbürger möchte teilhaben am allgemeinen Fortschritt und wünscht ihn für alle Länder, einschließlich seiner Heimat. Er fühlt sich für das Unrecht in aller Welt, einschließlich seiner Heimat, mitverantwortlich.

Ich habe in vier verschiedenen Stadien Deutschlands gelebt, im Kaiserreich etwa fünfzehn Jahre lang, in der Weimarer Republik an die vierzehn Jahre, im Dritten Reich wenig mehr als sechs Wochen und in der Bundesrepublik kaum sechs Monate. Und ich verbrachte ein halbes Leben im Exil.

Und doch ist Deutsch meine Sprache, die mich entzückt und nährt, in der ich träume und denke und schreibe und die ich meistens spreche, sogar im Ausland.

Und doch liebe ich Deutschland, das ein schönes Land ist, ich liebe seine Wälder und Flüsse, seine alten Städte und seinen Himmel, und viele Bücher und Menschen.

Und doch habe ich in keinem anderen Land mehr Freunde.

Und was hindert mich, vielleicht schon morgen heim-
zukehren, insbesondere solange die Bundesrepublik
Deutschland frei genug ist, daß man ungehindert wieder
abreisen kann?«

1952, zwei Jahre nach einer Israelreise, übersiedelten die
Kestens nach Rom, wo sie denn doch so etwas wie eine
europäische Heimat ausmachten. Seine wirkliche Heimat aber fand Hermann Kesten unter seinesgleichen.
Wer ihn seinem P.E.N. präsidieren sah, erlebte historische Stunden im Club der Erleuchteten. Er war wirklich
ihr Zeus. Ohne viel Ahnung, wie man solche Versammlungen leitet, immer auf einen Puff oder ein Ohr-an-Ohr-
Wort mit seinem Hermes Thilo Koch angewiesen, wenn
rätselhafte Handzeichen aus der Corona auftauchten,
hatte er sie stets im Griff. Selbst die jungen Wilden wie
Yaak Karsunke und Gerhard Zwerenz wickelte er form-
vollendet um den kleinen Finger. Ein einziges Zürnen
seiner Brauen, die sich dann sträubten wie Schwanzfe-
dern, und in dem Hühnerhaufen war Ruh. Kein Zweifel:
daß der westdeutsche P.E.N. ohne Beschädigung über
die frühen Siebziger kam, war sein Verdienst, ja es waren
wohl sogar die schönsten Jahre in der Literatur-Allianz
der Gegensätze. Jedenfalls sagte Hilde Spiel, die ihn nicht
nur, wen wundert's, als »homme des lettres« schätzte,
kurz vor ihrem Tode: »In Dublin und Amsterdam, in
Wien und Lausanne, in Bremen und Berlin, immer hatte
uns der P.E.N. zusammengeführt, den Hermann als seine
Familie ansah, von der er nach jedem Kongreß Abschied
nahm wie von nahen Verwandten.«
   In seinen fünfzehn römischen Jahren entstanden,
neben der Neufassung des »Mohren von Castilien«, vier
Romane, als sein letzter, 1972, »Ein Mann von sechzig
Jahren«, das Buch, in dem er Nürnberg noch einmal eine
Hauptrolle zuschreibt und die Zuteilung seiner Partie
im eigenen Leben als System zu erkennen gibt, dessen
Rhythmus, so scheint mir, mit Zufall nicht das geringste
zu tun hat: Den frühen Josef-Romanen – im ersten noch

als abstrakter Kindheits-Gral gehütet, dem es als Drei-
zehnjähriger zu entfliehen gilt, dann, bis zum »Gerech-
ten«, also sieben Jahre später, oft genug beim Namen
genannt, sogar in den »Kindern von Gernica« als Slap-
stick auftanzend, dann aber erst wieder als große Partie
in den »Zwillingen«, Sehnsuchts-Rückblende und War-
nung zugleich, erste deutsche Zeitgroteske nach dem
Kriege, die freilich nur in Schweden den Erfolg hatte, den
sich damals die deutsche Trümmerliteratur zu erwerben
begann, und dann über München in der »Zeit der Narren« zu den Anfängen zurückfindend in jene kleine
Stadt, die neben Berlin, Paris, Rom und New York, also
den Städten, in denen er lebte, in seinen Büchern immer
wieder erscheint, nicht zuletzt auf Grund eines Schlüs-
selsatzes in seinem ersten, sicherlich weitgehend auto-
biographischen Roman, den er ein Leben lang befolgte:
»Josef besaß das Laster der Konsequenz.«

Dort, in seinem letzten Roman, aber heißt es auch,
und ich stelle mir vor, daß er dabei wie Elias Canetti
guckte, dem er ohnehin ein bißchen glich, als er schrieb,
wenn er in Rage war: »›Je älter man wird, desto mehr
findet man sich ab‹, sagte Robert Musil. Also werde ich
von Jahr zu Jahr jünger. Ich finde mich nicht ab. Hätte ich
nur den Hebel des Archimedes, ich wollte die Erde aus
ihren Angeln heben. Ich habe in meinem ganzen Leben
nur ein Unglück gekannt, den Gedanken an den Tod. Ich
bin zu allem bereit, nur nicht zu sterben.«

Am 3. Juli 1977 aber starb Toni Kesten, die er 1928 geheiratet hatte. Mit ihr, der zierlichen Nürnberger Jüdin,
starb ein Teil seiner selbst und, fürchte ich, ein Teil seines
Nürnberger Bezugs. Die deutsche Literatur der Gegenwart, ich wage diese Behauptung, verlor mit ihr eine ihrer
großen Frauen, obgleich sie nie eine eigene Zeile schrieb.
Was wäre Hermann Kesten ohne sie gewesen? Wo immer
er war, sie war dabei. Seine Freunde die Poeten, seine
Frau sein Zuhause. Sie hat ihn beschirmt, bewahrt, gelei-
tet. Auch wenn er beim Spazierengehen stets ein wenig

voraus war, man hatte immer den Eindruck, daß sie ihn lenkte, darauf achtete, daß er auf dem richtigen Weg blieb. Diese kleine, graziöse Nürnberger Jüdin lebte ganz für ihn.

Der letzte der großen Briefeschreiber, die wir hatten – man wird das noch entdecken: zwei Erlanger Kollegen sind gerade dabei –, was von den Tausenden dieser Stücke gäbe es, wenn es sie nicht gegeben hätte?

Was ich nicht vergessen werde, sind ihre Augen. Große, runde, braune Augen. In ihrer Schönheit war Ruhe und sehr viel jüdische Weisheit. Sie erinnerten mich an die großen Frauen der deutschen Romantik, immer wenn ich in sie sah, erwachte in mir die Neugier, ob sie wohl schon als Kind so weise, so gütig, so durchschauend geblickt habe. Ein Blick, mit dem sie schweigend an mancher Männerrunde teilnahm, das nervöse Herz nur im unablässigen Spiel ihrer Hände zeigend.

Hätte es den Dichter Hermann Kesten ohne sie gegeben? Vielleicht. Aber sicherlich nicht den, den wir kennen. Die Verbindlichkeit, die Kunst der Freundschaft und Vermittlung, Fähigkeiten, die sich im fränkischen Land der Mitte besonders ausprägen, kurzum: seine menschliche Stärke war nicht zuletzt ihr Werk. Sie hat ihm ihr Leben dargebracht. Auf andere Art als die romantischen Frauen, sehr viel sachlicher. Schwärmerisches, falls es dazu kam, in schnelle kleine Sätze teilend, nahezu im Stil einer Reportage Kischs, war sie sein literarisches Gewissen, das er nur verließ, um im Café zu schreiben.

Am 15. April 1974 hatte er mir aus Rom, Via Brescia, einen Brief geschrieben, in dem es heißt:

»Jetzt muß ich einen schweren Brief verfassen an unseren Bundespräsidenten Gustav Heinemann, der mir am 24. Mai in Bonn das Große Verdienstkreuz des Verdienstordens der Bundesrepublik Deutschland anhängen oder umhängen will, und ich will ihm meine Bewunderung für ihn, und die gegenwärtige Regierung und die Bundesrepublik klarmachen, auch wenn ich mich leider gezwungen sehe, aus schieren prinzipiellen

Gründen die mir zugedachte Ordensehrung abzulehnen. Aber was soll ein alter Jud mit einem Kreuz? Da ließe ich mich schon lieber von einer Universität, oder von einer Stadt wie Nürnberg ehren, als einen Orden anzunehmen oder gar zu tragen.«

Beide Wünsche gingen ihm in Erfüllung. Die Philosophische Fakultät unserer Universität promovierte ihn so rasch zum Doktor honoris causa, daß man glauben mochte, sie müsse ihre Verspätung durch besondere Eile wettmachen, während die Leitung des Nürnberger Rates etwas länger war, aber immerhin hatten die Nürnberger Kommunalpatrizier schon 1980 einen Ehrenbürger mehr. An beiden Auszeichnungen freilich konnte Toni, die immerhin seinen Büchner-Preis noch erlebt hatte, nicht mehr teilnehmen. An ihrer Stelle war Martha Marc an seiner Seite, eine ihrer Nürnberger Klassenschwestern, Witwe eines Schweizer Bankiers, die ihr fast wie ein Zwilling glich, nicht weniger anmutig, voller blitzenden jüdischen Witzes und so selbstloser Bescheidenheit, daß man sie in seinem Schatten kaum bemerkte. Ihr war er 1977 von Rom nach Basel gefolgt, da ihr aber nur noch wenige Jahre blieben, bald in das jüdische Altersheim La Charmille nahe der Stadt übergesiedelt. Von dort aus hielt er nach wie vor Verbindung mit seiner Schwester Gina in Amerika, die er mehrfach besuchte, auch mit seinen Freunden, nicht zuletzt in Nürnberg. Gewiß, seine Briefe wurden kürzer, oft verbessert mit ungelenker, seit seiner Kindheit durch einen Unfall beeinträchtigter Hand – ein Graphologe hatte ihm allen Ernstes einmal Schreckliches daraus abgelesen –, wache, geradezu hellsichtige Augenblicke wechselten mit durchaus noch immer munterer Teilnahmslosigkeit, die er frohgemut vor sich hin summend zu überbrücken suchte, aber die Verbindung zur Außenwelt, die ließ er sich schier bis zuletzt nicht nehmen.

In einem seiner vielen Aufsätze und Essays über den, dem er sich am nächsten und am verwandtesten fühlte – keiner seiner Kollegen sagte mehr über ihn als er –, in

»Das Exil und Heine« schrieb er: »Freilich wußten meine
Eltern bei ihrer Abreise in Düsseldorf noch nicht, daß ich
ein Knabe sein würde, und eines Tages auch ein deutscher Dichter, somit wären sie vielleicht in Düsseldorf
geblieben; denn meine guten Eltern waren Heineschwär-
mer. Mein Vater las uns Kindern später, in Nürnberg,
Heine vor, und meine Mutter sang uns Heines Lieder.
Immerhin steht nun statt der Stadt Düsseldorf die Stadt
Nürnberg, etwa im 21. Jahrhundert, vor dem Konflikt, ob
sie mir ein Denkmal aufstellen soll.«

Hätte er sich träumen lassen, daß Nürnberg und sein
Freund Wilhelm Uhlig diesen Gegensatz noch zu seinen
Lebzeiten lösten? Als er, an einem heißen Sommertag
1988, die immer noch ganz schön buschigen Haare zer-
zaust, Krawatte, für den bevorstehenden Festakt, auf
halbmast, neben Uhligs Skulptur »Hermann Kesten als
Spaziergänger« im Katharinenhof der Stadtbibliothek
im Luitpoldhaus für den Fotografen posierte, was mag er
da gedacht haben? Vorhersage vorzeitig erfüllt? Das sind
die mir schuldig? Der erste deutsche Dichter, dem man
zu Lebzeiten ein lebensgroßes Denkmal setzt? Sind die
Pfeffersäcke bei Troste? Oder: Siehst du, Toni, sie haben
mich sogar als Lyriker ernst genommen (was sie zu ihren
Lebzeiten partout nicht tun mochte).

Auch danach kam er noch ab und zu nach Nürnberg.
Sein Neunzigster war keineswegs nur ein örtliches Ereig-
nis, allein ob seiner Laudatoren: Willy Brandt, Walter
Jens, Marcel Reich-Ranicki, Carl Amery, Horst Bienek,
Hilde Spiel, beide schon todkrank, und, natürlich, sein
guter P.E.N.-Geist Thilo Koch. Allein, nahm er's noch
wahr? Zum letzten Mal sah ich ihn im Jahr vor seinem
Tode bei der Verleihung des Nürnberger Menschen-
rechtspreises, für den er die Preissumme gestiftet hatte.
Er erkannte mich nicht mehr.

Die letzten Wörter, die ich ihn zu schreiben bat, sollten
seine Autobiografie werden. Der größte Teil seiner Arbeit,
so schien es ihm und mir, war getan. Wer hätte kenntnis-
reicher, spannender, persönlicher über die deutsche Li-

teratur der letzten Jahrzehnte schreiben können als er? Alle wußten es, keiner zweifelte. Kannte er sie nicht nahezu ohne Ausnahme und lebte mit ihnen, welch Wunder in diesem streitsüchtigen Gewerbe, in Frieden, selbst mit Johnson, aus dessen Meinung über die Mauer er seinerzeit eine Affäre gemacht hatte?

Im Herbst 1973 sprach er eine Stunde lang seinen ersten Text im Studio Nürnberg des Bayerischen Rundfunks unter dem Titel »Josef sucht die Freiheit«, was hätte nähergelegen? Er begann: »Ich war 27 Jahre alt und wollte nichts, nur länger leben.«

Anfang 1975 brachte er den zweiten Teil: »Die vergebliche Heimkehr«, mit dem schönen Satz ziemlich am Anfang: »Ich hatte Glück mit Menschen.«

Immer, wenn wir uns danach trafen, versuchte ich ihn zum Weiterschreiben zu ermuntern. Toni war noch am Leben und half mit. Wir sprachen über Gott und die Welt, vor allem über die Welt der Dichter, und wenn wir ihn zum Aufblühen bringen wollten, sprachen wir über Heine. Keinem fühlte er sich näher als ihm, über keinen hatte er so viel geschrieben. Von keinem war er so überzeugt. Keiner war ihm mehr Vorbild als er. Selbst seine Krankheit stützte ihn in der eigenen. Tonis Tod zerbrach auch diesen Halt. Als ich ihn wenig später wiedersah, fand ich ihn verändert ganz und gar: nicht äußerlich, beileibe nein, aber verstummt. Oder so gut wie erloschen. Aller Lebendigkeit beraubt. Von seinen Lebensgeistern verlassen, der große alte Mann der Freunde und der Freundschaft.

Dennoch gingen unsere Gespräche weiter. Zunehmend zuversichtlicher, heiterer summte es aus dem blauen Ohrenstuhl, wenn er zu Besuch kam, sicher wie eh und je griff er vorm Kaffee zum Würfelzucker in Renates Zwiebelmusterdose, langsamer zwar, aber keineswegs zittriger schlug er, manchmal die Stimme sogar zur alten Posthornhöhe hebend, den Redekreis über Person oder Gegenstand bis zum kleinsten Radius, also dem lakonischen Punkt. An würziger Kürze ließ er sich kaum übertreffen, denn schreiben, weiterschreiben selbstverständlich an dem, was er erlebt hatte, das wollte er allemal.

»Und wie wollen Sie das Ganze nennen«, sagte ich eines Tages. »Welchen Titel sollen wir ihm geben?«

Im blauen Ohrenstuhl blieb es eine Weile still, sehr lange sehr still. Dann sah er, noch immer weder für Nähe noch Ferne eine Brille benötigend, unbewegt durch mich hindurch hinaus auf unsere Waldwiese: »Allein im zwanzigsten Jahrhundert«, sagte er.

Da wußte ich, daß der Faden endgültig gerissen war.

Der alte Dichter

Du warst ein Zaubrer, ein Prophet,
An Worten reich von früh bis spät,
Und abenteuernde Gestalten
Krochen aus deines Mantels Falten.

Du schriebst Musik, schufst deine Welt,
Die noch vor deinem Tod zerfällt.
Wer hat die Zeit, die du vertan?
Schon treten neue Propheten an.

(1971)

Mit Menschen leben

Wunderlichstes Buch der Bücher
Ist das Buch der Liebe ...
Goethe

J'en suis confus.
Molière

Ich lebe gern. Wenn ich aufwache, bin ich fast immer in bester Laune und freue mich auf den Tag. Manchmal beginne ich zu singen. Ich lache. Ich führe ein Gespräch mit mir. Ich trinke Kaffee. Ich gehe auf die Straße und sehe mit Spannung und Vergnügen den Menschen zu. Wo ich einen Tisch und Stuhl finde, lasse ich mich nieder und schreibe. Ich treffe Freunde oder eine Freundin. Ich lese. Ich gehe mit meiner Frau spazieren, lausche einem Konzert, besuche ein Theater, ein Museum oder gehe zu einem Vortrag, laufe durch einen Park oder einen Fluß entlang. Wir essen, allein oder mit Freunden. Ich lese. Ich denke nach. Ich schreibe. Ich war zeitlebens in der besten Gesellschaft, allein mit mir, oder mit meinen Freunden, und habe mich nie gelangweilt.

Ich unterhalte mich mit mir, führe Selbstgespräche und Dialoge, analysiere mich und die andern, spreche mit den Figuren, deren Romane oder Biographien oder Dramen ich gerade schreibe, und notiere, was mir oder meinen Figuren einfällt.

Kein Tag vergeht, an dem ich nicht überraschende Empfindungen habe, einige Gedanken denke, geheime Schmerzen fühle, hundert Entzückungen spüre. Alles entzückt mich, das Antlitz eines Menschen, das Lächeln eines Kindes, Musik, ein Grashalm, ein Wind, der Sternenhimmel, Mond und Sonne. Zu leben ist mir eine täglich wiederholte, täglich neue Freude. Seit ich mich erinnere, war es mir eine Wonne, mit Menschen zu leben. Alles entzückt mich, ein Buch, ein Mensch, ein Gemälde, ein Gebäude, eine Straßenszene, die Umarmungen meiner Geliebten, von Anfang bis Ende, wieder und wieder; denn für die Wollust sind wir gemacht, wir leben durch sie, und selbst der Schmerz wird Wonne, wenn wir zeugen und empfangen. Alles entzückt mich, eine Speise, ein Trunk Wasser, der Anruf meiner Schwester, ein zärtliches Wort meiner Frau, die Stimme einer Freundin, der Brief eines Freundes, ein kluges Gespräch, die höfliche Geste eines Unbekannten, ein Wort, das mir einfällt, ein witziger Satz, der mir oder andern gelingt, Verse, die ich aufsage, eine gute Tat, der ich begegne, die ich empfange, oder – ach, wie selten! – vollbringe.

Vieles schmerzt mich, ein Unrecht, eine Unwahrheit, Ungerechtigkeit, Tyrannei, der Verlust der Freiheit; die Leiden, die Menschen einander zufügen; das soziale Unrecht, die Zensur, die Verletzung der Würde von Menschen, Untreue, Verrat, meine eigenen Schmerzen, die Schmerzen meiner Freunde, und daß es überhaupt auf Erden so viele Schmerzen, so viele Krankheiten, so viel Elend gibt, das meist so überflüssig scheint.

Ich habe in aller Welt gute Freunde gehabt, die ich liebe, ohne mit ihnen abzurechnen, ohne sie gegen ihren Wunsch verbessern zu wollen. Ich liebe Freunde, wie sie sind, mit ihren Fehlern, mit ihren Vorzügen. Ich spreche mit ihnen offen und so höflich, wie ich mit mir selber spreche. Ich habe selten Freunde anders als durch den Tod verloren.

Ich bin von Natur ein Republikaner und habe, seit ich zurückdenke, Selbstgefühl. Ich habe Respekt vor anderen Menschen, Ehrfurcht vor guten, Bewunderung für bedeutende Menschen, aber ich bin nie einem Menschen begegnet, vor dem ich mich nicht von gleich zu gleich fühlte, und wenn mir morgen der liebe Gott in den Weg tritt, so werde ich nicht vor ihm in den Staub fallen und ihn anbeten, sondern ihm von gleich zu gleich entgegentreten; wenn es einen Gott gibt, etwa jenen, von dem man sagt, daß er unsere Welt geschaffen habe, so bin ich sein Geschöpf und also seinesgleichen, und trage seinen Atem in mir, wie meine Figuren, die ich geschaffen habe, meinen

Lebenshauch atmen, und meinesgleichen, und mir ebenbürtig sind.

Ich lache gern, und die menschliche Gesellschaft bie-
tet Stoff fürs Gelächter. Freilich habe ich oft auch aus
Verzweiflung gelacht, aus Melancholie, aus Opposition
gegen die Situation des Menschen.

Kaum war ich zur Welt gekommen und hatte mich in
ihr umgeblickt, begriff ich schon, daß ich zum Tod verurteilt war.

Ich war nicht das einzige unschuldige Opfer einer
falschen Weltordnung. Auch meine Eltern mußten sterben, wahrscheinlich sogar vor mir. Die Sonne würde
endgültig untergehen, und unsere Erde mit Meer und
Mond aufhören. Die Menschen, die kürzlich erst gelernt
haben, auf zwei Beinen zu gehn, und gelegentlich ihre
Vernunft zu gebrauchen, würden enden wie du und ich.
Die Götter Griechenlands, von deren Gelächter die halbe
Antike widerhallte, waren schon lange tot. Der Sohn
Gottes, den wir Geschöpfe Gottes ans Kreuz geschlagen
hatten, war, wie man sagte, wieder auferstanden, aber die
christliche Gesellschaft lieferte wenig Beweise dafür.

Frühzeitig sah ich also dem Tod in die leeren Augen.
Ich sah das Nichts hinter der ganzen Welt, den Staub in
der Schönheit, den Wurm im Fleisch, das Narrentum der
Menschen. Aus lauter Lebenslust entsetzte ich mich vor
dem Nichtmehrsein. Je mehr mir das Leben gefiel, um so
mehr erschreckte mich der Gedanke ans Nichts. Ich riß
mich an den Haaren, ich schrie, ich redete, ich schrieb
Bücher und umarmte Menschen, um dem horror vacui
zu entgehn, dem abgrundsüchtigen Schauder vor der
absoluten Leere.

Damals hatte ich die Wahl, ein Melancholiker, ein
Menschenfeind, gar ein Selbstmörder zu werden, oder
dem Universum zum Trotz an mir festzuhalten, solange
ich währte, an Menschen zu glauben, und Menschen zu
helfen, damit mir Hilfe zuteil würde, aus der schlechten
Gesellschaft die beste zu machen, zu lachen, jeden
lebendigen Moment zu genießen, und mich an nichts

Vergängliches zu hängen, nicht an Geld oder Besitz, nicht an Macht, nicht an Ruhm, nicht einmal an einzelne Menschen.

Zitternd hielt ich mich ans Leben. Das Leben war ich, das warst du, das waren alle Menschen, das war das Universum, soweit ich es erfaßte, das war mein Gelächter und meine Wollust. Also wurde ich ein ungeduldiger Optimist, ein fröhlicher Skeptiker, ein desillusionierter Humanist, ein lachender Moralist. Ich wurde ein satirischer Dichter.

Neugierig sah ich alle Menschen an. Wie leben sie? Sehn sie nicht den Tod? Sehn sie nicht die Gebrechlichkeit der Welt, die Närrischkeit aller Menschen? Wie halten sie es aus? Schon in jungen Jahren erfuhr ich, daß ich zu allen Minoritäten gehörte, und daß ich seit meiner Geburt im Exil lebte: Ich war ein Intellektueller. Ich war sterblich und lebte danach. Ich war ein Jude. Ich war ein Pazifist. Ich war ein Zuschauer.

Ich war ein Dichter, noch bevor ich es war.

Ich wuchs in Nürnberg auf, einer Stadt mit einer großen Vergangenheit. In den Vorstädten rauchten die Fabrikschlöte, und hämmerten die modernen Maschinen. Aber jeder Gang durch die Altstadt war für uns Kinder ein Weg in verschollene Jahrhunderte. Du gingst durch ein Tor und warst im Mittelalter. In diesem Haus malte Albrecht Dürer. Drüben saß Hans Sachs, ein Schuster und ein Poet. Über den Hauptmarkt gingen Martin Behaim oder Peter Henlein, Adam Kraft oder Peter Vischer. In dieser Stadt bewahrte man die Reichskleinodien für die Krönung der deutschen Kaiser.

In vielen Vollmondnächten stand ich mit Schulfreunden auf der Freiung der Burg und sah ein Jahrtausend in Stein, tief unten die Lorenzkirche, St. Sebald, die Frauenkirche, die Türme und Schieferdächer und nahe den Heidenturm und die Burg mit den Kaisergemächern, der Folterkammer mit der Eisernen Jungfrau, dem Nürnberger Trichter und dem Tiefen Brunnen, und auf der anderen Seite die Stelle der Mauer, wo der Raubritter Eppelein von Gailingen durch List und Mut auf seinem Gaul den Nürnbergern entsprungen war; denn die Nürnberger hängen keinen, sie hätten ihn denn zuvor.

Jeder Blick, jeder Schritt unterrichtete in dieser ehemals Freien Reichsstadt, daß nur ein Schritt, nur ein Blick den Lebenden von seinen Vätern von ehegestern und vor tausend Jahren trennt, daß die Welt nicht mit uns begonnen hat, nicht mit uns enden wird, daß wir Kinder der Tradition sind, und immer neu beginnen müssen, Zeugen einer Revolution. Als ich ein Kind war, glaubte ich, daß die Städte und die meisten Institutionen der Welt mich überleben würden, wie die Sterne über mir, und ich hoffte, daß viele Schrecken voriger Jahrhunderte für ewig vergangen seien.

Meine Epoche lehrte mich anderes. Die Kaiser, Könige und Prinzregenten, unter denen ich als kleiner Junge lebte, fielen wie Spielkarten um. Die Stadt Nürnberg, die so dauerhaft schien, zerbröckelte wie ein Lebkuchen.

1949 sah ich die hochberühmte Stadt als einen Schutthaufen. Ich sah lebende Leichen und tote Ruinen. Die Folterkammer auf dem Burgplatz, das dubiose historische Zeugnis einer unmenschlichen Justiz, hatte ihre Schrecken verloren neben den Nürnberger Gesetzen und der geschalteten deutschen Justiz im zwanzigsten Jahrhundert.

Erst hatte diese stolze Stadt ihre Freiheit, dann ihren guten Namen verloren. Der Nürnberger Trichter war ein Exportartikel geworden, Symbol der Staatszensur in allzu vielen Ländern der Welt.

Meine ersten Erinnerungen? Ich bin etwa drei Jahre alt. Ich renne über die Straße zu meinem Großvater. Sein zweigeteilter weißer Bart verdeckt nicht sein gescheites Lächeln. Ich strecke meine winzige Hand zu ihm empor. Er reicht mir eine Münze. Ich laufe zum Krämerladen am Ende einer strahlenden, vom Sommer blauen Straße, renne mit einer Lakritzstange zum Großvater zurück, falle, sehe den Huf eines Pferdes über mir, Wagenräder vor mir, der Kutscher schreit und stemmt das Pferd, das sich aufbäumt. Mein Großvater trägt mich weg, mit der einen Hand halte ich mich an seinem Bart, mit der andern die Lakritzstange fest. Liebe ich so entschlossen die Süßigkeit des Lebens?

Eine zweite Erinnerung? Ich trage meinen neuen blauen Samtanzug. Ich bin etwa vier Jahre alt. Es ist Sommer. Meine Eltern gehen mit meinen beiden Schwestern und mir in die Pension Ärmenreuther, wo wir vor dem Umzug in eine neue Wohnung für einige Tage bleiben. Mitten in einem großen Wohnzimmer, das voll von Sonnenkringeln und dem grünen Widerschein der Blätter einer Kastanie ist, die im Vorgarten sich erhebt, setzt sich mein Vater auf einen grünbezogenen Lehnsessel, der wie eine Art Thron dasteht. Mein Vater sitzt wie ein König da.

Plötzlich erinnere ich mich, daß er uns Kindern, die er aus Prinzip wie ebenbürtige Erwachsene behandelt, vor Zeiten erzählt hat, wie er als kleiner Junge mit gleichaltrigen Freunden gewettet habe, wer als erster eine steile Mauer erklettern könne, der solle der König sein. Mein Vater kam als erster auf die Mauer, wurde zum König ausgerufen, rutschte aber aus, als er herabkletterte, und brach sein Bein. So teuer hat mein Vater bezahlt, daß er im Spiel der König sein wollte. Damals wurde ich vielleicht ein Republikaner?

Mein Vater und meine Mutter liebten und behandelten einander mit einem Respekt, der nicht nur Zärtlichkeit, sondern auch ein echtes Entzücken des einen am andern verriet, was mich sehr rührte und ansteckte, noch ehe ich begriffen hatte, wie selten so glückliche Ehen in unserer Gesellschaft sind. Da lernte ich, daß es kein größeres Vergnügen gibt als zu lieben, und daß einen Menschen achten ihn lieben, und ihn lieben auch ihn achten heißen kann, und daß die Liebe das sicherste Verhältnis eines Menschen zu sich selber und zu anderen Menschen sei.

Ich liebe, wie ein anderer atmet. Also wurde ich geliebt. Wo ich ging, fand ich Freunde und Freundinnen. Auch der Wind war mein Freund, und die Nacht meine Freundin. Ich fühlte mich also in aller Welt zu Hause.

Mein Vater liebte Bücher, weil er Menschen liebte.
»Mit einem Buch«, sagte er, »spreche ich. Lesen heißt
Zwiegespräche führen. Mit drei Büchern in der Stube
habe ich drei Freunde, und mit hundert Büchern im
Haus beherberge ich hundert Menschen in meiner Woh-
nung, oder fünftausend, wenn ich alle Figuren in den
Romanen und Historien mitzähle.«

An vielen Abenden las der Vater uns Kindern vor, er
lag auf dem Sofa, und meine beiden Schwestern und ich
saßen um ihn herum, oder halb auf ihm, oder zu seinen
Füßen, und unsere liebe Mutter saß ihm zu Häupten, sie
kam mir so jung und hübsch vor, und ihre Augen funkelten vor Vergnügen, sie freute sich ganz offen an ihrem
blitzgescheiten Mann und seinen menschenfreundlichen
Autoren; er las aus der Bibel vor, aus Spinoza, Lessing
und Heine, aus Rousseau, Voltaire und Molière, und
Tolstoi, aus Becker's Weltgeschichte und Alexander von
Humboldt. Noch ehe ich alle Vokabeln nachsagen, noch
ehe ich selber auf die Straße gehen konnte, lauschte ich
den Werken der großen Autoren, die alle mit der Stimme
meines Vaters sprachen.

Lauschend begann ich zu erzählen. Figuren zu schaffen wurde mein Hauptgeschäft. Ich lebte mit den Menschen, die ich kannte, und die ich auf der Straße sah, ich
nahm sie alle in meine Spielwelt, und schuf sie um, ich
machte alle zu meinen eigenen Figuren, die Nachbarskin-
der, den Hauswirt, unsere Dienstmädchen, meine Lehrer,
und jeden Menschen, von dem ich in den Zeitungen oder
in Büchern las. Kurz, ich machte die halbe Welt zu meiner
Schöpfung, ich verfuhr mit ihr nach Gutdünken, und mit
Gerechtigkeit. Ich war ein wahrer Demiurg, vor lauter
Schöpfungsseligkeit.

Indes ich schon in meiner Kindheit hundert Figuren
erfand, und in einem Phantasieeisenbahnzug durch die
ganze Welt führte, begann ich hundert Leben zu leben,
mit hundert Stimmen zu sprechen; denn natürlich war
ich jede der hundert Figuren. Ich drehte den Zauberring,
und schon war ich ein anderer, schon führte ich Dialoge

mit Gott, mit dem Teufel, mit jedem Menschen, der mir in den Sinn kam. Und ich verwandelte mich, in einen Pharao, in einen Zeitgenossen Shakespeares, in einen Kalifen von Damaskus, in den Mann im Mond, in einen Toten, in ein ungeborenes Kind. Ich spielte, ich sei ein alter Mann, fünfzig oder hundert Jahre alt, oder ein junges Mädchen, am Abend vor der Hochzeit, ich war Benjamin Franklin in Paris, ich war Alexander der Große, der zögert, seinen Freund Klitos zu töten, ich war Alkestis, im Begriff, für ihren Gemahl Admetos zu sterben, ich war Moses Mendelssohn, und lauschte meinem Freund Gotthold Ephraim Lessing, oder ich war das jüngste von Jakobs Kindern, Benjamin, und sein Bruder Josef zugleich, und auch Jakob, Isaak und Abraham.

Ich hatte die Flügel des Ikarus. Ich stürzte und wurde gerettet. Ich rettete tausend. Manchmal war ich ein Findling. Obgleich ich die liebevollsten Eltern hatte, träumte ich, in zwanzig Jahren kämen die Karawanen des Königs, meines wahren Vaters, und brachten mir Krone und Zepter für ein Weltreich. Ich lehnte alles ab, ich wollte weder Macht noch Gold, noch eine der Lieblingsfrauen des Königs.

Was wollte ich?

Noch ehe ich meine erfundenen Figuren aufschreiben konnte, hatten sie sich selbständig gemacht. Einige benahmen sich, als wären sie Kreuzungen zwischen mir und dem lieben Gott, und wollten Experimente mit mir anstellen. Viele Kinder erzählen Geschichten und erfinden Figuren. Nur hören sie bald damit auf. Die meisten jungen Menschen sind neugierig auf Menschen und die Gesetze des Lebens, nur verlieren sie ihre Neugier. Ich verlor meine Neugier nicht, wie ich nicht aufhörte, Geschichten und Figuren zu erfinden. Von Anfang an hatten mich Worte berauscht. Wenn es nicht schon Vokabeln und eine Sprache gegeben hätte, ich hätte sie erfunden.

Von Anfang an machte ich keinen Unterschied zwischen der realen Welt und der Poesie, zwischen dem physischen und dem geistigen Leben.

Die Wirklichkeit war reinste Poesie. Poesie war die Wahrheit. Von ungefähr in eine ungefähre Welt geraten, wollte ich vernünftig leben, das heißt nach meiner Vernunft. Ich wollte jene Ekstasen genießen, die mir human erschienen, vielleicht weil ich für sie gemacht war, nämlich Vernunft, Liebe, Kunst und Freundschaft, lauter Ekstasen, die freilich erst im Maß vollkommen werden. Schon früh beschloß ich, aus Reiselust, die Welt zu sehn und ein Weltbürger zu werden. Ich wollte keine der künstlichen Grenzen anerkennen, die halbzivilisierte Völker schufen, die Grenzen der Länder, der Sprachen, der Religionen, der Sitten, der Rassen, diese infamen Zollschranken des Fanatismus, des Chauvinismus, des orthodoxen Glaubens und orthodoxen Aberglaubens, der lokalen Götter und heimischen Zensur, der Vorurteile der Sippen und der Geschmäcker der Magen, der heimischen Irrlehren ewiger Provinzler, des Klassenhochmuts und Rassenwahnsinns.

Über alles liebte ich die Freiheit. Ich hielt die Würde des Menschen und die Humanität für die schönsten Früchte der Zivilisation. Ich war ein Individuum, und ließ Individuen gelten. Wie ich glaubte, daß man Kinder erziehen könnte, so glaubte ich auch an die Erziehung der Menschheit. Nicht nur der Haß, sondern auch die Liebe wirkt ansteckend, ja in der Entwicklung der Menschheit war sie stets um einen Schritt voraus.

Schiller spricht davon, daß man ein Zeitbürger sei, und er hätte in keinem andern Jahrhundert als dem seinen leben wollen. Ich habe damit gespielt, auch in meinen historischen Romanen und Biographien ein Zeitbürger in vielen Epochen zu sein. Aber wenn auch ich nicht in einem andern Jahrhundert hätte leben wollen, so hätte ich mir doch unsere Zeit minder aufregend und barbarisch gewünscht. Molière sagt:

»Par mon chef, c'est un siècle étrange que le nôtre.«*

Auch wir hatten bislang ein seltsames, ja tolles Jahrhundert. Ich bin so alt wie das Jahrhundert, und ich

*»Bei Gott, wie seltsam ist doch unser Jahrhundert.«

könnte wie Mascarille fragen, den Molière selber gespielt hat: Et Mascarille est-il ennemi de nature? Bin ich ein Feind der Natur? Ein Gegner Gottes? Eine Figur eines deutschen Volkslieds sagt: »Da muß ich armer Schwartenhals meins selber lachen ...«

Ich dachte anfangs, ich habe nur meine Träume, nur meine Sinne, nur mein Bewußtsein, nur meine Welt, nur mich. Aber durfte ich ein Zuschauer bleiben, im Theater meines Lebens? Ich lernte rasch, daß man nichts wird, wenn einem andere nichts bedeuten, ja, daß man unversehens vom Zuschauer zum Opfer wird, wenn man nicht der Macht der Bösen entgegentritt. Ich glaube immer noch, daß es mehr gute als böse Menschen auf Erden gibt. Ich selber hatte nie Geschmack am Bösen. Ich haßte Menschen nicht, ich haßte das Böse, den großen Widersinn des Lebens, den Tod, und die überflüssigen Foltern des Lebens, gewisse Schmerzen, und die sozialen Ungerechtigkeiten.

Da ich selber nicht überflüssige Schmerzen leiden wollte, wollte ich auch keine zufügen. Mir widerstrebt alle Präpotenz, zum Beispiel von Staaten, von Kirchen, einer unvollkommenen Justiz. Darum verabscheue ich alle Gewalt und jede bewußte Schmälerung des Lebens von andern oder des eigenen Lebens. Ich verabscheue die Todesstrafe und die millionenfache Todesstrafe gegen Unschuldige, den Krieg.

Als ich zur Schule ging, hatte ich jedes Jahr am 27. Januar, am Tag vor meinem Geburtstag, schulfrei, es war Kaisers Geburtstag. Ich hatte Wilhelm II. auf einem Schimmel am Egidienberg an mir vorüberreiten sehen, anläßlich einer Denkmalsenthüllung für Wilhelm I., der auf einem Pferd aus Erz ritt, und ich fand beide Kaiser samt ihren Gäulen urkomisch, als wir Gymnasiasten vor dem Melanchthongymnasium Spalier standen. Darum feierte ich für mich Mozarts Geburtstag am 27. Januar; seine Musik entzückte mich damals wie heute. Meine Mutter sang fast alle Tage muntere und schwermütige Lieder, und ich liebte ihren Gesang. Als ich meine erste Oper hörte, im

Nürnberger Stadttheater, »Aida« von Verdi, nahm ich mir vor, eines Tages selber eine Oper zu schreiben.

Das Leben eines Dichters beginnt und endet mit seinen Werken. Prägt aber das Leben eines Autors seine Werke oder verändern seine Werke sein Leben?

Alles verrät einen Menschen, sein Gesicht, seine Gewohnheiten, seine Ticks, sein Stil. Und seine Bücher sollten den Autor nicht verraten?

Ich wollte nie ein Autor werden, da ich nie etwas erst werden wollte. Ich wollte ich selber bleiben, so lange und so vollkommen wie möglich. Ich war ein Autor.

Ich verfaßte Gedichte, Sätze, Dramenszenen, Dialoge und Geschichten, ohne sie aufzuschreiben. Als ich sie, mit zwölf oder dreizehn Jahren, endlich aufzuschreiben begann, war ich zum ersten Male mit mir unzufrieden. Ich hatte Selbstkritik genug, um zu merken, daß ich es weder dem lieben Gott in seinem Buch der Bücher, der Bibel, gleichtun konnte, noch dem Shakespeare oder Goethe, Aristophanes oder Heine, oder dem Wedekind (den ich als Schuljunge im Nürnberger »Intimen Theater« in seinem Stück »Erdgeist« auftreten sah) oder Oscar Wilde (dessentwegen ich eine Stunde im Karzer saß, weil ich ohne Erlaubnis des Rektorats im selben »Intimen Theater« »The Importance of Being Earnest« gesehen hatte).

Noch auf dem Gymnasium schrieb ich drei Dramen, »Moses«, »Die Tochter des Jephta« und »Alexander und Klitos«. Meine erste Erzählung, die ich zu Ende schrieb, hieß »Cintra« und erhielt gegen meinen Willen beim Vorabdruck in der *Frankfurter Zeitung* vom Theaterkritiker Bernhard Diebold den Titel »Die vergebliche Flucht«. Sie ist die erste meiner »Dreißig Erzählungen« und eine Parodie auf die tödliche Todesfurcht eines jungen portugiesischen Halbjuden Garrett. Man verliert sein Leben, wenn man ein Abkommen mit dem Tod trifft. Die Novelle, 1926 publiziert, ward von meiner ersten Reise nach Portugal 1923 angeregt.

Ich schrieb in jenen Jahren sechs Theaterstücke, das erste »Admet«, um zu zeigen, was aus einem Menschen wird, den Todesfurcht oder Lebensgier dahin bringt, daß er jedes Opfer verlangt und annimmt, sogar das Opfer des Lebens seiner jungen Frau Alkestis, und um zu zeigen, was aus der Liebe dessen wird, der solch ein Opfer bringt.

Ich war 27 Jahre alt, als ich im Sommer im Nürnberger Gartenrestaurant am Dutzendteich meinen ersten Roman schrieb, »Josef sucht die Freiheit«. Ich brauchte nicht viel mehr als eine Woche dafür. Es sollte der erste Band einer Trilogie sein, »Das Leben eines großen Mannes«.

»Josef sucht die Freiheit« ist ein Tag aus dem Leben des dreizehnjährigen Josef Bar, der versucht, sich unabhängig zu machen, von der Familie, von der Gesellschaft, von jeder Tradition.

1929 erschien der zweite Band, »Ein ausschweifender Mensch«. Josef Bar mit zwanzig Jahren versucht zum zweiten Male, sich zu befreien. Er kommt darüber ins Exil, ins Gefängnis, in die nackte Armut, zum Vorgeschmack der Freiheit.

Statt des dritten Bandes schrieb ich eine Reihe von Zeitromanen, wie »Glückliche Menschen«, »Der Scharlatan«, »Die Zwillinge von Nürnberg«, »Der Gerechte«, »Die Zeit der Narren«, »Die Kinder von Gernika«, »Die Abenteuer eines Moralisten« und »Ein Sohn des Glücks«.

»Ich bereue nichts«, sagte Casanova, nach einem Leben von siebzig Jahren, und schrieb sein Leben auf. So heiter kann man also am Ende seines Lebens sein, so unbedenklich, so zufrieden mit allen Irrtümern seines Lebens?

Ich habe bisher an die vierzehn Romane, fünfunddreißig Erzählungen, zwei Biographien, über Copernicus und Casanova, fünf essayistische Bände und einen Band mit »Briefen aus dem Exil« von mir und an mich sowie sechs Dramen, Gedichte und zahlreiche Artikel veröffentlicht, und sie liefern sicherlich ein Porträt von mir, und ein mehr oder minder heiteres Spottlied auf unsere Epoche.

Was alles war das zwanzigste Jahrhundert! So viele Niederlagen der Menschheit! So viele Triumphe! Wir sind mitten in der Weltrevolution, in einer politischen, sozialen, wissenschaftlichen, technischen Umwälzung. 1900 gab es anderthalb, 1999 wird es vielleicht sechs Milliarden Menschen geben! Alte Weltreiche wie das British Empire und Frankreichs Kolonialreich gehn unter. Neue Weltreiche, Amerika, Rußland, China, kommen herauf. Kaiser und Könige stürzten. Die russische Revolution, die chinesische Revolution, die afrikanische Revolution sind nur Fußstapfen einer Kolonne von Riesen. Die Menschheit erwacht, sie rüstet sich aufs Atomalter, auf interplanetarische Abenteuer, auf eine gesündere Lebenszeit von hundert oder hundertfünfzig Jahren, ein Leben voller Muße und freier Liebe, ohne Krankheit und Furcht.

Ungläubig und ergrausend haben wir gesehen, wie die Menschheit mitten im tollkühnen Fortschritt in Abgründe der Unmenschlichkeit zurückgetaumelt ist, in einem Blutrausch Millionen verschlingend, in einem Zeugungsrausch Milliarden zeugend. Die Menschheit hinkt zwischen Himmel und Hölle.

Die Menschen werden einander immer ähnlicher, und doch bleibt in der milliardenfachen Häufung das Individuum unverwechselbar und unersetzlich. Georg Christoph Lichtenberg schrieb: »Ich habe wenige Menschen in der Welt gekannt, deren Schwachheiten ich nicht nach einem Umgang von drei Wochen ... ausgefunden hätte, und ich bin überzeugt worden, daß alle Verstellung nichts hilft ...«

Der Romancier geht gewöhnlich mit seinen Figuren länger um, und wenn er nur ihre Schatten, nur ihre Kleider, nur ihre Umgebung beschreibt, lebt er mit ihnen in derselben Intimität wie mit sich selber, aber mir scheint, Lichtenberg war sehr gründlich, daß er drei Wochen Umgang brauchte, um einige Schwächen zu finden, einige Verstellung zu durchschauen, und ich hoffe, auch einige Vorzüge zu entdecken. Oder liegen gerade diese nur auf der Oberfläche, und sind beim ersten Blick sichtbar?

Es gibt so viele Motive für die Werke der Autoren, als es Autoren gibt. Was will ich mit meinen Büchern? Mit jedem Satz, den ich niederschreibe?

Ein Heide kam zum Rabbi Hillel und wollte von ihm die ganze Lehre des Judentums hören, in der Zeit, da er auf einem Fuß stehen konnte. Der Rabbi, der offenbar auch mit Narren Geduld hatte, die Provokateure waren, erwiderte ihm:»Liebe deinen Nächsten wie dich selbst. Das ist der Inhalt der ganzen Lehre.«

Ein Autor lebt in seinen Büchern. Und seine Leser leben darin. Für einen Autor ist jeder Mensch eine Figur aus den gesammelten Werken dieses Autors, zumindest eine Figur aus den noch ungeschriebenen Werken.

Ein ganzes Leben sieht freilich auf einem Grabstein wie ein einziger Satz aus. Indes erfaßt ein Augenblick ein Universum. Jeder Mensch ist eine Art Universalgenie, er kann eine ganze Welt anschaun, erleben, danken, träumen, er kann Gott erkennen und winzige Details, er kann tausend Empfindungen haben. Welcher Mensch weiß in der Tat, wer er ist, und wieviel er wert ist, wer kennt sich? Und welcher Autor schätzt seinen Rang annähernd richtig? *(1967)*

Der Dichter im Café

Ich habe einen guten Teil meines Lebens im Kaffeehaus verbracht, und ich bedauere es nicht. Das Kaffeehaus ist ein Wartesaal der Poesie. Das Beste am Kaffeehaus ist sein unverbindlicher Charakter. Da bin ich in einer Gesellschaft, und keiner kennt mich. Man redet, und ich brauche nicht zuzuhören. Ich sehe einen nach dem anderen an und erkenne alle. Für mich agieren sie wie Komödianten. Wenn mir der erste beste mißfällt, greife ich nach meinem Hut und gehe ins nächste Kaffeehaus.

Zuweilen statte ich mir selber einen Besuch im Kaffeehaus ab. Manchmal gehe ich in ein halbes Dutzend Kaffeehäuser, ehe ich mich finde. Ringsum sind Spiegel mit zahlreichen gespiegelten Spiegeln, ich nicke meinem Bilde zu und sage: »Guten Abend, alter Freund!«

Wenn ich in Laune bin, ziehe ich mein altes Schulheft und einen Bleistift aus der Tasche, beginne zu schreiben und vergesse alle, die Kellner, die Gäste und mich. Das Kaffeehaus wird mein Parnaß. Ich bin Apoll. Ich schlage die Leier.

Oft leiht mir das Kaffeehaus eine geheime Unabhängigkeit. Ich bin der Fremde in einer Stadt, wo jeder jeden kennt. Ich bin der Gast an einem Ort, wo jeder andre zu Hause ist.

Für wenig Geld setze ich mich an einen Tisch, der mir nicht gehört, neben fremde Menschen, die nichts mit mir verbindet, ich nehme einen Schluck oder esse einen Bissen und beobachte das leidenschaftliche Getümmel auf den Straßen und den Gesichtern. Ich sehe in einer Stunde ein Dutzend Komödien und höre ein Echo von Tragödien, die keiner schreibt.

Ein großer Teil des Lebens hat Platz im Kaffeehaus, von der Liebe zum Tod, vom Spiel zum Geschäft, nur leiht das Café dem großen Publikum die falsche Leichtigkeit eines Balletts. Die meisten Leute gehn ins Café wie auf Urlaub vom täglichen Leben.

Als Kind lernte ich im Café den Witz der Deutschen kennen. Mein Vater, der täglich mit dem beschäftigten Ernst ins Kaffeehaus eilte, den andere in ihrem Büro zeigen, nahm zuweilen uns Kinder in sein Stammcafé mit. Der Kellner kannte meinen Geschmack. Er brachte, ohne lang zu fragen, eine Melange, eine Schokoladentorte und einen Packen Witzblätter, den *Simplizissimus,* die *Jugend,* den *Kladderdatsch,* die *Meggendorfer Blätter,* den *Ulk,* Maximilian Hardens *Zukunft* und *Die Fackel* von Karl Kraus, die der Kellner gleichfalls für Witzblätter hielt.

Dort begegnete ich zuerst den modernen deutschen Dichtern, teils schrieben sie in den Witzblättern, teils schrieben die Witzblätter über sie, einige wie Ludwig Thoma, Thomas Mann oder Jakob Wassermann waren sogar Witzblattredakteure.

Damals blickte ich noch zum Tischrand empor, ein Bübchen von sechs oder neun Jahren. Ehe ich die moderne deutsche Literatur ernst nehmen konnte, lachte ich bereits im Café über sie oder mit ihr.

Schon als Gymnasiast begann ich, allein ins Café zu gehn, jeden Mittwoch nachmittag, mit Erlaubnis des Rektors vom Melanchthongymnasium. Er hatte nach einem inquisitorischen Rundgang durch die Kaffeehäuser von Nürnberg das solideste für uns Schüler der Sekunda und Prima ausgesucht, nach langen moralischen Erörterungen mit dem Cafétier, der uns vor den zahlreichen Anfechtungen des Kaffeehauslebens behüten sollte.

Im Vorderraum saßen lustlose Familien, mit Herzen aus Kattun und grellgefärbten Gesinnungen. Im Hinterzimmer stand ein Billard, das unser Schulfreund Richard Schrotter, rosig wie ein Mädchen, das nicht das Herz hat, ein Gänseblümchen zu pflücken, tödlich verwundete, wie ein junger Torero seinen ersten Stier.

Nach dem Abitur ging ich ohne Erlaubnis ins Café, in alle Sorten Cafés, wo Spieler saßen, Liebespaare oder Emigranten, Maler und Poeten, Homosexuelle und dekolletierte Mütter mit Töchtern, die sie an den Mann bringen wollten. Ich saß in Strandcafés, Waldcafés, Weincafés, in Café-Restaurants und Kabarettcafés, im *bal musette* und in revolutionären Cafés, wo die Spitzel Kopf an Kopf saßen, in Verbrecherkaschemmen und im *Café de Paris*, in Zeitungskaffeehäusern, in Cafés, wo nur Herren, in Cafés, wo nur Damen liebten, und in Troglodytencafés im Süden von Tripolitanien, die mit dem billigsten Bordellbetrieb der Welt verbunden waren. (...)

Schon damals ging ich hauptsächlich ins Café, um zu schreiben. Erst ging ich natürlich spazieren, ein Peripatetiker, ein Akademiker wie jene Schüler des Aristoteles, und formulierte Verse, Dialoge, Szenen und ganze Prosaseiten, bis jedes Wort festgefügt wie ein Ziegelstein im Mauerwerk saß, dann setzte ich mich in mein Café und schrieb alles auf, als läse ich es aus eines andern Buch ab.

Ich schrieb auf Bahnhöfen und Schiffen, auf Moosbänken und Sandbänken am Meer, bei Mondenschein, im Park und im Wartezimmer meiner Zahnärzte, sogar zu Hause zwischen meinen Büchern oder im Bett; fast jedes Lokal ward mir zum Café, ich saß ins Schreiben versunken, zwischen müßigen Menschen, die mir zuschauten, oder zwischen Wolken, Wipfeln und Wellen.

Im Café betrog ich den Müßiggang der andern mit meiner Arbeit. Ich sah wie ein Müßiggänger aus, aber neben mir zwitscherten die jungen Mädchen wie Stare. Wenn ich auf der Straße an einem der ausgesetzten Kaffeehaustische saß, wehte derselbe Wind durchs schmachtende Laub der Bäume am Straßenrand und durch die Seiten meines Schreibheftes. Die gleichen Autos fuhren an mir und meinen Figuren vorüber. Wenn das Liebespaar in meinem Roman verstummte, begann das Liebespaar am Nebentisch zu reden.

Ich saß vor der Tanzfläche in den Tanzcafés, und die Liebespaare tanzten im Tangorhythmus in meinen Roman hinein oder entstiegen meinem Heft wie einem Taxi und setzten sich an meinen Tisch und stritten mit mir und untereinander. Ich drohte, ich würde sie vor dem letzten Kapitel sterben lassen, aber sie seufzten nur und tranken Likör und kosten im Zank und zankten kosend.

Zuweilen legte ich hastig den Bleistift zwischen die Seiten meines Schreibheftes und tanzte mit einem der Mädchen, die mit einsamen Augen herumsaßen, als wüßten sie, daß keiner sie heiraten würde. Ich tanzte mit dem Fräulein ein paarmal herum und sprach, als wäre ich einer der jungen unbeschäftigten Helden aus meinen frühen Romanen, einer dieser mörderischen Moralisten ohne Zeit fürs Leben und ohne Geduld mit seinesgleichen. Ich führte die Mädchen wieder zu ihren erfrorenen Tischen und setzte mich vor mein Heft und schrieb, versunken, oder enthoben, als säße ich auf einem Leuchtturm im Meer oder an einer der tausend Quellen der großen Oasen inmitten der Sahara, und hörte die Rufe der *Muezzin*, das *Allah il Allah*. Die Kamele lagerten neben mir, wiederkäuend, und ich roch den Duft der Dattelpalmen und des schwarzgebrannten Kaffees. Nur die Jazzkapelle heulte mit Saxophon und dem Vorsänger: *Allah il Allah*. Und ich schrieb und sah tausendundeine Fata Morgana, das Meer mit Möwen, Wolkenkratzerkolonnen und Herden weißer Elefanten zwischen indischen Tempeln.

Bald wird es ein halbes Jahrhundert sein, daß ich in meinen Cafés sitze und schreibe. Ich sah die Fiebergespenster und die fröhlichen Helden eines halben Jahrhunderts. Ich schrieb das Jahrhundert auf, ich schrieb es ab. Ich notierte alles und prophezeite die Zeit, das Beste und Schlimmste, die Himmel und haufenweise die Höllen.

Im Jahre 1914 sah ich auf der Straße vor einem Café in Nürnberg ein ganzes Regiment in den Krieg reiten, mit Kanonen und Fahnen. Mein Vater saß neben mir, viel jünger, als ich heute bin, und seufzte und preßte seine Hände vor Verzweiflung und sagte: »Mein armer Sohn! Da reiten sie meine ganze Epoche und deine schöne Zukunft in den Staub. Was willst du nun mit deinem Leben anfangen? Und wofür habe ich dich gezeugt?«

»Papa«, sagte ich gekränkt, »ich lebe doch gerne!«

Bald waren die Reiter gefallen, die Pferde krepiert, mein armer Vater in einem Feldspital in Lublin gestorben, die Fahnen verwesten im Morast, die Kanonen und

Ideale waren geborsten, die jungen Witwen saßen mit entblößten Brüsten, zu kurzen Röcken und koketten schwarzen Schleiern in allen Cafés und warteten auf die Liebe der Kriegskrüppel, Gymnasiasten, Schieber und fremden Soldaten, ihr Lächeln war von Tränen wie frisch versalzen. Ich saß im Café und schrieb.

Im Winter 1918 auf 1919 schossen die unzufriedenen heimgekehrten Soldaten auf ihre Leidensgefährten, im Namen der Revolution und Konterrevolution, alle wollten Frieden und Brot, die Armen schossen auf die Armen, Kugeln sirrten am Kaffeehaus vorüber, Stühle und Tische wurden Wurfwaffen, die Kellner kassierten in fliegender Eile doppelt, die Freudenmädchen nahmen je nach dem letzten Freier Partei, die Straßenkinder spielten Guillotine und Peloton. Ich saß im Café und schrieb.

In Berlin saß ich im März 1933 mit Freunden am Kurfürstendamm, vor dem *Café Wien,* vor dem *Café Dobrin* oder vor *Mampes Likörstube,* und Hitlers braune Buben mit einem Hakenkreuz im Herzen jagten blutende Juden und Arbeiter über den Kurfürstendamm. Da hörte ich zu schreiben auf und verließ das Café, schüttelte den Staub der Stadt Berlin von meinen Füßen und ging außer Landes und setzte mich in die fremden Kaffeehäuser im Exil und schrieb.

Im Exil wird das Café zu Haus und Heimat, Kirche und Parlament, Wüste und Walstatt, zur Wiege der Illusionen und zum Friedhof. Das Exil macht einsam und tötet. Freilich belebt es auch und erneuert. Im Exil wird das Café zum einzigen kontinuierlichen Ort. Ich saß in einem Dutzend Exilländern im Café, und es war immer dasselbe Café, am Meer, zwischen Bergen, in London, in Paris, an den Grachten von Amsterdam, zwischen den Klöstern von Brügge. Ich saß im Kaffeehaus des Exils und schrieb.

Ich träume so heiter im Café. Alle Alpträume der Menschheit gehen an mir vorüber. Hier und da bleibt ein hübsches Mädchen stehen. Hier und da setzt sich ein geistreicher Mann zu mir. Hier und da grüßt mich ein Engel oder ein Genius. Die böse Zeit legt sich schlafen für ein oder zwei Stunden, und das Jahrhundert scheint hell und heiter. Die Kellner gehn auf müden Füßen, aber ihre Hände lächeln in der Vorahnung üppiger Trinkgelder. Immer sitzt links von mir ein Gast, der gerade mit mir schwatzen will. Immer sitzt rechts von mir ein Gast, der wie eine Geschichte von mir aussieht. In der Ecke girrt oder gähnt, kichert oder zankt ein Liebespaar. Immer sitzt eine einzelne Dame da, als hätte nicht ein einzelner Mann sie versetzt, sondern das ganze männliche Geschlecht. Immer sitzt im Café eine Muse, unsichtbar oder transfiguriert hinter der Kasse. Immer tönt mir die Flöte Pans vernehmlich durch den eigentümlichen Lärm der Kaffeehäuser und durch ihre eigentümliche Stille.

Keine Stadt ist mir fremd, ich brauche mich nur in ein Café zu setzen, schon fühle ich mich zu Hause. Der Müßiggang verbindet die Menschen. Ich ziehe es vor, angesichts müßiger Menschen zu arbeiten, statt angesichts arbeitender Menschen müßig zu sein. Ich beobachte mit Vergnügen, wie sie vergnügt sind. Verliebt gewahre ich die Verliebten. Lachend nehme ich an ihrem Gelächter teil. Ich beobachte, wie sie miteinander flirten und glücklich sind, und wie sie einander lieben, und wie sie zusammen unglücklich sind, einander hassen, uns wie sie allein sind und mit sich selber reden, mit sich kämpfen, sich einsam fühlen, wie sie ungeduldig warten, geduldig verzweifeln, eilig kommen und gehn, nachdenken, mit sich und andern schwatzen, tausend Tode sterben und jeder ein einziges Leben leben. (...)

Ist mein Café kein hübsches Schreibzimmer eines Poeten? *(1959)*

Die Ehre

Mein Vater war siebzehn Jahre alt, da verließ er die schöne Stadt Düsseldorf und reiste nach Odessa. Er schwamm sonntags im Schwarzen Meer und erlernte von Montag bis Samstag den Eierhandel. Der Eierhandel ist ein Saisongeschäft, spekulativ und im Grunde abhängig vom Sexualtrieb der Hühner.

Mein Vater erlernte rascher als den Eierhandel die russische Sprache. Er war zeitlebens ein schlechter Kaufmann. Als er im Feldlazarett zu Lublin starb, im Januar 1918, ein Gefreiter im Dienste seines Kaisers, hatte er seine Kinder vergessen. Sie waren abgetan für ihn, meine Schwestern und auch ich, sein einziger Sohn, sein Stammhalter gewissermaßen, der sozusagen seine bürgerliche Existenz fortzuführen bestellt war. Auch ich war seinem Gedächtnis entschwunden. Ich habe sehr geweint, als meine Mutter es mir erzählte, besonders darüber habe ich geweint, daß mich mein Vater vor seinem Tode völlig vergessen hatte: Wie konnte er mich vergessen, ich hatte ihn so unendlich lieb!

Meine Mutter hat es später erzählt. Ein Telegramm der Militärbehörde hatte sie ans Lager meines Vaters gerufen, als es schon feststand, daß das Leben meines Vaters verloren war. Damals also, eine halbe Stunde vor dem Tode, sprach mein Vater zu meiner Mutter von einem Buch. Er hatte kein Fieber. Aber scheinbar war seinem Gedächtnis die Zeit entschwunden. Er lag in einem Lazarettsaal, wo hundert Kranke in Schmutz und zwischen Flöhen sich wälzten, wo es stank und stöhnte, Schwestern roh und Ärzte brutal waren. Das sah mein Vater nicht mehr; er hatte zwanzig Jahre seines Lebens vergessen, seine Frau schien ihm die Braut vor zwanzig Jahren zu sein, und plötzlich setzte er ein Gespräch fort, das sie vor zwanzig Jahren geführt hatten, als Brautpaar, da sie einige Bücher zusammen lasen, Heine, Tolstoi, Spinoza, Lessing und die »Geheimnisse von Paris«.

Acht Tage lang war meine Mutter bei meinem sterbenden Vater, acht Tage und acht Nächte in einem stinkenden Lazarettsaal in Polen, und mein Vater hatte alles vergessen, seine Kinder, sein Geld, sein Vaterland, die Provinz Elsaß-Lothringen, die einmal nach seiner Meinung für Deutschlands Existenz unentbehrlich gewesen war, und den Eierhandel, den der Krieg zum größten Teil unterbunden hatte. Acht Tage und acht Nächte sprach mein Vater nur von Büchern und seinen ehelichen Nächten. Das war übriggeblieben von einer menschlichen Existenz: das Gedächtnis an Bücher und an den Akt der Ehe.

Als ich es hörte, graute mir, mitten in meinem Schmerz. Heute habe ich selbst erfahren, daß die Akte der Liebe ein Trost sind in mancher verzweifelten Situation. Von Büchern halte ich weniger. Ich selber schreibe heute Bücher, und ich wüßte nicht viele Kollegen, an deren Bücher ich vor dem Tode denken würde. Aber ich wäre vielleicht auch kein besserer Kaufmann als mein Vater. Immerhin glaube ich, vor dem Tode würde ich lieber noch an den Eierhandel denken als ans Buchgewerbe. Der Gedanke an den Eierhandel scheint mir ein so heiterer Gedanke.

Aber ich wollte von meinem Vater erzählen und von Odessa und von der Ehre.

Mein Vater war siebzehn Jahre alt, kannte kein Latein und hielt viel von der Ehre. Wenn er die Stelle las: »Mein Name, mein guter Name, ich habe meinen guten Namen verloren«, kamen ihm jedesmal die Tränen.

Mein Vater ging mit siebzehn Jahren und der Tochter seines Chefs an einem milden Märzsonntag durch die Hauptstraße von Odessa. Die Tochter seines Chefs war gleichfalls siebzehn Jahre alt, hatte kurze Haare, studierte auf dem Gymnasium und gehörte einer revolutionären Studentenverbindung an. Sie war eine Jüdin, trug einen blauen Rock und eine rote Bluse mit halben Ärmeln (mein Vater sagte mir, das habe zusammen sehr schön ausgesehen). Sie küßten sich erst seit drei Wochen, auf einer Bodentreppe in dem weitläufigen Gebäude, wo der Chef und seine Familie und mein Vater wohnten.

Eines Abends war die Tochter in das Lager gekommen, wo mein Vater allein vor einer Kiste Eier stand und die Eier einzeln bei einer Kerze durchleuchtete, ob sie nicht faul wären. Mein Vater hatte aufgesehen, ein Ei noch in der Hand, und die Tochter hatte ihn angesehen und gesagt: »Fühlen Sie, wie mein Herz schlägt!«

Und mein Vater ließ das Ei auf den Boden fallen, daß es auslief, und fühlte nach dem Herzen der Tochter. Seit damals küßten sich die Tochter und mein Vater. Ich kann den Namen des jungen Mädchens nicht nennen, denn mein Vater sagte, er habe den Namen vergessen, er erinnerte sich nur noch an den blauen Rock, an die rote Bluse mit den halben Ärmeln und an sein Gefühl nach dem ersten Kuß.

Nun war es Sonntag mittag, im März, sie gingen durch die Straßen Odessas, der Himmel war von diesem kühlen Blau, das die Menschen gut und froh macht, die Luft roch nach Meer und Frühling. Im Gehen nebeneinander berührten sich die Tochter und mein Vater mit den Händen. Es war ein Gewühl von Menschen um sie; die Gutsbesitzer aus der Umgegend der Stadt saßen in ihren langen Schoßröcken und mit ihren dicken Backenbärten in offenen Kutschen und fuhren durch die Straßen, ihre Pferde waren braun und fett, ihre Gattinnen waren schwarzhaarig und üppig, ihre Töchter saßen da, neben den schwellenden Müttern, und lächelten verheißend.

Man sah Türken und Armenier in den Straßen, Juden und Polen, Ukrainer, Herren aus Petersburg, Bauern, Offiziere, Matrosen und die schönen Bäuerinnen der Umgegend.

Mein Vater und die Tochter gingen nebeneinander, sahen sich in die Augen und waren glücklich. Plötzlich, an einer Ecke der Straße, begegnete ihnen ihr Schicksal. Oft scheint das Schicksal plötzlich zu sein und Ecken zu lieben.

Ein Kavallerieleutnant, in Begleitung einiger junger Offiziere, schritt rasch um die Ecke und prallte heftig gegen meinen Vater. Der Kavallerieleutnant, ein Mann von beinah zwanzig Jahren, mit Schultern wie eine antike Statue des Herkules, bekam einen roten Kopf, schnappte mit dem Maul vor Zorn, brachte kein Wort heraus, schämte sich, da er fühlte, er sah lächerlich aus, ward rasend darob und stieß meinen Vater, einen eben noch fast glücklichen Jüngling von siebzehn Jahren, zur Seite und schrie, endlich zur Sprache fähig: »Du Wasserträger, bist du blind!«

Nun muß man wissen, daß man zu jener Zeit und an jenem Ort des Vorteils einer ausgebreiteten Wasserleitung noch ermangelte. Es waren wohl unzivilisierte Länder, dort drüben! Heute freilich haben sie wohl auch schon drüben Wasserleitungen und die übrigen Vorteile der Zivilisation, so daß man gar kein richtiges Vergnügen mehr an der Überlegenheit der eigenen Zivilisation empfinden mag.

Damals aber, in den guten Zeiten, gab es Brunnen. Man ging mit Eimern hin und schöpfte Wasser und trug es keuchend nach Hause. Doch existierte schon damals eine Art Zivilisation, wenn sie auch noch dürftig war und kaum diesen Namen verdiente. Immerhin bewies sie sich daran, daß es berufsmäßige Wasserträger gab, die zu regelmäßigen Stunden gegen einige Kopeken Wasser in die Küche trugen. Das waren natürlich rohe, ungebildete Menschen, faul, störrisch, wild, eine niedere und in vielem unbegreifliche Menschenklasse für sich.

Daß der Leutnant meinen Vater stieß, wäre hingegangen. Aber daß er ihn einen »Wasserträger« schalt, war dem knabenhaft reinen Ehrgefühl meines Vaters so unerträglich, daß er, eines Eierhändlers jüngster Gehilfe und ein schwächlicher Mensch dazu, ausholte und den Kavallerieleutnant, einen schönen Mann, einen jungen Grafen Alexis Trubetzkoi, ins Gesicht schlug!

Hätte sich nicht die Tochter aufweinend dazwischengeworfen, die Karriere des jungen Grafen wäre gehemmt worden. Denn natürlich wäre er versetzt worden und sicher in irgendein kleines kaukasisches Provinznest, weil er ja auf eine Ohrfeige nicht anders antworten konnte, als seinen Säbel ziehen und meinen Vater niederzustechen. Da es Sonntag mittag auf offener Promenade war, wäre eine Strafversetzung des Grafen nicht zu umgehen gewesen.

Verblüfft aber durch das laut weinende Mädchen, zögerte der Leutnant eine Minute, die Freunde des Leutnants gewannen Zeit, sich dazwischenzudrängen und Polizei herbeizuwinken, so daß alles aufs beste sich fügte. Die Tochter nämlich, in Fortsetzung der rasch geschlossenen Bekanntschaft mit dem Leutnant Alexis, trat in nähere Beziehungen zu ihm, gebar ein Jahr darauf ein Knäblein, ward von ihrem Vater mit Schimpf aus dem Hause gejagt, fand auf allen Straßen Freunde, lebte später in der Schweiz und starb im Jahre 1926 als Witwe des bekannten Pariser Großindustriellen Gaston P.

Mein Vater aber ward mitten aus dem Sonntagmittag in ein Gefängnis geführt, wo er drei Tage und Nächte lag und außer einigen Fußtritten und einer Tracht Prügel nicht sehr viel Böses erlitt. Daß die Mauern des Stadtgefängnisses so feucht waren wie ein Wald im Nebel, daß nachts Ratten über sein Gesicht liefen, daß man zwei Tage lang vergaß, ihm Essen zu reichen, das war in diesem Gefängnis die Regel. Aber damals, in den guten alten Zeiten, stand die Gefängnishygiene nicht so in Blüte wie heute. Die guten alten Zeiten waren, scheint es, etwas rohe Zeiten.

Als man meinen Vater aus dem Gefängnis herausließ, war in den naiven Knaben ein wohl doch unberechtigter und unmäßiger Schrecken gefahren, so daß er nicht wagte, zu seinem Chef zurückzukehren, sondern aus dem Gefängnis ans Meer ging, den Schiffen nachsah und den Wolken und sich erst in der Nacht über den Hof und durch ein offenes Fenster in seine Stube schlich, wo er unter der Matratze in einem Halstuch etwas über hundert Rubel versteckt hatte, die er jetzt herausnahm, sein ganzes Vermögen. Damit schlich er sich wieder unbemerkt fort, über Höfe, Zäune und Gärten hinweg, es war eine Nacht, schön von Sternen, sanftem Wind und hohem

Himmel, er ging durch die Straßen der Stadt Odessa, roch den salzigen Meerhauch und dachte verbissen weder an Tochter noch an Sterne, nur an die Ehre, die Ehre und an das Gefängnis. Er stieg in einen Zug und gelangte nach Deutschland. Er ging nach Elberfeld, wo ein Eierhändler, ein edler Mensch, ihm einen Posten und danach die Schwester zur Frau gab.

Später, wenn mein Vater die Stelle las »Mein Name, mein guter Name, ich habe meinen guten Namen verloren«, kamen ihm jedesmal die Tränen.

Mein Vater las uns Kindern nämlich fast alle Abende nach der Mahlzeit aus wunderbaren Büchern vor, wie sie heute gar nicht mehr existieren. Ich habe sie später selber gelesen. Sie waren gut und groß geschrieben, aber ihr Glanz von damals, ihr Glanz fehlte.

Auch der Begriff der Ehre hat für mich nicht mehr denselben jugendlichen Glanz von damals. Denn Elsaß-Lothringen ging verloren, und Deutschland besteht noch, der Kaiser, der Kaiser ging uns verloren, und wir merkten es kaum, und manchen unserer guten Freunde ging inzwischen die Ehre verloren, und wir lieben sie noch. Und mein Vater ist tot, und niemand borgt mir auf seinen guten Namen. *(1962)*

Dreimal erste Liebe

Als ich zum ersten Mal mich verliebte, wußte ich noch nicht, was Liebe ist. (Aber weiß ich es heute?)

Ich war fünf Jahre alt und ging mitten im Grandbazar, dem Warenhaus zum Strauß in Nürnberg, in der Karolinenstraße, die große Treppe hinauf, an der Hand meiner Mutter, die, was ich damals nicht wußte, in mich so zärtlich wie in meinen Papa verliebt war. Meine liebe Mama war damals fast noch ein junges Mädchen, sie trug, schien mir, immer seidene Blüschen, einen Hut mit einer Straußenfeder, einen bunten Sonnenschirm, und in der Hand die Schleppe ihres fußlangen Rockes. Wir gingen im Gewimmel der kauflustigsten Nürnberger und Nürnbergerinnen lachend und plaudernd die Treppen zum ersten Stock empor, und ich war voll süßester Erwartung; denn wir planten, zur Spielwarenabteilung zu gehen, und ich sollte endlich ein »unzerbrechliches« Spielzeug bekommen, es war alles lange vorbesprochen, und ich erwartete ein neues Paradies, ein neues Spielzeug, einen Reifen oder einen Ball, einen Eisenbahnwagen oder eine Schiefertafel, ein Bilderbuch oder einen Steinbaukasten. Ich ging die Treppen hinauf und wußte, oben um sieben Ecken herum stand der Himmel offen, der Spielzeughimmel, und links und rechts von mir gingen die Angehörigen der zwei verschiedenen und feindlichen Völkerschaften der Welt vorüber, nämlich das Volk der Kinder, das mir damals das einzig wirkliche, einzig interessante Volk auf Erden schien, und das rätselhafte fremdartige, wenn auch in einzelnen Exemplaren liebenswerte Volk der Erwachsenen, treppauf und treppab, zehnfach widergespiegelt von hohen Spiegeln, die links und rechts auf zahlreichen Absätzen der hohen und breiten Mitteltreppe aufgestellt waren und das Gewimmel von Kunden, Angestellten und Waren vielfach real und zugleich märchenhaft unwirklich machten.

Ich ging vor lauter seliger Erwartung lachend und plaudernd, und ging die schier unendlich scheinende

Treppe empor, und sah sie, wie sie an der Hand ihrer Mutter die Treppe herabstieg, ich sah sie und verstummte mitten im Wort und lachte nicht mehr, sondern spiegelte in meiner Miene den ganzen Ernst des Lebens, und im selben Augenblick, da ich sie zuerst gewahrt hatte, sah sie mich an, und auch sie war verstummt, auch sie lachte nicht, und ging mit schier schwermütigem Gesicht mir grad entgegen, und sah nur mich, wie ich nur sie sah, und schritt unendliche Sekunden mir entgegen die Treppe hinunter, wie ich ihr entgegenging, die Treppe hinauf, und wie wir uns näher kamen, fing sie zu lächeln an, und ich mußte lächeln, und obwohl ich die Augen nicht von ihr abwenden konnte, wie sie die Augen nicht von mir abwenden konnte, sah ich sie gleichzeitig in den hohen Spiegeln links und rechts, unter den strahlenden Gaslampen, die das Warenhaus erhellten mit ihrem warmen gelben Licht, ich sah sie mitten im Gewimmel der Waren aus aller Welt, mitten im Gewühl der Menschen aus allen Vorstädten von Nürnberg, ich sah sie an der Hand ihrer Mutter, ich sah in diesen Sekunden die ungeheure Bewegung einer ganzen Welt und die ungeheure Stille einer stehengebliebenen Zeit, sie sah mich an, ich sah sie, da war sie schon neben mir, schon stand ich auf derselben Stufe wie sie, schon vernahm ich, wie aus größter Ferne die Stimme meiner Mutter, sie sagte, »komm schon, Hermann«, aber ich stand wie angewurzelt, und hörte ihre Mutter sagen, »komm schon, Kind!«, und sie stand wie angewurzelt, und meine Mutter zog mich, und ihre Mutter zog sie, und wir sahn uns an, das kleine Mädchen und ich, und schon trennten uns zwei Stufen, vier Stufen, acht Stufen, da stieg sie herunter, da ging ich hinauf, gezogen von unsern Müttern gingen wir auf und unter, brave Kinder, oder überwältigt von der Übermacht des regierenden Herrenvolks, von den zärtlichen Müttern, wir entfernten uns voneinander, das kleine Mädchen und ich, mit rückgebogenem Körper, mit brennenden Blicken, mit einem langsam einfrierenden Lächeln, ich sah sie an, sie sah mich an, schon war ich auf der Höhe der Treppe angelangt, gezogen von meiner zärtlich unerbittlichen

Mama, schon stand sie auf der untersten Stufe, und starrte mich an, noch lächelnd, aber schon mühsam und wie unter Tränen, und da war sie verschwunden. Ich stand, und meine Mutter zog an mir, ich stand und starrte ins Nichts, sie war verschwunden, und ich weiß nichts mehr, nach diesem Augenblick, wohin wir gingen, ob ich ein Spielzeug bekam, welches Spielzeug, und wie ich es fertigbrachte, ein ganzes Leben lang ohne sie zu sein.

Das war ein unvergessener Augenblick. War das meine erste Liebe? Solange ich lebe, sehe ich sie, das kleine Mädchen, in einem weißen Kleidchen, mit einer blauen Schleife im Haar, mit weißen Stiefelchen und weißen Söckchen, mit nackten Knien, mit ihren lachenden Augen, mit ihrem unbeschreiblich anziehenden Lächeln, mit ihrer einen Hand in der Hand ihrer Mutter, und mit ihrer losen Hand, mit ihrem zierlichen Schritt, mit dem ganzen einmaligen Zauber ihrer Person. Damals fragte ich mich nicht, wie alt sie war, ich fragte nach keinem ihrer Umstände. Mit einmal war sie da, einige Sekunden lang, und obwohl sie sogleich für immer verschwunden war, war sie fortan für immer da, war für mich da, urlebendig, solange ich lebte, sie war das Leben, sie war wenige Augenblicke lang die ganze Welt, die Summe meines Lebens, der ungeahnte Traum, der wahr wird, die Schönheit, die vorübergeht und berauscht, und obwohl sie für immer verschwunden scheint, nie mehr entschwindet, ein Echo, das nie verhallt, ein Gefühl, das nie vergeht, wenn es auch nie mehr so brennend war wie in jenem Augenblick, da es höchste Lust und schärfster Schmerz zugleich war, und wenn jenes Gefühl nicht die Liebe war, was denn ist Liebe?

Oder hieß meine erste Liebe Kala Schäfer? Damals wohnten wir in der Ludwig-Feuerbach-Straße. Ich war schon sieben oder acht Jahre alt, ein Schulkind, wir wohnten im zweiten Stock, und Kalas Vater, der Ingenieur Schäfer, wohnte im ersten Stock. Da Schäfers kein Dienstmädchen hatten, deponierten sie ihr Töchterchen Kala bei uns, wenn sie abends ins Theater gehn wollten. Kala aß mit uns zu Abend. Da sie für meine ältere Schwester Lina zu klein, für meine jüngere Schwester Gina zu groß war, wurde es meine Aufgabe, die gleichaltrige Kala zu amüsieren. Nach dem Essen führte ich sie jedesmal prompt in den Salon, wo ein runder Mahagonitisch stand, von einer langen roten Damastdecke fast bis zum Boden hinunter bedeckt. In diesen dunklen Salon, der nur durch die halboffene Tür einiges Licht fand, führte ich Kala an der Hand und versprach, ihr meine schönsten Märchen zu erzählen, wenn sie sich mit mir unterm runden Tisch auf einen Fußschemel setzte. Eingehüllt von der roten Damastdecke saßen wir da wie in einem dunkeln Zelt, eng aneinandergeschmiegt. Ich legte meine linke Hand auf ihr nacktes Knie und meine Rechte auf ihre Hüfte und erzählte ihr die alten Märchen der Brüder Grimm und von Andersen und aus Tausend und einer Nacht, nur vermischte und veränderte ich die Geschichten und führte in jeder Geschichte nicht nur Kala und mich als Nebenfiguren ein, sondern nahm auch reale Details unseres Alltags auf, vermengte die Burg von Nürnberg mit den Zelten der reisenden Kalifen, die Paläste und Kaufgassen von Bagdad mit den Marktfrauen vom Nürnberger Hauptmarkt und mit der Hausmeisterin in der Ludwig-Feuerbach-Straße. Meine Märchen waren ohne Zweifel spannend und aufregend, sie lockten insbesondere meine jüngere Schwester Gina an, die sich auf den Teppich setzte, neben dem Tisch, und wie gebannt lauschte, mitlachte, wenn meine Geschichten komische Helden beschrieben, und Tränen vergoß, wenn meine Heldinnen in Gefahr gerieten, ihr Leben, ihre Freiheit oder gar ihre Tugend zu verlieren. Teils schmeichelte mir Ginas Anwesenheit, wegen ihres Interesses an meinen epischen Künsten, teils hatte ich die Empfindung, sie würde mich stören, obwohl ich nicht hätte sagen können, wobei.

Immerhin mochte mein Unmut einmal überwogen haben; denn ohne daß ich wollte, bezog meine Geschichte einen Pascha ein, der gleichfalls Geschichten zu erzählen liebte, doch nur solchen Zuhörern, die er eigens eingeladen hatte, indes er eine große Schere bereithielt, unterm

Turban, mit der er unerwünschten und uneingeladenen Zuhörerinnen die Nasen abschnitt, und da gerade die besten Erzähler, wie man weiß, nicht immer Herren ihrer Erzählungen sind, sondern von ihrer Fabel und Figur in sie selber überraschende Erfindungen verführt werden, geriet das nebensächliche Detail mit Schere und Nase so plastisch und anzüglich, daß meine Schwester Gina plötzlich zu begreifen glaubte, zu welchen realen Konsequenzen zuweilen die Literatur führen kann, und in wahrem panischen Schrecken aufsprang und heulend in die Wohnstube rannte und mit beiden Händen ihre kleine Nase bedeckend zu unserer Mutter lief, und unter einem Strom von Tränen mich anklagte, ich hätte ihr mit einer Riesenschere die Nase abgeschnitten, zumindest abschneiden wollen, worauf meine Mutter, die mühsam die Händchen Ginas von dem Näschen fortzog, es zu ihrer Erleichterung unbeschädigt fand, dennoch in den Salon vordrang, mich mit Kala auf unserm Schemel unterm Tisch fand und beide verhörte, wobei ich zu meiner Beschämung meine Geschichte wiederholen mußte, die mir unter den neuen Umständen bei weitem nicht mehr so meisterlich vorkam, wie eben noch unterm Tisch.

Das Ende war, daß meine Mutter mir zwar keine Vorhaltungen machte, sondern mein Schwesterchen ins Bett brachte, aber meine Freundin Kala einlud, im Wohnzimmer ein neues Märchenbuch zu studieren, mit mir natürlich, das für mein Schwesterchen Gina bestimmt war, und nachzuprüfen, ob nicht auch in diesem Märchen Nasen und Scheren vorkämen, vor denen man Gina eine Zeitlang bewahren müßte.

Ich weiß nicht mehr, ob in diesem Märchen, das wir im hellerleuchteten Wohnzimmer auf dem Sofa lesen mußten, eine Nase oder eine Schere vorkam. Ich weiß nur, daß seitdem Kala und ich nie mehr zusammen unter einem Tisch saßen. Sie war ein freundliches Kind, kam an den Theaterabenden ihrer Eltern immer in ihrem Sonntagskleidchen zu uns, hatte blonde lange seidenweiche Haare, strahlende blaue Augen und Grübchen in ihrem runden Kindergesicht. Ihre nackten Knie waren zerschürft und schrundig wie Jungensknie.

Und war sie nun meine erste Liebe?

Übrigens lautete der Mädchenname meiner Mutter Ida Tisch.

Oder hieß meine erste Liebe Ida Kesten, genau wie meine Mutter jetzt hieß, und war meine Kusine dritten Grades? Damals war ich fünfzehn Jahre alt, und die kleine Ida war so alt wie ich. Obwohl ihre Eltern in der Fichtestraße wohnten, wie meine Eltern, nur fünfzig Hausnummern weit von unserer Wohnung, Fichtestraße 46, sah ich sie anfangs selten, da ihr Vater, der übrigens wie ich hieß, Hermann Kesten, ein Eiergroßhändler war und Importeur wie mein Vater, und also eine Konkurrenz war, und obendrein recht streitsüchtig und voller Eigensinn war, was meinen Vater verdroß, da mein Vater den Frieden liebte.

Eines Tages kam eine andere Kusine, die bildhübsch und schon einundzwanzig Jahre alt war, und Fanny hieß und ein ganz klein wenig hinkte, was ihrer Hübschheit keinen Abbruch tat, und machte mir unter vier Augen die heftigsten Vorwürfe meiner Herzlosigkeit wegen, weil ich meine Kusine Ida, die mich seit geraumer Zeit leidenschaftlich liebe, mit Ironie, ja mit Hohn und Spott behandle, obgleich diese Kusine Ida weit und breit das hübscheste Mädchen ihres Alters sei, mit ihren brennenden schwarzen Augen, ihrem tadellosen Wuchs, ihren schon vollen runden Brüsten, mit ihrem olivfarbenen Teint, ihren rabenschwarzen Locken, ihren lachenden weißen Zähnen, ihren vollen roten Lippen, mit ihrer Stimme, die wie Musik klinge, und ob ich blind und taub sei, daß ich nicht ihre hundert Reize sähe und hörte, und ob ich eine andere hübschere Freundin hätte und ein Dutzend Freundinnen vielleicht und ob mich etwa Mädchen nicht interessierten oder ob ich so völlig in meine Studien am humanistischen Gymnasium versunken sei? Immerhin wenn ich nicht meine Kusine Ida liebte, und wenn sie mir gar nicht gefiel, und wenn ihre Leidenschaft für mich mir lästig sei, so müßten doch meine gute Erziehung und mein sonst so angenehmer Charakter mich davor bewahren, ein so gutes und bildschönes Mädchen wie meine Kusine Ida nur darum zu verhöhnen, weil sie närrisch genug gewesen, sich gerade in mich zu verlieben. Und sei ich denn völlig fühllos gegen Mädchen?

Und dabei faßte mich meine bildhübsche Kusine Fanny am Kinn, um mir besser in die Augen zu sehn und alles Betreffende dort zu lesen, und da sie vielleicht ein wenig kurzsichtig war, kam sie mir ganz nahe, daß ich den süßen Hauch ihres Atems spürte, und ihr Examen muß günstig abgelaufen sein, denn mit aller Freiheit, die so eine überaus erwachsene junge Dame von einundzwanzig Jahren sich ungeniert gegen einen Jungen erlauben durfte, küßte sie mich auf den Mund, drückte mich an ihren runden Busen, streichelte mich auf Wangen, Haaren und andern Stellen, drückte meine Hand, führte sie an ihr Herz, zur Bekräftigung ich weiß nicht mehr wovon, und ließ mich ihren Busen fühlen und traktierte mich mit solch einladender Freiheit, daß ich zumindest in Gefahr geraten wäre, meine Kusinen zu verwechseln und der einen meine Gunst zu bezeugen, die eine andre offenbar durch diese erbeten hatte, wäre ich damals nicht so eselhaft schüchtern gewesen.

Immerhin geriet ich in Feuer und versicherte meiner hübschen appetitlichen Kusine Fanny, daß mir meine appetitliche schöne Kusine Ida keineswegs mißfalle und daß meine Ironie und meine Witze, abgesehn von literarischen Einflüssen durch Aristophanes und Heine, von Lukian und Voltaire wie Anatole France, zwar wie Ironie und Witze aussähen, daß sie aber nur meiner Manier entsprächen, die Welt auf meine Manier zu sehen, also ganz ernsthaft.

Meine Kusine Fanny war aber im Augenblick keineswegs zu literarischen Diskussionen oder Charakteranalysen bereit, sondern erklärte, sie erwarte mich am andern Tag um vier Uhr nachmittags in der Konditorei Eisenbeiß, und Kusine Ida werde auch da sein. Zum Abschied

57

oder zur Bekräftigung unseres Stelldicheins zog mich Fanny nochmals an sich, gab mir mehrere Küsse auf den Mund, tätschelte mich auf den Popo, was mich ebenso aufreizend wie respektlos berührte, drückte meine Hand nochmals auf ihren Busen, der bewegt schien, ermahnte mich, pünktlich zu sein und meinen hübschesten Anzug anzuziehn, und ließ mich in tiefen Gedanken zurück.

In die Konditorei am andern Tag kam Fanny nicht, sondern zehn Minuten zu spät Kusine Ida.

Schon drei Wochen später nahm mich Kusine Fanny beiseite und warnte mich vor den eventuellen Folgen. »Ihr treibt es zu bunt«, sagte Kusine Fanny. »Ihr seid zusammen keine dreißig Jahre alt. Wenn Ida ein Kind kriegt ... «

Ich schwieg, wußte es aber besser. Ida und ich liebten einander zwei Jahre lang, und natürlich war es meine Schuld, daß sie kein Kind bekam, da ich vor dem letzten Schritt innehielt, und es war meine Schuld, daß wir von einem Tag zum andern auseinandergingen und uns erst sechzehn Jahre später wiedersahen, im Hotel Imperial in Wien, aber da war sie bereits mit einem älteren Herrn verheiratet, einem Mann von 43 Jahren, und auch ich hatte schon eine Frau in Berlin.

Ida und ich hatten uns aber in Nürnberg von einer Stunde zur andern getrennt, 1917, weil ich den Versuch gemacht hatte, sie zu erziehen. Das übersteht keine Liebe. War Ida meine erste Liebe?

Als ich neunzehn war, nach dem Abitur, ging ich mit einem Mädchen von siebzehn zum ersten Mal ins Bett. Sie war schon recht erfahren und lachte meinen Eifer und meine am selben Tag siebenmal wiederholten Bezeugungen einfach aus, ohne deshalb meinen Fleiß weniger zu genießen. Sie hieß Lilli und verdient eine neue Geschichte. Denn vielleicht war Lilli meine erste Liebe? Als ich am Abend von ihr Abschied nahm und glaubte, mich für meinen Übereifer entschuldigen zu müssen, lachte sie mich wieder aus und versicherte mir, sie fühle sich aber sehr erfrischt. *(1966)*

Nürnberg

Man glaubt das Ende von Schönheit und Kunst zu kennen. Die schöne Helena wird alt und zänkisch oder stirbt vor der Zeit, und die Kunst kommt ins Museum ... sagen die Idealisten. Aber diese guten Unzeitgemäßen irren. Das sind nur Ausnahmen, diese privaten und staatlichen Gräber.

Heute ist alles Geschäft. (In der guten alten Zeit war das Geschäft alles.)

Das Geschäft ist über Alt-Nürnberg emporgeschossen, wie Unkraut, das sich industriell verwerten läßt. Bergbau wird in Nürnberg weder in den Vororten, noch in der Altstadt getrieben. Aber dafür können die Nürnberger doch nicht, daß ihr Grund und Boden Sand, aber weder Kohle noch Eisen birgt. Sie würden schon fördern.

Nürnberg ist eine internationale Sehenswürdigkeit. Die Künstler Dürer, Kraft, Vischer förderten das Ansehen Nürnbergs durch ihre Kunst, der Schuster Sachs (trotz seines Namens keinesfalls jüdischer Abstammung!) durch seinen Dilettantismus. Der Schuster ward von einem Wagner, einem gleichfalls dichtenden Dilettanten, in Musik gesetzt. Nürnberg hat für diese Reklame nichts gezahlt. Der Stadtrat von Nürnberg, seiner großen Vergangenheit würdig, verbietet sogar die Lichtreklame. Er denkt, die Nürnberger seien genug erleuchtet. Im übrigen sind die Nürnberger von je als human verschrien; ihr Feind Eppelein von Gailingen, ein exzellenter Kavallerist und, wie die meisten Aristokraten seiner Zeit, ein geschickter Straßendieb, gestand ihnen schon zu: sie hängen keinen.

Der Oberbürgermeister von Nürnberg, ein Mann namens Luppe, ist immer noch Demokrat und noch nicht Minister. Sein Amtsvorgänger Geiler ist nicht mehr Demokrat und immer noch Minister. Luppe, einer der wenigen Köpfe im Reichsbanner und ein eminent fähiger Verwaltungsbeamter, wie gesagt Demokrat, hat in öffentlichem Prozeß ausführlich nachweisen können, daß er kein Jude sei, was seinem Prozeßgegner Streicher die Prinzipien aller Weltordnung verwirrt haben soll.

Der Arme muß nach allem, was er in seinem Blatte *Der Stürmer* schreibt und druckt, geistig gelitten haben. Seine Freunde behaupten, die Sprache, deren sich Streicher bedient, sei die deutsche. Maßmann verstand, wie Heine überliefert, kein Latein. Dafür turnte er vorzüglich. Auch Streichern gab die Natur, dies große Kuriositätenkabinett, einen Ersatz für mangelnde Sprachkenntnisse: Sie machte ihn zum Antisemiten. Und diesem reinen Idealisten, denn die Rassenforschung ist bislang wissenschaftlicher Idealismus geblieben, werfen seine Feinde vor, er mache aus der Verleumdung ein Geschäft. Für diese Verleumdung saß der Ehrenmann sogar schon im Gefängnis. Streicher ist, soviel man weiß, kein Jude. Nach seinem Aussehen zu schließen, scheint er auch kein getaufter Jude zu sein, was bei seinem wirklich glühenden Antisemitismus überrascht.

Ich schreibe so viel von ihm, weil ich doch auch gerne etwas über das geistige Leben Nürnbergs berichten wollte. Sonst gibt es in dieser Branche hier noch drei Theater, von denen ich später drei Sätze schreiben will, den »Literarischen Bund«, und neben andern das Germanische Museum. Ein Neubau dieses Museums wurde von Strafgefangenen errichtet. Nach genauer Besichtigung gestehe ist, daß mir das lebendige Deutschland lieber ist als das tote Germanien. Doch mag dies daher rühren, daß ich Leichen nicht ästimiere und Republikaner bin.

Die Nürnberger Presse pflegt »jungfränkische Dichtung«, doch wird Referent in Nürnberg nicht gepflegt, und rächt sich dadurch, daß er die Namen dieser jungfränkischen Dichtergilde der deutschen Öffentlichkeit nicht bekannt gibt.

Dicht bei Nürnberg liegt Fürth. Es ist im Gegensatz zu Nürnberg keine Großstadt, was sowohl an der geringeren Anzahl der Bevölkerung als auch an der niedrigen Gemeindeumlage deutlich zu erkennen ist. Fremde sollen zuweilen andere Unterschiede finden. Auch sagen solche öfter, sie hätten sich in der Provinz gar nicht so vieler Nutten vermutet. Auch *sonst* ist der Besuch Nürnbergs Fremden sehr zu empfehlen.

Die Stadt, soweit sie aus Stein besteht, hat wundervolle Stellen. Es gibt Gebäude in ihr, die ich als Nabob kaufen würde, niederreißen, steinweise numerieren und im Staate Kansas oder Maine oder wo ich wohnte, wieder aufbauen ließe.

Freilich fehlten die Graben und die Burg, die winkeligen alten Gassen und die Nürnberger Friedhöfe, die Nürnberger Lebkuchen und das Nürnberger Bier, die Hopfenhändler, es fehlten noch sonst viele Altertümer, z.B. Nürnbergs Frauen und Mädchen, seine Pflaster und sein städtisches Schauspiel, seine Straßenbahnen und seine Bevölkerung, seine Tänzerinnen und seine großstädtischen Vergnügungsetablissements, seine Filme und seine Probleme.

Wenn ich also die Lorenzkirche besäße und die Sebalduskirche, die Mauthalle und das Pellerhaus, etwa noch den koketten Tugendbrunnen, wo täglich Wässerchen aus Brustspitzen und anderen Körperteilen fließen, ich kehrte doch gerne wieder nach Nürnberg zurück ... zu Besuch, meine ich.

Man lasse sich übrigens durch nichts zu der Ansicht bringen, als gäbe es in Nürnberg keine guten Menschen, oder als ließe es sich nicht wohlleben in dieser guten Stadt, oder als lebte nicht hier und da Spur und Zeichen einstiger Größe wieder in manchem Bewohner auf.

Hier, wo einst die Reformation blühte, wo ein Willibald Pirckheimer lebte, ein Hegel Gymnasialrektor war, ein Goethe, ein Beethoven, ein Heine und noch viele, viele andere durchreisten, hier ist die Wiege manch moderner Großtat. Ich nenne nur den Sportklub Maxvorstadt, vielfach deutscher Meister im Ringkampf, und erwähne noch den 1. Fußballklub Nürnberg, den häufigen deutschen Meister.

Der Fluß, der sich die Mühe gibt, durch Nürnberg zu fließen, trägt keinen Ruhm davon. Er heißt Pegnitz, und dies ist ein stiller Name. Er sieht lehmig aus und gibt Anlaß zu mancher schöner Brücke. Nachts schimmern die Sterne in ihm. Lebensmüde benützen ihn nur selten und ungern.

Das Wasser in Nürnberg ist schmackhaft. Ich spreche nun vom Theater. Das städtische Schauspielhaus bringt fast keine Uraufführungen. Das private »Intime Theater« dagegen, dessen Mitdirektor Max Reimann ist, besitzt einen ausgezeichneten komischen Darsteller, nämlich diesen Direktor Reimann selbst. Wie schon andere komische Theaterdirektoren vor ihm ist er ein namhafter Dramatiker, gleich jenen Goethe, Immermann, Raimund, Laube usw. Er hat seinen Nürnberger Dramaturgen gefunden.

Ob hier Erzengel leben, weiß ich nicht. Gott selbst wohnt auswärts. *(1927)*

Brüder! Zur Sonne, zur Freiheit!

Lust ging in die Stadt. Sie begann mit Wiesen und Hütten, wie ein Dorf. Eine strengblickende Bäuerin in einem schwarzen Kleid kutschierte einen leeren Bauernwagen, den zwei Ochsen zogen. Vor einem feuerroten backsteinernen Schulhaus stand ein Denkmal von Bismarck, und gegenüber befand sich ein offenes Lager einer Faßhandlung. Dann kamen Fabriken. Dann ward es kleinstädtisch, winzige Wirtschaften, offene Gemüseläden. Unvermittelt wurde die Straße vornehm, lauter Villen mit Marmorportiken. Am Ende der Straße stand ein runder Wachtturm, ein Festungsgraben mit Wall und Allee. Und Lust trat ins Mittelalter. Spitzgieblige Häuser, verschollene Höfe, krumme, mannsbreite Gassen, mit Namen ausgestorbener Handwerke und voller ausgestorbener Gerüche. Dazwischen fuhr mit der halsbrecherischen Geschicklichkeit eines Seiltänzers eine elektrische Straßenbahn und klingelte so heftig, als müsse sie sofort entgleisen und in die armseligen Läden fahren, die den weltberühmten deutschen Ersatz ausstellten, Ersatz und Surrogate von Ersatz, Ersatz-Baum-Wolle und Kunst-Rüben-Marmelade, Kunst-Honig-Ersatz und Kunst-Leder-Imitation. Auf dem Hauptmarkt saßen verbitterte Bäuerinnen und verkauften für schmutziges Papiergeld pfund- und kiloweise grauen Hunger und schwarze Auszehrung, blaugefrorne Kartoffeln; errötende Schweinerüben, vergilbten Kohl und verrottetes Sauerkraut.

Lust bewunderte die Geduld des Volks und die Schönheit der alten Kirchen. Der blaue Himmel lachte, ein steinerner Neptun schwang inmitten seines Brunnens den Dreizack. Lust ging um den Schönen Brunnen herum, die gegossenen Figuren der deutschen Kaiser und der jüdischen Propheten lächelten seit vierhundert Jahren erzheiter mit ihren vergoldeten Gesichtern. Plötzlich ward Lust gewahr, daß ihn jemand schon seit einiger Zeit fixierte.

Er sah einen kleinen, hagern Menschen, Mitte Dreißig, der in seinem großkarierten Reisemantel zu schwimmen schien. Trotz der Kälte trug er keinen Hut. Seine dünnen blonden Haare glichen den Nachzüglern einer geschlagenen Armee. Lustig funkelten seine blauen Augen hinter den Gläsern einer riesigen goldenen Brille.

Da stand er, in kniehohen funkelnagelneuen gelben Offiziersreitstiefeln mit silbernen Sporen, zwischen Körben mit Zwiebeln und Knoblauch. Bequem stützte er sich mit der Rechten auf einen Spazierstock mit goldenem Knauf in der Form eines Löwenkopfs. Mit der Linken aber strich er nervös über sein spärliches Haar, als wolle er eine nichtexistente ungebärdige Locke bändigen. Da stand er ruhig im Marktgewühl und blickte auf Lust.

Am Lächeln erkannte ihn der Leutnant, es war so heiter ironisch, zutraulich sanft, so lebenssicher und liebevoll, und so ansteckend, daß Lust sogleich zu lachen begann und mit ausgestreckten Händen auf den komischen Gesellen zuging. Der Fremde ergriff beide Hände Lusts und schüttelte sie ausführlich und herzlich, nachdem er seinen Stock erst zwischen seine Beine geklemmt hatte, so daß er wie ein kleiner Junge aussah, der auf seinem Steckenpferd über den Markt reiten wollte.

»Daisler!« rief er begeistert. »Alter Freund! Ist das kein Wunder? Gestern nacht kam ich nach Nürnberg, um Sie zu finden – und treffe Sie schon am ersten Morgen auf dem Markt!«

»Kein Wunder!« schrie Daisler vergnügt. »Kein Wunder! Vor zwei Wochen kam ich aus dem Krieg heim. ›Luise‹, sagte ich zu meiner lieben Frau. ›Ich muß meinen Freund Lust wiederfinden! Ich muß ihn wiederhaben!‹ – ›Gewiß!‹ antwortete meine Luise. ›Wir werden ihn suchen.‹ – ›Wir werden ihn finden!‹ rief ich und telegraphierte an Gott und die Welt, an sechs Regimenter, und drei Dutzend Kameraden. Ich verzagte vor Ungeduld. Aber Luise sagte: ›Wir finden ihn!‹«

Sie traten in eine Wirtschaft. Auf dem Schanktisch stand ein Maßkrug, aus dem der Bierwirt von Zeit zu Zeit einen guten Schluck tat, worauf er sich jedesmal mit dem blauen Schürzenzipfel den Schaum vom Schnurrbart wischte. Eine junge und eine ältere Kellnerin liefen vom Schanktisch zu den Tischen der Gäste, die abwechselnd riefen: Ein Helles! Ein Dunkles! Eine Maß! Ein Kulmbacher! Ein Löwenbräu! Ein Tucher!

»Zwei Tucher!« bestellte Daisler und fragte lächelnd: »Hat Gott Ihr Gebet also erhört?«

»Was meinen Sie?« fragte Lust erstaunt.

»Sie erinnern sich nicht? In Ostende erzählten Sie, jeden Morgen würden Sie beten: ›Lieber Gott! Laß mich nur heut nicht umkommen!‹ Und Sie erklärten mir, in solch einem Weltkrieg habe Gott ein kurzes Gedächtnis und bringe einen armen Menschen aus lauter Zerstreutheit um. Darum machten Sie mit Gott nur so einen kleinen Handel. ›Kann er mir einen einzigen Tag versagen?‹ fragten Sie und lachten. Ich habe noch den Schall Ihres Gelächters im Ohr, es klang so lebendig inmitten der toten Greuel. Sie sagten mir, Sie wollten heil durch diese Schlammhölle hindurchgehn. ›Ich will um jeden Preis weiterleben‹, sagten Sie. ›Ich will den Frieden sehn, wenn auch mein Herz ausgetrocknet sein wird wie mein Pinsel und vergilbt wie alte Wäscherechnungen.‹

Und als ich erwiderte, ›die Welt wird nach diesem Krieg eine schönere sein, und wir werden als bessere Menschen herauskommen, und die Menschen werden aufhören, einander ein Abscheu und ein Schrecken zu sein!‹ – da antworteten Sie mir gräßlich vergnügt: ›Ja! Weil uns bald vor gar nichts mehr grauen wird! Aller Schrecken wird nämlich gemütlich am Ende. Wir werden weitermalen – und weiter auf einander schießen, in neuen Uniformen nach einer neuen Philosophie!‹ Da antwortete ich Ihnen: ›Graut Ihnen wenigstens nicht vor der Auflösung auf den Leinwänden gewisser deutscher Maler? Und vor dem Chaos in den Büchern und Hirnen gewisser deutscher Theoretiker?‹

Und Sie sagten, die Welt sei voll von Narren! Und nach dem Krieg sei es an der Zeit, eine neue Richtung in der Malerei zu begründen, und wir zwei seien ganz dazu geschaffen. Und da lud ich Sie ein, mein Gast in Nürnberg zu sein, nach dem Krieg. Da sind wir also beisammen, und der Krieg ist aus. Ich wette, Sie schießen nicht mehr! Und malen wieder. Da wollen wir also der Kunst einen Weg und der Gesellschaft eine bessere Richtung geben? Sie sehen, ich habe mir Ihre Worte gut gemerkt!«

»Wäre alles in Ordnung, wenn nur die Welt wieder in Ordnung wäre!« erwiderte Lust.

»An uns soll es nicht fehlen«, rief Daisler begeistert.

»An mir fehlt es!« antwortete mit trübem Lächeln Lust. Er fand plötzlich den ganzen Mann verändert. Aber so viele Männer erscheinen in umgestürzten Verhältnissen reduziert!

»Ich male nicht mehr!« fügte er angesichts der verlegenen Miene Daislers hinzu.

»Auch Sie malen nicht mehr?« fragte der kleine Maler überrascht.

Da legte Lust mit einer schüchternen Gebärde seine rechte Hand auf den Tisch, vielmehr den Rest, seine drei Finger. »Granatsplitter!« sagte er sanft, wie zur Entschuldigung.

Daisler fuhr sich verlegen mit seinen Händen in die Haare, stockte inmitten der Gebärde, tat seine Hände untern Tisch, errötete und schloß Lusts rechte Hand in seine beiden Hände. Daislers Hände waren behaarte, energische, braune Hände, mit fünf Fingern an jeder Hand. Da fehlte nichts! Lust sah es genau. Plötzlich beugte sich Daisler über den Tisch und flüsterte dem Kriegskameraden ins Ohr: »Mut! Alter Freund! Wir werden dennoch siegen!«

Lust entzog ihm seine Hand. Schon fragte er sich, was er eigentlich von diesem kleinen, nervösen Mann erwartet hatte. Da war es wieder, dieses menschenhassende Gefühl des Verzweifelten: Mir ist nicht zu helfen!

Daisler rückte mit dem Stuhl näher zu ihm und legte ihm den Arm um die Schulter. »Lieber Freund! Wissen Sie noch Ihr Wort über Goya? Wir gingen am Ufer des

Meers. Der Himmel war gelb und grün, wie über Grecos Toledo. Der Wind stieß uns. Sie trugen ein flatterndes schwarzes Tuch um den Hals. Mit heiserer Stimme schworen Sie fluchend, es sei aus mit der Malerei. Keine stofflichen Gründe! Der Stoff sei nichts in der Kunst. Alle Materie sei nur ein Vorwand des Geistes. Ein Seurat könnte sogar eine Giftgaswolke malen. Ein Picasso (ein junger Spanier in Paris, Sie rühmten ihn!) könnte einen Flugangriff auf eine kleine Stadt malen. Hätte nicht Rembrandt einen toten Ochsen gemalt? Und Dürer seine Hand?

Mit der Malerei sei es aber aus, weil es keine Religion mehr gebe! Der tote Christ sei schuld. Das Mirakel habe keine zweitausend Jahre gehalten. Nun sei das Christentum gestorben, wie zuvor die Götter Griechenlands, Ägyptens und der Juden Gott. ›Ein Jahrhundert, in dem Ihr Schuster den Freidenker macht, und jeder Maler den Antichristen, leidet an Hühneraugen und Kunsttod. Schuster und Maler müssen glauben!‹

Da rief ich: ›Goya hat aber den Greuel des Kriegs aufgezeichnet. Und die Malerei hat fortgeblüht.‹

Da schrien Sie: ›Goya hat geglaubt! Er hat an die Menschen geglaubt. Für sie hat er die Greuel signiert. Er schrieb darunter: Ich sah es! – Er lebte in der christlichen Kontinuität.

Wir aber sind aufgeklärte Nihilisten. Wer von uns glaubt an die höhern Zwecke der Menschheit? Der Zweck heiligt die Mittel? Aber wir haben keinen Zweck mehr und greifen schamlos nach jedem Mittel! Mit leichtfertigem Gelächter berechnen wir den Erkaltungsprozeß unserer Sonne. Und Gott? Nicht einmal ein kleiner Nebel zwischen Sternen, die sich langsam in Gas auflösen! Malen – wenn die Geschichte der Menschheit ein Unfall zwischen zwei Eiszeiten ist? Mein Schuster beweist mir, daß Christus nie gelebt hat, erstens, und zweitens, daß er ein Jude war, und darum besser nie gelebt hätte!

Kunst lebt nicht von Moral! Aber ohne Moral stirbt sie rasch. In einer Welt ohne Zusammenhang und Tradition gibt es keine Kultur, keine Moral, keine Liebe, keine Kunst. Wir haben im Gasangriff gegen den lieben Gott gesiegt. Die Sterne sind tot und längst erloschen. Das Licht, das wir noch sehn, stammt aus der Zeit, da es die Sterne noch gab. Auch dieses letzte Licht wird schwinden. Wir erblinden schon!‹ – Erinnern Sie Ihre finstern Sätze?«

»Obenhin!« antwortete Lust geschmeichelt und verwirrt. »Aber, wohin führen Sie mich?«

»Merken Sie meine Absicht?« fragte mit einem verschmitzten Lächeln der kleine Maler. »Ich will Ihnen beweisen, daß Sie Unrecht hatten. Damals blieb ich die Antwort schuldig. Heut ist Zahltag!«

»Wer ist der Gläubiger, wer der Schuldner? Lieber Freund?«

Daisler zahlte. »Mich rufen Geschäfte!« sagte er. »Kommen Sie später zu uns. Wir essen um zwei Uhr. Königstraße 4, fünfter Stock! Aus meinen Erzählungen kennt Sie meine Frau, liebt Sie schon! Sie müssen meine Kinder sehn, Rosa ist schon zehn, Angelika sieben, Michel fünf. Zu Hause will ich Ihnen beweisen, daß ich recht habe!«

Lust ging wieder allein durch die Straßen von Nürnberg. Erst sah er die alten Häuser und Kirchen an, dann sah er zu Boden. Unvermutet fand er sich in den Gassen der armen Leute. Da standen Arbeiter und Soldaten müßig herum. Kinder und Hunde schlugen sich um Knochen, an denen nichts mehr zu nagen war.

In den Schaufenstern der Lebensmittelläden sah Lust nur Lebensmittelplakate. Die Schutzleute patrouillierten gruppenweis, schwerbewaffnete Bauernsöhne in Uniform, mit kirschroten Gesichtern und wasserblauen verängstigten Augen.

Vor dem Metzgerladen an der Straßenecke sah Lust einen Auflauf. Auf dem Schaufenster stand in Goldbuchstaben: Adolf Dörnberger's Witwe. Charkutier und Geselchtes. Drin hing statt des Dutzends rosig schimmernder abgebrühter Schweine an Eisenhaken nur ein schwarzumrandetes Schild, gleich einer Todesanzeige: Ausverkauft!

Auf dieses Trauerschild wiesen etwa fünfzig Weiber, ausgemergelte Mütter mit hängenden Brüsten und Strümpfen. Mit hohlen Hungerstimmen schrien sie: »Gebt uns Brot! Und Fleisch! Gebt uns Brot! Und Fleisch!«

Nur ein ganz junger Polizist stand da und gab acht, daß niemand sich vordrängte. Sein rundes Bauerngesicht schwitzte.

»Gibt es wirklich kein Fleisch?« fragte Lust seinen Nachbarn, einen dicken Zivilisten in einem Pelzmantel.

Der Dicke lüftete seinen runden steifen Hut und knarrte: »Oberstabsarzt Dr. Mayer.«

»Was tut die neue Regierung?« fragte Lust. »Die Frauen stehn vielleicht seit sechs Uhr morgens an. Verdammte Metzger!«

Der Dicke knarrte: »Die amtlichen Höchstpreise ruinieren den Mittelstand!«

»Ich sehe weiter!« erklärte Lust. »Depossedierte Bürger, ruinierte Bauern, die nationale Revolution ...«

»Herr Leutnant sind kaisertreu?«

»Ich bin Kriegskrüppel!« Lust hob seine verstümmelte Rechte dem Doktor vor die rote Nase. Der Arzt sah mit medizinischer Kälte auf das triviale Objekt.

»Nur zwei Finger?« fragte er. »Hatten Glück, Herr Leutnant! Manche Kollegen an der Front schnitten aus Prinzip mindestens bis zum Ellenbogen. Könnte Ihnen Geschichten erzählen! Hoffe, Sie haben keinen schlimmern Defekt ... im Gemüt, Herr Leutnant! Auch Krüppel haben Pflichten. Nur ein Deserteur hat kein Vaterland!«

»Der erste Deserteur der Deutschen ist ihr Kaiser Wilhelm der Zweite!«

»Herr!« schrie der Dicke empört. Da gab es einen Krach. Leutnant und Doktor vergaßen ihren Disput. Das Schaufenster des Metzgerladens lag in Scherben. Zwei Gassenjungen rauften um das Trauerschild. Die Mütter waren schon im Ladeninnern.

Im Laden warf sich eine elefantenfüßige Frau mit ihren pfundschweren Kraftsuppenbrüsten, vielleicht Adolf Dörnberger's Witwe, gegen ein paar Metzgerbur-schen in tierblutbefleckten Schürzen, die ihre Schlächter-messer schwenkend die plündernden Mütter zum ehrli-chen Zweikampf aufforderten, im höhnischen Nürnber-ger Dialekt, mit oberpfälzer oder unterfränkischen An-klängen. So weit, so gut!

Um aber der erhabenen Autorität des Gesetzes eine Stimme zu leihn, schoß der junge Schutzmann mit sei-nem Dienstrevolver in die Luft. Es war ein Schuß mit doppeltem Echo!

Als die Menge auseinanderlief, lagen der Schutzmann und ein halbwüchsiges Mädchen in einem blauweiß-karierten dünnen Waschkleidchen auf dem Pflaster, der Schutzmann auf der Nase, als rieche er unterm Pflaster die heimische Erde, das Mädchen aber auf der Seite zusam-mengekrümmt. Mit der frühreifen Neugier halbwüchsiger Mädchen aus dem Volke, schien sie nach der unanständi-gen roten Blutpfütze zu spähn, die sie selber gemacht hatte. Ihre armen jungen Augen waren schon blicklos.

Der furchtlose Lust lief, weil er nicht Polizeizeuge werden wollte. Neben ihm rannte der Dicke, keuchend und mit fassungslosem Geplapper.

»Herr Leutnant! Bitte sehr, Herr Leutnant! Sahn Sie die nackten Beine? Jemand sollte ihren Rock herab-schieben. Nicht wegen der Moral! Bitte sehr! In meine Praxis kommen viele Mädchen, die tragen nie Unter-hosen – aus ökonomischen und anderen Gründen. Die einen haben kein Geld für Hosen; die andern hoffen, rascher zu Geld zu kommen, ohne Hosen; manche sind bloß leidenschaftlich und wollen keine Minute missen. Die Mädchen sagen wie Molière: ›Dignus est Intrare!‹* Aber sahn Sie diese nackten Beine? Das war Aufreizung zum Klassenhaß. Unterschenkel wie Oberschenkel, keine Wade, kein Fleisch! Die reinen Zündhölzchen. ›Unter-ernährung!‹ sagen Sie vielleicht, Herr Leutnant? Unsinn!

* ›Er ist würdig einzutreten!‹

Einfach revolutionäre Propaganda des Proletariats! Die Arbeiter versaufen tendenziöserweise ihren Wochenlohn, die Töchter hungern oder prostituieren sich. Durch Gesetz sollte man die öffentliche Zurschaustellung solcher verhungerten Beine verbieten!«

Indes sie durch ein Gewirr hügeliger Gassen liefen, begann es hinten wieder zu knallen.

»Was sage ich?« rief der Dicke. »Die Polizei ist verbittert. Und schießt! Arme Leute sollen gefälligst zu Hause hungern! Sonst macht es böses Blut. Die Polizei schießt – wozu hat sie Gewehre? Sie wird sich für die Unordnung rächen. Das Soziblatt hat einen Protestmarsch der Roten angekündigt. Das gibt Tote heut! Das prophezeie ich, Oberstabsarzt Dr. Mayer!«

Mit einem Schmerzlaut blieb der Dicke stehn. »Sie haben ja ein Herz von Eisen!« schrie er wütend dem Leutnant nach.

Lust war ans Ufer der Pegnitz geraten und kam über eine mittelalterliche Holzbrücke in dunkle Gassen. Ein paar Nonnen schlichen vorbei, wie auf Urlaub aus dem Jahre 1518. Lust stieg zur Burg herauf. Von der Freiung sah er auf die Türme und Kirchen der Stadt, auf den Fluß und die Hügel in der Ferne. Der Schnee schimmerte noch auf den Dächern. Kleine Knaben schrien lustig in der Nähe. Eine schwarze Katze schlich ein paar Spatzen an, die sorglos diskutierten. Dann schlug eine Uhr, viele Uhren antworteten. Es war halb zwei. Lust ging zur Königstraße Nr. 4.

Ein knicksendes blondes Dienstmädchen mit einem weißen Häubchen öffnete ihm. An ihrem Schürzchen hingen zwei geputzte Kinder. Das kleine Mädchen fragte zutraulich: »Bist du der neue Onkel?«

Der kleine Junge krähte: »Es gibt Pilzsuppe und Sahneeis!« Das kleine Mädchen lachte den Fremden an und sagte mit aller mütterlichen Überlegenheit ihrer sieben Jahre: »Der dumme Bub ist so verfressen!«

»Michel klug!« rief der kleine Junge empört. »Michel sehr klug!«

Daisler empfing seinen Freund im Salon; er trug einen blausamtenen Hausrock und sonnenblumengelbe Hausschuhe; neben ihm stand seine sommersprossige aufgeschossene Tochter Rosa. Er rieb sich die Hände, lachte von Herzen, trank mit ihm im Stehn ein Glas Sherry und ging zum Fenster, um ihm den Fluß zu zeigen. Als sie sich umwandten, stand Frau Daisler im Zimmer.

»Luise!« rief Daisler. »Da hast du Lust! Wie gefällt dir mein Freund? Ist er nicht prächtig?«

»Ich liebe Sie schon lange!« sagte Frau Daisler und reichte ihm freundlich die Hand, und errötete. »Mein Mann hat Sie Tag und Nacht zitiert. Sie sind schon unser Hausfreund!« Lust, selber kein kleiner Mann, blickte mit Bewunderung zu ihr auf. Sie war einen Kopf größer als er, zwei Köpfe größer als Daisler, übrigens prächtig, bei aller Ausführlichkeit, zierlich blonde Locken und ein süßes Lächeln, mit dem man sogleich gut Freund war. Sie glich einem jener weitläufigen, aber so wohlbebauten Landgüter, in denen man beim ersten Besuch schon sich zu Hause fühlt, jeden Schritt im voraus kennt, hier die sanften zwei Hügel, dort die dunkeln Büsche, und das Lustgärtlein, die Lieblingsstelle des Hausherrn, und auch mancher Gäste, und so fort. Das prächtige Landgut! dachte Lust.

Der Tisch prunkte mit Damast und Silber, Kristall und Weinkaraffen. An den Wänden hingen Bilder von Feuerbach und Trübner, ein Frauenbild von Goya, Landschaften von Delacroix und Cézanne.

Lust fragte sich, warum er Daisler für einen armen Jungen gehalten hatte? Ein Mädchen trug die Speisen auf.

»Meine Frau besitzt Weinberge bei Würzburg und Güter in der Fränkischen Schweiz. So leiden Küche und Keller keinen Mangel.«

Nach dem Essen legte sich Daisler auf den Diwan, die drei Kinder nahmen ihn im Sturm, wie eine Festung. Die Frau saß daneben und überragte alle wie ein heiterer, schöner Turm.

In seinem großen Lederfauteuil betrachtete Lust das Familienglück. Daisler und seine Frau hatten dasselbe selige Familienlächeln. Die Kinder blickten gespannt auf den Gast, als würde er gleich zu zaubern beginnen.

»Kinder«, hob Daisler an. »Ich wollte, ihr würdet an diesen Tag lange denken. Hier ist Lust. Seht ihn gut an, Kinder. Der ist eures Vaters Freund. Liebt ihn.«

»Teurer Freund«, sagte Lust gerührt.

»Darf ich«, fragte Daisler, »vor meinen Kindern zu Ihnen sprechen? Ich bin es, der beichtet. Ich bin ein Maler, und nicht durch Zufall. Aber als ich 1914 in den Krieg ging, ein Soldat wie Millionen, und 1915 noch lebte, und 1916 die vielen Toten sah, und 1917 mehr Tote, und 1918 die Toten, und mich immer lauter fragte: Wer mordet hier? Und mir viele Antworten gab! Und viele Schuldige bei Namen nannte. Und mir vor meiner ganzen Spezies grauste. Und ich die Fehler unserer Gesellschaft immer besser begriff. Die wahre Krankheit des menschlichen Geschlechts, ein riesenhaftes Fieber, von dem der Krieg nur eines von vielen Symptomen ist. Und als ich nirgends ein Heilmittel fand. Und mir schaudernd sagte: Diese Menschen sind verdammt. Sie verdienen es nicht besser. Da fiel mir eines Morgens ein: Und du? Du der Anklagende? Bist du ohne Schuld? Was tust du, um es besser zu machen? Was tust du? Soll ewig Krieg sein? Soll es immer Armut geben? Und dein Volk, diese Deutschen? Sollen sie in immer neue Abgründe der Erniedrigung fallen? Da tat ich ein frommes Gelübde: Wenn ich lebend zurückkommen würde, zu meiner Frau, zu meinen Kindern, zu meinem Haus, will ich so lange keinen Pinsel mehr anrühren, bis ich nicht mein Teil zur Humanisierung der Gesellschaft tat. Da hat eine Welt nun die Deutschen besiegt. Was soll denn aus diesem sonderbaren großen Volke werden, wenn wir Deutschen uns nicht seiner annehmen? Und was soll aus der Welt werden, wenn wir uns nicht um sie kümmern? Der Krieg hat mich zum Pazifisten gemacht. Nun bin ich zum Sozialismus gegangen. Ich lese Saint-Simon, Proudhon, Owen. Ich las Marx. Ich bin kein Marxist geworden. Ich weissage nicht die Entwicklung der Gesellschaft. Ich erstrebe nicht die Herrschaft des Proletariats. Vor dem Krieg war ich ein Individualist. Tue recht und scheue niemand. Damit ging ich in den Metzgerladen und ward ein gelernter Mörder. Sehen Sie meine Hände. Blut klebt daran. Ich kam zurück. Und sehe das Volk hungern. Wenn ich mich vor eine Leinwand stelle und male, werde ich nicht wieder ein Mörder? Können Sie malen, wenn in der Stube daneben eine Mutter keine Milch für ihren schreienden Säugling hat? Da haben Sie meine ganze Philosophie. Sie fragen nach meiner Lösung? Ich bin Sozialist geworden. Nicht um Revolution zu machen. Sondern für Frieden und Brot. Für Freiheit und Liebe. Zu viele Menschen hatten bisher nur die Freiheit, zu verhungern. Zu viele hatten bisher kein anderes Recht als das Recht auf den Heldentod. Ich will einfach nicht mehr zuschaun. Schluß mit den unnötigen Opfern! Schluß mit der Unordnung auf Erden! Und Schluß mit meiner Trägheit! Die Gleichgültigen sind schuldig. Ich will mich nicht von der Gesellschaft korrumpieren lassen. Ich will nicht über dem schönen Traum der Kunst meine Pflicht auf dieser Welt versäumen. Ich will nicht! Und um keinen Preis!«

Daisler hatte sich aufgesetzt, und zuletzt geschrien. Die Kinder waren vor ihm zurückgewichen und saßen nun zu Füßen der Mutter.

Lust schwieg eine Weile betroffen. Schließlich murmelte er: »Uns alle hat der Krieg aufgeregt.«

»Sie meinen«, fragte Daisler und sprang vom Diwan auf und ging durchs Zimmer, auf und ab. »Sie meinen, wir werden auch alle wieder ruhig werden? Unser Haus brennt. Im Feuer will ich mich nicht einschläfern lassen. Ich sehe in Ihrer Miene die Frage: Was erzählst du mir? Armut gab es immer. Mit Kain begann der Mord. Der Krieg füllt alle Bücher der Historie. Nach allen Kriegen der gleiche kurze Traum vom ewigen Frieden. Wozu neue Lösungen suchen, wo nichts Neues unter der Sonne ist? Als wollte einer eine neue Art erfinden, Kinder zu machen. Hatten wir nicht Spaß genug auf unsere liebe alte

Art? Willst du die Menschen ändern? Ich antwortete: Ja. Man sagte mir: So wirst du die Natur ändern müssen. Ich antwortete: Ich bin dabei! Besser das Unmögliche versucht, als zwischen Mördern sitzend zusehn, wie sie ihre Opfer zubereiten. Im Welttheater werden die Zuschauer die klassischen Opfer!«

»Gut«, antwortete Lust und stand auch auf, und ging gleichfalls durch das große Speisezimmer auf und ab.

»Gut«, sagte er, »aber was können Sie tun?«

»Alles!« antwortete Daisler.

»Nichts!« rief Lust.

»Gehn Sie mit mir!« rief Daisler. »Werden Sie Sozialist.«

»Eine Partei?« fragte Lust und blieb stehn.

»Was erschreckt Sie?« fragte Daisler. »Der deutsche Individualist und seine Sprünge! Am Morgen sagt er: Ich bin's, und nichts ist außer mir. Mittags ißt er Sauerkraut mit Wurst. Und schläft nachts abwechselnd mit dem Weltgeist und blonden Mädchen. Heut ist er ein Egoist und macht eine Philosophie daraus. Morgen erklärt er vor sich: Wichtig ist nur die Erkenntnis, daß es nicht auf mein Leben ankommt, und mein Leben erst interessant wird, wo es auf mehr abzielt als auf mich selbst.«

»Gut«, sagte Lust, »in welche Partei soll ich eintreten? Wo macht man heut Geschäfte mit der Menschenliebe?«

»Genug«, bat Daisler ungeduldig. »Ein Dummkopf, wer nie im Leben Menschenfeind war. Wer es bleibt, ist ein Verbrecher. Wer seinesgleichen nicht liebt, ist entartet. Der Unduldsame verdient nicht, Duldung in der Gesellschaft zu finden. Ich war ein Maler, und lebe. Am Tag, da ich aufhörte, ein Menschenfreund, ein Volksfreund zu sein, und meine lebendigen Brüder zu lieben, möchte ich Hand an mich legen!«

»Vater!« schrie die erschreckte zehnjährige Rosa.

»Vater!« schrien Angelika und Klein-Michel, ahnungslos und erschrocken.

»Still, Kinder!« bat Daisler, und küßte seine Frau und bat: »Kommen Sie mit mir, Lust. Ich zeige Ihnen meine

Partei. Ich zeige Ihnen das Gesicht des deutschen Arbeiters.«

»Wann kommst du zurück, Carl Hermann?« fragte die Frau.

»Pünktlich zum Abendessen«, antwortete Daisler. Schon an der Tür wandte er sich nochmals um und rief: »Liebling!«, worauf prompt das Söhnchen und die Frau herbeiliefen, beiden gab Daisler einen Kuß, zu dem Sohn bückte sich der Vater herab, die Frau beugte sich zum Gatten herunter.

In seinem Zimmer zog sich Daisler rasch um. Dann ging er mit Lust fort.

Auf der Straße ward Daisler wieder der alte Kriegsfreund, ohne Bildersammlung, Kinderkollektion und Turmfrau.

Daisler ging mit Lust die Königstraße hinauf an der St. Lorenzkirche vorbei. Es schneite wieder in dünnen Flocken.

»Warum lieben Sie die Deutschen eigentlich?« fragte er Lust. »Ich liebe die Franzosen. Von Rabelais bis Anatole France, welche vernünftige Heiterkeit! Von Villon bis Verlaine, der witzige Gesang! Warum kamen Sie eigentlich zurück? Zog Sie das Reich an? Der germanische Urwald? Die deutsche Sprache? Sie lebten in Paris, der Kapitale der Welt. Trieb es Sie von Austern und Champagner zu Hering und Bier? Kennen Sie überhaupt die Deutschen? Vielleicht haben Sie die Germania des Tacitus gelesen? Oder Sie lieben Richard Wagner? Nein? Vor dem Krieg war es peinlich, eine emporgekommene Nation zu sehn, die das Glück schlecht trug. Nun wird unser Volk im Unglück würdelos. 1914 süffisant. 1919 larmoyant. Die Deutschen sind Idealisten ohne Geduld, und Zyniker aus Pedanterie. Sie denken langsam und mit Felsbrocken im Mund. Im Mondschein vergießen sie Tränen aus Rührung über sich selber. Am Morgen gehn sie nüchtern ins Büro, arbeiten mit gründlichem Fleiß, ziehn die Ärmelschoner aus, gehn zu Frau und Kindern, lassen ihre kleinen Töchter auf den Knien

reiten, gehn in eine Versammlung, geraten angesichts
einer ihrer miserabeln Redner in Ekstase, verlassen in
einer Gruppe von acht oder neun das Lokal, umzingeln
im Dunkeln einen einzelnen Juden, schlagen ihn zu Brei,
tragen die Leiche an den Straßenrand, um den Verkehr
nicht zu stören, und gehn im Mondschein ruhig ordent-
lich nach Hause, um nach ihres Reformators Luther
Rezept zweimal wöchentlich beim Weibe zu liegen.
Welch große Nation! Sie machen schöne Musik, singen
schwermütige Lieder, sind tiefsinnige Poeten und geniale
Unteroffiziere. Sie haben nichts erfunden und alles billiger nachgemacht. Mit dem Faust im Tornister und der
Faust im Sack! Untertanen aus Begeisterung, halten sie
sich für ein Herrenvolk. Fachleute von der Wiege bis zur
Bahre sind sie im Bett Dilettanten und wählen Scharlatane zu ihren Führern. Im Grunde eine weibliche Nation!
Eitel auf fremde Verdienste, schieben sie ihre Fehler auf
Fremde. Die Revolution hassen sie wie die Sünde. Aber
politische Morde begehn sie bedenkenlos, wenn nur ein
Eroberer die Verantwortung übernimmt. Darum fallen
so wenige Opfer in der Revolution, und die fallen, sind
von den Linken, den Revolutionären selber.«
    »Wohin führen Sie mich?« fragte Lust. »Übrigens liebe
ich Völkerpsychologie nicht. Ich hatte in Paris einen
Freund. Der war Jude. Er schwor, es gebe nichts, was
nicht Völkerpsychologen über die Juden gesagt hätten.
Wohin führen Sie mich?«
    »Zur *Fränkischen Tagespost,* in der Breitegasse. Das
war das erste Blatt, das im Herbst 1918 Kaiser Wilhelm
zum Rücktritt aufforderte. Mutige Sozialdemokraten! Der
Feuilletonredakteur ist ein Dichter. Er schreibt schlechte
Verse, die davon handeln, daß sein Vater am Schraub-
stock stand, und daß auch Arbeiter Patrioten seien. Der
Protestmarsch der Metallarbeiter kommt durch die Brei-
tegasse. Wir können ihn vom Fenster sehn.« (…)
    Der Arbeiterdichter trug eine Lederjoppe und Stiefel.
Er hatte einen blonden Schnurrbart, aber keine Haare
mehr auf dem Kopf. Er empfing sie mit einem eingefro-

renen verächtlichen Lächeln und gönnerhaftem Betragen. (…)

Da hörte man lauten Gesang und den Schall von tausend Schritten.

Sie sahn die Arbeiter mit Fahnen marschieren und die ganze Breite der Fahrbahn einnehmen. Zu beiden Seiten auf dem Trottoir liefen junge Mädchen und Burschen mit, und aufgeregte Schulkinder und Polizisten. Der Gesang wuchs an:

»Die Internationale
Erkämpft das Menschenrecht.«

»In Gottes Namen!« sagte in der Redaktionsstube feierlich der Abgeordnete Übermeier. »Ich wasche meine Hände in Unschuld.«

»Das erste Mal, seit Jahren, daß er sich die Hände wäscht,« flüsterte der boshafte Dichter Bröger. (…)

Sie kamen zu einem Platz.

»Wie heißt der Platz?« fragte Lust.

»Der Plärrer«, antwortete Daisler.

Da standen sie eine Weile und kamen nicht weiter. In ihrer Nähe begann ein neues Lied:

»Deutschland, Deutschland über alles!«

Ein paar Arbeiter im Zug sangen auch dieses Lied mit, naiv oder spitzbübisch. Andere protestierten und riefen: »Ruhe!« und: »Schluß!«

Viele fragten: »Worauf wartet ihr?«

Viele schrien: »Weitermarschieren!«

Plötzlich gab es ein großes Gedränge, ein Hin- und Herschieben in der Masse. Eine einzelne, gellende Stimme schrie: »Judas!« Dann vernahm Leutnant Lust die allzu bekannten Geräusche: Gewehrschüsse, das hohle Pfeifen der Kugeln. Der Druck der Menge wurde schier unerträglich. Dann brach sie auseinander. Es wurde leer um Lust. Er sah zu Boden, da lagen drei oder vier Leute neben ihm. Hatte die Menge sie umgeworfen?

»Ach«, sagte Lust plötzlich laut. Er sah sie hingestreckt, das blonde Liebespaar, der Junge war schon ganz still, das Mädchen zuckte noch mit dem einen Bein und ruckte noch mit dem Hals, dann lag sie still. Die Köpfe der Liebenden lagen beisammen. Blondes Haar vermischte sich mit blondem Haar. Neben ihnen lag unansehnlich ein dünner Mann, fast wie ein großer Junge. Plötzlich faßte Lust den Redakteur Bröger, der neben ihm stehengeblieben war, bei der Schulter und schrie: »Menschenskind! Sagen Sie doch! Das ist nicht Daisler! Das ist er nicht!«

Redakteur Bröger ließ sich schütteln und sagte nichts. Schließlich ließ Lust ihn los. Er fühlte eine ungeheure Müdigkeit in den Beinen und Armen. Aber er schrie: »Einen Arzt! Man muß einen Arzt holen! Ist kein Arzt da!«

Da legte ein alter Arbeiter neben ihm die Hand auf seinen Arm. »Der braucht keinen Arzt mehr«, sagte er ruhig.

»So faßt an«, schrie Lust. »Seid ihr nur Tiere? Faßt an!«

Der Redakteur und der alte Arbeiter und noch ein Genosse und Lust faßten den Leichnam Daislers an und hoben ihn auf. Wie schwer der kleine Mann war! Tote sind eine schwere Last. Sie trugen Daisler zu einer Bank und legten ihn nieder und keuchten und sahen einander an, mit fremden, staubigen Gesichtern. Schließlich kam ein Taxi vorüber, die Vier schleppten den Leichnam ins Taxi und fuhren zu einem Krankenhaus. Da nahm man die Leiche nach einigem Parlamentieren schließlich an. Lust rief nach dem Doktor. Es kam einer, prüfte flüchtig den Leichnam und sagte trocken: »Es ist aus.« (…)

»Worauf warten wir?« fragte Lust den Redakteur Bröger.

»Man hat die Witwe verständigt«, antwortete der Redakteur bedrückt, und dann kam sie auch, groß und schwankend, und um den Schrecken zu vervierfachen, mit allen drei Kindern, sie trug einen blauen Federhut, tipptopp elegant, die neueste Mode, aber der Hut war verkehrt herum aufgesetzt, und Klein-Michel hatte nur einen Schuh an. Das Mädchen Rosa stand auf der Schwelle und traute sich nicht weiter, ihr linkes Auge zuckte. Das Töchterchen Angelika schrie wie am Spieß: »Papa! Papa!«

Frau Daisler lief händeringend um den toten Gatten herum, und trat abwechselnd vor den Redakteur Bröger und vor Lust hin, immer mit derselben Frage: »Was habt ihr mit ihm getan, ihr Verbrecher?«, um sogleich wieder zur Leiche zu rennen, händeringend und ohne Tränen.

Der Redakteur zuckte jedesmal mit den Schultern und sah auf Lust. Lust war aufgestanden und nahe zur Wand getreten. Er schwieg und hörte mit dem niederschmetternden Gefühl einer ungeheuren Schuld, jedes Mal die gleiche Frage: »Was habt ihr mit ihm getan, ihr Verbrecher?«

Lust fand kein Wort. Schließlich kamen mehrere katholische Schwestern mit großen Kreuzen, und trieben die ganze Familie aus.

Auch Redakteur Bröger und Leutnant Lust gingen. Vor dem Krankenhaus streckte Bröger die Hand aus, aber Lust sah nur mit Abscheu auf die plumpe Hand und ging grußlos fort. Redakteur Bröger starrte ihm mindestens eine Minute lang nach. Schließlich wandte er sich ab und murmelte: »Den hat's.«

Lust ging, ohne auf seinen Weg zu achten. Es war dunkel geworden. Ein kalter Wind wehte. Die Straßen waren fast leer. Als er schließlich am Laufer Tor aufblickte, schlug er den Weg zur »Villa Marie« ein. Wohin hätte er auch gehen sollen? Und er hatte ja sein Wort den Zwillingen gegeben.

Es war neun Uhr abends, als er im Vorgarten ankam. Weil er die Klingel nicht fand, pochte er an die Tür. Die Zwillinge öffneten ihm, jede trug einen Leuchter mit einer brennenden Kerze. Ein Windstoß löschte die Kerzen aus. Die Mädchen zogen ihn ins Haus und schlugen die Tür zu. Lust stand im Dunkeln.

Plötzlich fühlte er sich von zwei bloßen Armen umschlungen, und einen weichen Körper ganz nahe, er bückte sich, um sich loszumachen, da empfing er einen heftigen Kuß auf den Mund, er ließ sich wie ein Mädchen küssen, mit offenen Lippen. Den zweiten Kuß erwiderte er, und fühlte die Wonne. Dann machte er sich frei.

Gleich darauf kam aus der Eßstube Licht. Die Kinder hatten jetzt erst die Gaslampe angezündet, sie standen zum Verwechseln da, knicksten tief vor Lust und sagten wie aus einem Munde und mit einem unschuldigen Lächeln: »Schönen guten Abend, Herr Leutnant!«

»Guten Abend«, erwiderte Lust. Er sah verstört aus und blieb mitten in der Stube stehn, wie an einer Wegkreuzung, mit blinden Augen. Die Zwillinge sahen einander ängstlich an.

»Nun gut«, sagte der Leutnant. »Da bin ich.«

Die Mädchen schwiegen und warteten eine Weile. Schließlich drehten sie ihm den Rücken zu. Da erst merkte er: Die Mädchen hatten sich für ihn umgezogen.

»Hübsch!« sagte er.

Da kamen sie ihm wieder entgegen und lachten. Sie trugen seidene Kleidchen. Hals und Arme waren blank. Die Kleidchen reichten kaum zu den Knien. Die schlanken Beine prunkten mit seidenen Strümpfen. Ihre schweren Zöpfe waren aufgeflochten. Nun hing ihnen das prächtige schwarze Haar herab bis zum Gürtel. Sie sahen so neu aus wie Konfirmandinnen, und auch so lieblich.

»Wie hübsch!« murmelte der Leutnant. Die Kinder freuten sich.

»Der Tisch ist gedeckt,« erklärte das Mädchen im roten Kleid.

»Wir fürchteten uns schon. Wir waren so allein im verlassenen Haus,« berichtete das Mädchen im blauen Kleid. »Bald wären wir fortgegangen!«

Lust sah die Mädchen an. Welche hatte ihn geküßt? Gleich darauf vergaß er die Mädchen.

Es war so heimelig in der warmen Stube. Eine Kukkucksuhr schlug alle halben Stunden. Die Schwestern bedienten ihn. Sie redeten den ganzen Abend wenig und waren feierlich. Selten lächelten sie, und wie verstohlen.

Sie sahen so töchterlich unschuldig aus! Und verrieten eine so reizende Freude über seine Heimkehr.

Nach dem Essen brachten sie ihm Pantoffeln, führten ihn zum Diwan, reichten ihm einen gelbseidenen Schlafrock, zündeten die zwei Kerzen in den Silberleuchtern wieder an, drehten die Gaslampe aus, setzten sich auf zwei Schemel, und begannen mit angenehmen Stimmen zu singen. Volkslieder, von der traurigen Art, die so süß und besänftigend auf ein verwundetes Herz wirkt. Langsam schloß Lust die Augen. Er dachte: Warum soll ich aus meinem Hause fortgehn?

Die lieben Mädchen sangen:

>»Und Rosmarin verwelket
>Und Liebe nimmt kein End'.«

Rosmarin verwelket? fragte sich Lust. Und warum soll ich aus meinem Hause fortgehn?

Die Zwillinge sangen leise:

>»Und Liebe nimmt kein End'.« *(1947)*

Der Nürnberger Trichter

Es ist eine sonderbare Welt, in der wir leben. Die meisten begehren, sie zu verändern. Diese werden am meisten betrogen. Soll man den Menschen den Trieb zur Veränderung wünschen oder den Trieb zur Beharrung? Macht Vernunft glücklich, oder kommen nur die Dummen ins Himmelreich? Sicher ist, daß die Dummheit böse macht und Unwissenheit rasch in Mordlust ausartet.

»Bildung ist Blödsinn«, sagte Minister Rust, und man erzählt, er sei nicht einmal so fanatisch wie Minister Goebbels. Beide Herren Minister sind tolerant im Vergleiche mit dem beliebten Volksschriftsteller Adolf Hitler. Der bekannte Massenredner hielt vorige Woche ein Stücker Dutzend und mehr Reden, er redete vor den deutschen Söldnern und den deutschen Sklaven, vor den deutschen Bonzen und auch vor den deutschen Affen. Zu letzteren sprach er über Kunst. Er redete wie gewöhnlich zwei Stunden.

Hitler kann sogar lesen und schreiben. Er macht sich über vieles Gedanken und versucht, wenn er spricht, davon Zeugnis abzulegen. Er spricht seit vielen Jahren fast ununterbrochen. Er hat den unschätzbaren Vorteil, seiner Hörer gewiß zu sein. Man kennt ihn und glaubt ihm gerne. Sein Witz ist derb neben dem zarten Feingeist der Ästheten Goebbels, der Tagebücher führt wie jeder Backfisch und lyrisch ist wie jeder Reklamechef. Gleich allen Literaten opfert auch Hitler alles für einen Witz. So entsteht das, was man blutige Späße nennt. Wie lustig lachten die guten Deutschen, als der Hitler mit seinem Röhm seinen Spaß trieb, am 30. Juni, und der Göring mit Schleichern scherzte und als galanter Mann die Frau Generalin nicht vergaß; wie lustig lachten die deutschen Gattinnen und Mütter, denen man die witzigen Reste ihrer ausgefrozzelten Verwandten in hübschen Urnen vor die Haustüren legte! Wie lustig lachten die Münchener über das ein wenig altmodische Verwechslungsspiel

Hitlers mit dem Musikkritiker Willy Schmidt in der Hauptrolle, am meisten lachten die Redakteure der *Münchener Neuesten Nachrichten,* lachensgewohnt. Noch niemals lachte man soviel in Deutschland, berichten die fremden Reisenden, sogar im Propagandaministerium lacht man über Goebbels.

Im Apollotheater zu Nürnberg sprach der ehemalige Maler über Kunst. Wie der *Völkische Beobachter* schreibt, saßen in den vorderen Reihen dieses Varietétheaters alle Naziführer, in den hinteren Reihen dagegen drängten sich einige hundert Intellektuelle, Dichter, Maler, Musiker, Tänzer, Professoren und andere Huren, die ganz Kulturprominenz des Dritten Reiches.

Hitler redete zwei Stunden, und es gelang ihm, zwei Stunden lang zusammenhanglos zu reden. Seine meisten Sätze enthielten regelmäßig Worte, die in der vom Reichsführer getroffenen Zusammenstellung keinen Sinn ergaben. Die Vokabeln waren der deutschen Sprache entnommen, ohne Zweifel. Mehrere Sätze waren richtig gebaut: Subjekt, Objekt, Prädikat; mehrere Sätze klangen verständlich; die Begeisterung des Redners war echt: die Huren klatschten Beifall, die Professoren waren entzückt, die Dichter neidisch, die Maler berauscht, die Naziführer lachten im Chor über den glänzenden Witz Hitlers, zwei Stunden lang zu sprechen und dabei zwei Stunden lang nicht nur der Kunst und der Menschheit, sondern auch der deutschen Sprache, der Grammatik, der Logik und jedem Sinn Hohn zu bieten. Der bedeutende Massenpsycholog wollte die Wirkung öffentlichen Unsinns erproben. Ein unauslöschliches Exempel!

In Nürnberg, einer älteren Stadt, die schon bessere Tage gesehen hat, sind viele Kuriositäten der deutschen Vergangenheit aufbewahrt, die Reichskleinodien und die Eiserne Jungfrau, die Betten, darin die alten Zollern, die späten Hohenzollern, schliefen, die Häuser, darin Albrecht Dürer malte und Hans Sachs schlechte Verse schrieb, die Roßstapfen des Raubritters Eppelein von Gailingen, jenes berühmten Emigranten und Logikers, der ausrief: »Die Nürnberger hängen keinen, sie hätten ihn denn zuvor!« Der Übermütige ward einige Jahre später in Ausübung seines altdeutschen Berufes gehängt. Unter all dem Gerümpel, das im Gemanischen Museum, in der Hohenzollernburg und in der Folterkammer ruht, hat mir den kuriosesten Eindruck der sogenannte »Nürnberger Trichter« gemacht, ein sonderbares Instrument in Trichterform, das dazu bestimmt war, den Nürnbergern, die bekanntlich die Weisheit nicht mit Löffeln gegessen hatten, an den harten fränkischen Schädel gesetzt zu werden, damit man ihnen die Weisheit auf so gewaltsam maschinellem Wege einzutrichtern versuche. Dies wurde Jahr für Jahr, Jahrzehnte und Jahrhunderte hindurch geübt. Man kennt die erschreckenden Folgen. Die ehemals freie Reichsstadt, in der die Künstler blühten, die Schuster sangen und die Humanisten reformierten, wird von dem einen Streicher vergewaltigt und von dem andern Anstreicher geehrt. Dieser alte Nürnberger Trichter scheint mir das Kultursymbol unserer modernen Diktatoren zu sein. Man muß dieses Instrument gesehen haben. Lang wie ein Ruder, schwer wie ein Balken, aus Eisen gefertigt, scheint es mehr ein Instrument, um Menschen totzuschlagen, als ein Instrument Menschen weise zu machen. Sein Größenmaß scheint die ungeheure Fülle menschlicher Weisheit anzudeuten. Es ist, als hätten unsere Altvordern der Meinung gelebt, die wahren Narren, die wirklichen Armen im Geiste, die Bettler der Vernunft hätten solch Riesenmaß der Leiber, daß man statt zierlicher Trichter mammutmäßige Posaunen brauchte. Oder sollten sie der modernen Ansicht gewesen sein, man werde mit Narren und Leuten anderer Meinung nicht anders fertig, als indem man sie totschlägt?

Mit diesem Nürnberger Trichter scheint unser lieber Reichsführer Adolf Hitler in Nürnberg behandelt worden zu sein. Hier einige schwache Proben! (zitiert nach dem *Völkischen Beobachter*)

»Es kann nicht die Aufgabe sein einer nationalsozialistischen Kunsterziehung, Genies zu züchten, die nur die Vorsehung den Völkern schenkt, als vielmehr das vorhandene Kulturgut sowie den unverdorbenen und gesunden Instinkt unserer Bewegung in Schutz zu nehmen vor diesen Räubern und Einbrechern einer fremden Staats- und Kulturauffassung, sofern es sich nicht überhaupt um Schwindler handelt. Und es muß eindeutig und klar ausgesprochen werden: Nicht nur die politische, sondern auch die kulturelle Linie der Entwicklung des Dritten Reiches bestimmen *die, die es geschaffen haben, und diese Scharlatane täuschen sich,«* – warum nennt Hitler hier plötzlich sich und die Göbbels und Rust Scharlatane? aus Selbsterkenntnis oder aus Unkenntnis der deutschen Grammatik? – »wenn sie meinen, die Schöpfer des neuen Reiches wären vielleicht albern oder ängstlich genug, sich von ihrem Geschwätz benebeln oder gar einschüchtern zu lassen …

… Das künstlerische Schaffen eines produktiven Zeitalters kennt keinen Stil. Es findet aus blutsmäßig verwandten assimilierten Fremden die Brücke zu den neuen Aufgaben, zu den neuen Stoffen, den hygienischen Erfordernissen …

… Wir wissen, daß unsre Vorfahren in ihren Zeiten schon durch ähnliche böse Geister geplagt worden sind, wie wir sie noch heute in letzten Überresten sehn …

… Das Bild der menschlichen Kultur kann sich aufbaun auf der gänzlich unbewußten, weil rein intuitiven Erfüllung einer innerlich blutmäßig bedingten Sehnsucht und ihres Befehles. Sie kann aber weiter durch Infektionen von außen in einem Volkskörper beeinflußt und gestaltet werden, dort zu einer nicht wegzuleugnenden Bedeutung kommen, ohne innerlich mit ihm wesensverwandt zu sein …

… Der Künstler hat die Pflicht, seine ihm von Gott gegebene Ahnung der Einsicht einer nachstrebenden Menschheit als Richtpunkt nach vorn aufzustellen und nicht diese wieder nach rückwärts zu führen!« …

Und so in infinitum absurdum! *(1935)*

Exegese des Exils: Exzerpte

An Toni Kesten

Nevers (Nièvre), 20. Sept. 39

Meine Liebe,

ohne Briefe von Dir (und seit Colombes auch ohne Pakete). Ich denke stets an Dich. Ich bin noch nicht krank. Ich wäre so glücklich, wenn Du bei Mama und Gina in Brüssel wärst. Ich bin unglücklich, weil ich – statt zu schreiben oder zu arbeiten – auf dieser verlassenen Farm hundert Schritte hin und hundert Schritte zurück gehe, wir schlafen in einem Ziegenstall, essen im Vorsaal eines verfallenen Schlosses, zwei Kilometer von unserer Farm entfernt, die Tage scheinen ganz still zu sein. Aber ein Mann, der nicht frei ist, taugt nichts. Jeder Tag ohne Freiheit ist verloren. Und mitten im Krieg gegen Hitler bin ich nicht frei. Ich kann nicht schreiben, nicht handeln. Was für eine absurde und tragische Situation. Und ich, den man in Deutschland wegen seiner Francophilie angegriffen hat!

Ich tue nichts – ich schreibe Gedichte. Ich plaudere mit alten und neuen Freunden. Zuweilen mit Walter Benjamin. Jeder dritte hat Dysenterie. Auch unser Doktor starb daran, ein Jude aus Zypern. Schreibe an Landauer und Gina oder Karoline, daß sie Dir Geld senden. Schreibe gleich; denn es ist dringend, daß Du Geld hast. Ich erwarte mit Ungeduld die Stunde, da ich Dich wiedersehe.

Dein Hermann

[COLOMBES: Radfahrarena im Pariser Vorort, diente zuerst als KZ für Deutsche und Österreicher: Nazis und Antinazis. – MAMA: Kestens Mutter Ida (Tisch) Kesten (1872-1962 New York). – GINA (KESTEN) STRAUSS, Schwester von Kesten, ebenso KAROLINE (KESTEN) HAZAN. – NEVERS, an Loire und Nièvre, Hauptstadt des Dep. Nièvre.]

An Toni Kesten

Nevers (Nièvre), 21. Sept. 1939

Meine Liebe,

ich warte immer noch auf Deinen ersten Brief. Mehr erwarte ich, Dich wiederzusehn. Ich habe den Brief vom

Amt des Ministerpräsidenten, Service d'Information unter Jean Giraudoux, und von Professor Vermeil dem kommandierenden Oberst vom Lager Colombes überreicht. Der Oberst hat den Brief genommen und mir gesagt, daß er mit dem Minister telefonieren müsse, weil Vermeil vergessen hat, den Brief mit einem Stempel zu versehn, und seit dieser Zeit habe ich, noch in Colombes, einen Brief an den Kommandanten geschrieben, und dabei blieb es. Jetzt mache ich mir Deinetwegen und meinetwegen Sorgen. Warst Du bei Vermeil? Bei Giraudoux? Hast Du an René Schickele geschrieben, an Allert de Lange, Querido, Routledge, Alliance Book Corporation? Alle können vielleicht etwas für uns tun. Hat Routledge geschrieben, ob er meinen »König Philipp II.« publiziert? Schreibst Du täglich an Mama und Gina? Schreibe an Otto Wirz und Hermann Hesse. Hat Dir André Chamson geantwortet? Hast Du an Jean Schlumberger geschrieben, an André Gide? An Jules Romains? An M. Lorette? Und an meine andern Freunde?

Küsse Hermann

[EDOUARD DALADIER (geb. 1884), 1933-1934 und 1938-1940 franz. Min-Präs. – JEAN GIRAUDOUX (1882 Bellac-31. Jan.1944 Paris), Schriftsteller, ab 1910 Diplomat, 1939/40 Propagandaminister. »Siegfried«, 1928; »Intermezzo«, 1933; »Les aventures de Jérôme Bardini«, 1930; »La guerre de Troie n'aura pas lieu«, 1935; »Ondine«, 1939; »La folle de Chaillot«, 1945; »Théâtre complet«, XVI, 1945-1953; »Oeuvres romanesques«, II,1955; »Oeuvres complètes«, 1958 uff. – Professor VERMEIL, Pariser Germanist, ab 1939 Staatssekretär von Giraudoux. – OTTO WIRZ (1877 Olten-1946 Gunten, Thumersee), Schweizer Romancier. – HERMANN HESSE (1877 Calw-1962 Montagnola); 1907-1912 Mitherausgeber der Zeitschrift »März«. Im Ersten Weltkrieg Helfer des Roten Kreuzes und der deutschen Kriegsgefangenenfürsorge in Bern, ab 1919 in Montagnola. »Ges. Dichtungen«, VI, 1952; »Ges. Schriften«, VII, 1957; »Briefe«, 1951 und 1959. – ANDRÉ CHAMSON (geb. 1900 Nîmes), 1933-1935 Kurator des Nationalmuseums Versailles, im »Widerstand« mit Malraux. Ab 1945 Direktor des »Petit Palais de Louvre«, neuerdings Direktor der staatlichen Archive. »Le crime des justes«, 1928; »L'auberge de l'abîme«, 1933; »Le dernier village«, 1946; »La neige et la fleur«, 1951; »Adéline Vénician«, 1956. – JEAN SCHLUMBERGER (geb. 1877, Gebweiler, Elsaß), 1909 mit Gide Mitbegründer der NRF. »Un homme heureux«, 1920; »Les yeux de dix-huit ans«, 1928, deutsch in Kestens Anthologie, 1930; »Théâtre«, 1943; »Oeuvres complètes«, VI, 1960. – JULES ROMAINS (geb. 1885). Mit Duhamel und Vildrac groupe de l'Abbaye. 1940-1946 im Exil, New York, internationaler Präsident des PEN. »Donogoo-Tonka«, 1920; »Knock, ou la triomphe de la médecine«, 1923; »Théâtre«, VII, 1923; »Le Dictateur«, Lustspiel, 1926, deutsch 1927 von Kesten; »Les Hommes de bonne volonté«, XXVIII, 1932-1956; »Un grand honnête homme«, 1961.]

An Toni Kesten

Nevers (Nièvre), 26. Sept. 1939

Meine Liebe,

ich erwarte die erste Nachricht von Dir mit viel Geduld. Ich bin gesund. Einer unserer Kameraden hat ein Buch von Kant, und für zwei Stunden las ich dieses Buch mit dem Vergnügen aus einer verlorenen Welt. Zuweilen bin ich betrübt. Wir sind auf einer Farm nahe Nevers. Es ist die Landschaft von Corot.

Ich bin voller Mut. Ich umarme Dich.

Dein Hermann

Verlag George Routledge

New York, 27. Mai 1940

Lieber Herr Ragg –

da bin ich, statt in London, in New York. Ich kam heute mit der *Champlain* an.

Ich bin verzweifelt, weil ich meine Frau, meine Mutter, meine Schwestern samt Familie, und so viele Freunde zurückgelassen habe, die alle in den Händen der Gestapo umkommen werden, wenn man ihnen nicht hilft.

Meine Frau mußte ich in Paris zurücklassen, da der amerikanische Konsul ein Besuchsvisum für Amerika nur erteilen durfte, wenn meine Frau sozusagen als Geisel in Paris zurückblieb. So befahl das amerikanische Gesetz, nicht der Konsul, der sich übrigens als Leser und Bewunderer meiner Romane vorstellte und wie ein Freund mir riet und half.

Meine Familie, die 1933 Berlin verlassen hat, und seitdem in Brüssel lebte, ist hoffentlich noch vor der deutschen Besetzung aus Brüssel entkommen. Vielleicht hat der Strom der Millionen Flüchtlinge sie in den Süden Frankreichs mitgeschwemmt. Ich gab meiner Frau und meiner Familie auch Ihre Adresse, neben Adressen in New York und der Schweiz, damit wir einander wiederfinden könnten, wenn wir so auseinandergerieten, wie es jetzt gekommen ist, wo keiner vom andern etwas weiß, am wenigsten die Adresse.

Ich wußte bis zum jeweils letzten Augenblick nicht, ob ich noch von Paris, das in voller Auflösung begriffen war, kurz vor der Okkupation würde fortkommen können. Ich wußte nicht, ob ich bis zu meinem Hafen St. Nazaire gelangen würde, ob ich aufs Schiff gelassen würde, ja nicht mal, ob die *Champlain* dann wirklich bis New York käme. Und in der Tat gab es nur wenige Zwischenfälle, die sich nicht ereigneten, mit Ausnahme der Versenkung der *Champlain* durch deutsche U-Boote, die uns angeblich oder wirklich verfolgt haben. In St. Nazaire wurde ich in einem Café als Deutscher verhaftet, meine Devisengenehmigung, ohne die ich nicht ausreisen durfte, war abgelaufen, niemand wollte sie verlängern. Der Hafen wurde von deutschen Flugzeugen bombardiert, undsofort.

Um so mehr zittre ich um meine Frau, meine Familie, meine Freunde. Sollten Sie also eine Nachricht erhalten, so bitte ich Sie um sofortige eventuell telegraphische Mitteilung. Ich weiß nicht, wo sie sind, ob sie noch leben …

Wir bangen alle um das Schicksal ganzer Völker, ja des Kontinents, der einem zweifelhaften, wenn nicht schrecklichen Los ausgeliefert scheint, nach dem jähen Sturz Frankreichs. Befangen in unseren zivilisatorischen Vorurteilen noch vom 19. Jahrhundert her weigern wir uns, wider besseres Wissen, zu glauben, die deutschen Gewalthaber würden nicht vor gewissen Greueln haltmachen.

Aber es gibt sozusagen vorbestimmte, für die »Ausrottung« privilegierte Opfer der Nazis, nämlich die erklärten Antinazis, Politiker, Autoren, Professoren, die aus Deutschland geflüchtet sind, und ebenso geflüchtete polnische Antinazis, italienische und spanische, und holländische, französische, belgische Antifaschisten, und natürlich auch alle Juden, die zu Foltern und Tod verurteilt sind, ohne Urteil und Gericht, die nur in die Hände Hitlers fallen müssen, um umzukommen, und um diese alle zittere ich besonders.

Man muß ihnen helfen. Aber wie?

Mit ergebensten Grüßen stets Ihr

Hermann Kesten

Von Toni Kesten

Camp de Gurs (Basses-Pyrénées)
Ilôt K, Baraque 22,
28. Mai 1940

Mon chéri,
heute war ich sehr glücklich: Ich erhielt die erste Nachricht von Dir – aus New York.

Mache Dir keine Sorgen. Hier sind viele Freundinnen. Wir sind in einer sehr angenehmen Gruppe von sechs: Valerie Schwarzschild, Lilli Jacoby, Gerda Friedmann, Frau Carl Misch, Frau Weichmann und ich. Auch Babette Gross und Adrienne Thomas, Thea Sternheim und Frau Kurt Wolff sind in unserer Baracke. In jeder Baracke schlafen sechzig Frauen. Es regnet immer. Das Essen ist ganz wie in Deinem Konzentrationslager in Nevers. Wir sind viel in der frischen Luft. Davon wird man so hungrig. Seit heute gibt es eine Kantine. Wer Geld hat, kann kaufen. David und Else Schneider sandten mir in Deinem Auftrag 200 Francs.

Ich bin glücklich, daß die liebe Mama, Gina, Karoline von Brüssel bis Bordeaux entkommen sind, und daß auch Alfred irgendwo in Frankreich ist. Hätte ich nur ihre Adressen ...

Die Männer meiner Freundinnen sind Prestatäre, die Frauen solcher Prestatäre, sagt man, sollen entlassen werden.

In Paris suchte ich, Deinem Wunsch gemäß, M. Pierre Bertaux auf. Es war ihm geradehin »unmöglich«, mich zu sprechen. Ich solle schreiben. Ich schrieb allen Freunden. Im Augenblick hilft nur Geduld. Es gibt Tausende Unglückliche im Lager. Ich ließ alle meine Koffer im Bon Hotel in Paris. Schneiders waren so freundlich, mir Deine Briefe nachzusenden. Jeder Brief von Dir ist ein neuer Trost. Ich wollte, wir wären wieder beisammen. Ich denke an Dich.

Deine Toni

[VALERIE, Frau von LEOPOLD SCHWARZSCHILD (geb. in Wien), lebt in New York. – LILLI JACOBY (geb. in Berlin), bis Mai 1940 Sekretärin am »Neuen

Tagebuch«, Paris, ab 1941 New York, Gattin des Malers EUGEN SPIRO (geb. Breslau 1874), Leiter der Berliner Sezession, 1935, Paris bis 1940, 1941 New York. – GERDA FRIEDMANN, ab 1941 New York, arbeitet in Paris bei der Unesco. – FRAU MISCH, Gattin des Journalisten CARL MISCH (geb. 1896 Berlin; Professor; 1933 Frankreich; 1940 USA, lebt in Kentucky). – FRAU WEICHMANN, Gattin von HERBERT WEICHMANN (1896 Landsberg; 1933 Frankreich; 1940-1948 USA, jetzt Hamburg; Autor, Politiker). – BABETTE GROSS, Witwe von WILLI MÜNZEN-BERG, Schwester von MARGARETE BUBER-NEUMANN. – ADRIENNE THO-MAS (Hertha Lesser) (geb. St. Avold/Moselle), 1932 Schweiz, 1934 Frankreich, 1935 Österreich, 1938 Frankreich, 1940-1947 New York (heiratete Dr. Julius Deutsch); »Katrin wird Soldat«, 1930; »Dreiviertel Neugier«, 1934; »Katrin, die Welt brennt«, 1936; »Von Johanna zu Jane«, 1939; »Reisen Sie ab, Mademoiselle«, 1944; »Ein Fenster am East River«, 1945. – THEA STERNHEIM (geb. Bauer, zweite Frau von Carl Sternheim, mit ihm verheiratet 1907-1927), veröffentlichte einen erzählenden Band, mit Vorwort von G. Benn. – HELENE WOLFF, Gattin des Verlegers KURT WOLFF (1889 Bonn-21.Okt. 1963 Ludwigsburg), führender deutscher und ameri-kanischer Verleger, gründete 1908 mit ERNST ROWOHLT den »Rowohlt«, später »Kurt Wolff Verlag«, allein 1921 den »Hyperion Verlag«, 1924 »Pantheon Verlag« in Florenz, 1941 in New York »Pantheon Books«. – DAVID und ELSE SCHNEI-DER (beide in Nürnberg geboren), ca. 1930 Belgien, später Paris, 1941 Kalifornien, Freunde von Kesten. – ALFRED STRAUSS, Gatte von Gina. – MARIAN STRAUSS, geb. 6. Juni 1940 in Bordeaux. – PRESTATAIRES: ausländische Arbeitsdienstpflich-tige in Frankreich. – PIERRE BERTAUX (Sohn des Germanisten FELIX BERTAUX), Germanist, Ministerialbeamter, Polizeipräsident von Paris, Autor, Herausgeber.]

Von Gina Strauss

Bordeaux, 4. Juni 1940

Lieber Hermann,

wir sind in Frankreich, Mama, Lina und ich. Man hat mir in Deinem Pariser Hotel gesagt, daß Du wahrscheinlich abgereist bist, daß wir mit Toni nicht sprechen können. Wir waren zwanzig Tage auf der Landstraße und sind gegenwärtig in Bordeaux. Ich wurde von meinem Mann getrennt. Ich weiß nicht, wo er sich befindet. Ich suche vergeblich nach ihm und werde darüber verrückt. Ich war bei einem Arzt, das Kind soll in etwa zehn Tagen kommen, aber das ist ein Wunder, daß es gehalten hat; denn wir haben bis jetzt auf der Erde geschlafen und sind den ganzen Tag im Auto gefahren. Ich habe an Toni geschrieben, noch keine Antwort. Ich habe Kummer und Schwierigkeiten, wie Du Dir leicht denken kannst.

Mein Mann wird Dir vielleicht schreiben, er hat Deine Adresse, dann mußt Du ihm schreiben, daß wir proviso-risch in Bordeaux sind, und mir seine Adresse schreiben. Und Du sollst Dich an alle seine Verwandten wenden, und

ihnen dasselbe mitteilen, ich weiß nicht, ob wir hier
bleiben können, ich möchte hier mein Kind zur Welt
bringen und vor allem Briefe erwarten. Ich frage mich, ob
diese Postkarte Dich erreicht, und wo Du bist. Ich bitte
Dich, gleich zu schreiben. Wir sind alle schrecklich unglücklich, so auseinandergerissen zu sein. Hoffentlich bist
Du gesund. Ich bin wenigstens kräftig, das hilft, wenn ich
meinen Mann nicht wiederfinde, was soll mir dann alles?
Schreibe mir sogleich. Ich bin ganz verzweifelt. Die Adresse ist: Mme Caroline Hazan, poste restante, Bordeaux.

Küsse Ginette
Tausend Küsse, Mama

An Toni Kesten

Nevers, 12. Okt. 1939

Meine Liebe,
heute muß ich nicht arbeiten, wie die andern Tage, von
fünf Uhr morgens bis sechs Uhr abends. Stefan Zweig hat
mir geschrieben: Geduld. Schickele schrieb mir: Geduld.
Ich glaube nicht an den Nutzen der Geduld. Du weißt es:
Ich war immer ungeduldig. Das ist auch viel besser. Das
ist meine ganze Doktrin. Niemals Geduld haben! Die
Zeit heilt nichts. Man muß rennen, um die Zeit zu
besiegen. Wenn du gewinnen willst, mußt du handeln
und sofort gewinnen. Niemals Geduld! Das sind immer
die andern, die für dich Geduld haben, und sie haben
natürlich recht. Der Tod ist immer schneller als das
Leben, und nach dem Tod ist alles in bester Ordnung,
alles vollkommen abgerechnet. Habe nie Vertrauen zu
jenen, die Dir von Geduld reden. Alles wird nur schlimmer mit der Zeit, die verrinnt.

100 Küsse von Deinem Hermann

Von Toni Kesten

Marseille, 3. Aug. 1940

Mon chéri,
ich habe Deinen Brief vom 25. Juli erhalten. Ich habe die
liebe Mama, Ginette und Caroline, Alfred und das Baby

schon am ersten Tag meiner Ankunft in Marseille zufällig gesehn, das heißt ich traf Mama in einem Café auf der Cannebière. Alle haben die gleichen Sorgen. Alfred ist sehr stolz auf sein Kind. Das Baby hat helle große Augen und ist sehr reizend.

Heute haben wir, Adrienne Thomas, Hilde Walter und ich, unsere Visitors-Visen auf dem amerikanischen Konsulat erhalten, nachdem ich vorher schon die Nachricht auf der American Export Line vorgefunden hatte, daß das Konsulat von San Domingo in Lissabon ein Visum für mich hat, und ebenso das Konsulat von Mexiko.

Unser »Ferienaufenthalt« war keineswegs angenehm, doch ist es möglich, daß wir nochmals nach Sauvagnon zurückkehren müßten. Aber ich bitte Dich dringend, mache Dir keine Sorgen, es wird schon alles gut gehn. Natürlich bin ich nervös, wie alle Welt hier. Du erzählst mir nicht, woran Du arbeitest? Rosi und Ernst Scheuer haben gestern geheiratet, sie wohnen uns gegenüber.

Es wimmelt in Marseille von unsern Freunden. Ich traf Leopold, und Valerie ist in der Nähe. Wir brauchen nun Transitvisen für Spanien und Portugal. Das ist sehr schwer, denn Franzosen und ehemalige Deutsche erhalten kein Ausreisevisum aus Frankreich, ohne Ausreisevisum erhält man keine Transitvisen von Spanien und Portugal. Wir drei Freundinnen wohnen beisammen, wir haben einen kleinen Kochapparat mit Alkohol. Auch Mama hat mich oft zum Essen eingeladen. Annette Kalb hat mir von Vichy geschrieben, sie verläßt jetzt Vichy, sie schreibt nicht wohin sie geht. Ich bin sehr unruhig, weil ich weder von meinen Eltern noch von meinem Bruder Nachrichten habe, und natürlich auch nicht ihnen schreiben kann. Der amerikanische Konsul wollte Deinen Dossier wegen meines Visums haben. Eva schrieb mir, sie wohnt in St. Paul-de-Fenouillet. Ich bin froh, daß Landshoff nach New York kommt, und unglücklich, daß keine Nachrichten von Walter Landauer da sind. Unsere Reise von Sauvagnon nach Marseille war voller Schrekken und Schwierigkeiten. Ich lege Dir einen Brief an

Prof. Otto Nathan bei, und Grüße von Lilli Jacoby und Soma Morgenstern (Adresse ebenfalls American Express), der bittet, an Karol Rathaus und Mrs. Dorothy Thompson Dich seinetwegen zu wenden. Ich habe zweimal Geld von Dir durch Marie erhalten und auch das Geld durch American Express Company. Ich umarme Dich

Deine Toni

[KAROL RATHAUS (1895 Tarnopol-1954 N.Y.), polnischer Komponist, Schüler von Franz Schrecker; 1920-1932 Berlin; »Der letzte Pierrot«, Ballett, 1927; »Uriel Acosta«, 1930; 1932-1934 Paris; 1934-1938 London; »Le Lion Amoureux«, 1937; 1938 NY Prof. Komposition Queens College; »Polonaise symphonique«, 1943; »Salisbury Cove Ouverture«, 1949. – LEOPOLD SCHWARZSCHILD. – EVA LANDSHOFF, geschiedene Frau von Fritz Landshoff. – ERNST SCHEUER, Autor, 1933 Paris, 1941 wegen illegalen Grenzübertritts in spanischen Kerkern, nach Befreiung New York, wo er als Buchhändler lebt. – Professor OTTO NATHAN (geb. 1893 Bingen), Columbia University, N.Y. »The Nazi economic system«, 1944; »Nazi banking and finance«, 1944]

An Oliver La Farge

New York, 2. Juni 1947

Mein lieber La Farge:

Ich habe noch nicht auf Ihren Brief voll Freundschaft und guter Ratschläge geantwortet, den Sie mir nach der Lektüre meines alten Romans »Glückliche Menschen« geschrieben haben. Lassen Sie mich Ihnen zuerst für all die wunderbaren Dinge danken, die Sie über mein Buch geschrieben haben.

Die Gründe, die mich so lange zögern ließen, Ihre Frage zu beantworten, warum »Ich in der Asche eines lang verschollenen Deutschlands wühlte«, waren zahlreich. Ich grüble nun eine lange Zeit darüber und kam zu vielen Antworten, und wartete für die richtige. Natürlich kann man immer anstelle einer besseren Antwort sagen: Car tel est mon plaisir*. Aber ich bin kein Autokrat wie Ludwig XIV.

Erlauben Sie mir, verschiedene Antworten auszuprobieren. Vielleicht entschuldigt die eine oder die andere meinen Eigensinn. Es muß irgendeinen anderen guten Grund geben, außer meiner Faulheit, warum ich fortfahre darüber zu schreiben, worüber ich schreiben möchte.

*Weil es mir gefällt.

Ich las neulich Ihr autobiographisches Buch »Raw Material«. Ich halte es für ein bedeutendes Buch, insbesondere wegen seiner unerschrockenen Liebe zur Wahrheit, die solch ein Buch dauerhaft machen kann. Da habe ich gelesen, daß Sie aufhörten, Kurzgeschichten von der Art zu schreiben, wie sie Ihre Leser und Verleger am meisten schätzten und die Ihnen leicht Geld brachten. Sie hatten nicht die Absicht, mir zu raten, wie ich leicht Geld machen sollte.

Ich dachte immer, es liege wenig daran, worüber man schreibt; wichtig ist, wie und was man schreibt. Das Thema ist nur ein Vorwand, eine törichte Ausrede.

Wenn man älter wird, vergißt man leicht die Erbsünde. Warum schreibe ich? Zuweilen sieht es aus, als schriebe man Bücher, weil ein Vertrag mit einem Verleger existiert, oder aus der Gewohnheit, dafür bezahlt zu werden, daß man Bücher schreibt, oder aus der Gewohnheit des Schreibens.

Aber ich erinnere mich, daß ich selten aus andern Gründen geschrieben habe, als aus dem schieren Vergnügen am Schreiben, und aus der Lust am Leben, die darnach verlangt, daß man sie niederschreibt, in seinen eigenen Worten, oder aus lauter Verzweiflung, die erträglicher wird, wenn man sie aufschreibt, oder zuweilen auch, weil ich dachte, niemand hat dies oder das gesagt, ich muß es also tun, oder weil man gerne zu Menschen spricht, und man sich schmeichelt, daß man von vernünftigen und guten Menschen vernommen werde, die man zu Freunden gewinnen wird, oder weil man glaubt, jemand müsse die Tyrannen aufzeigen, und das viele Unrecht, und jemand müsse von der Freiheit reden, und von dem Guten und von der Liebe und von der Sonne und von der Erde, oder aus vielen anderen Gründen, oder immer aus demselben Grund.

Aber natürlich grübelte ich über Ihren Rat, da er von einem guten und weisen Freund kommt. Ich dachte: Warum nicht? Warum sollte ich nicht über Amerika schreiben? Bloß weil ich nicht viel von diesem Lande weiß oder nur sieben Jahre da gelebt habe, ist kein triftiger Grund dagegen, mein Buch »Inside U.S.A.« zu schreiben.

Natürlich bin ich eigensinnig und vielleicht ein Narr. Ich verließ Deutschland im Jahre 1933, und einer der Gründe, warum ich es tat, waren die besseren und reicheren Möglichkeiten, über Deutschland zu schreiben. Ich war damals 33 Jahre alt, und ich hätte 1933 nach USA gehn und die englische Sprache lernen und die Kunst des Kurzgeschichten-Schreibens an der Columbia University von New York vielleicht, und mich sehr anstrengen sollen, um ein drittklassiger englischer Schriftsteller zu werden, wie manche meiner Kollegen voller Stolz es versuchten, und ich hätte glücklich für immer leben sollen. Jetzt aber erblicken Sie mich, wie ich diese schöne englische Sprache auf barbarische Art zerstöre. Es ist schwer, über Leute zu schreiben, deren Sprache man so armselig handhabt, wie ich es nach sieben Jahren tue.

Ich wage die Behauptung, ich mache in der deutschen Sprache keinen Narren aus mir selber.

Übrigens glaubte ich immer an die Wahrheit von Gides Ausspruch: On n'écrit pas les livres qu'on veut.*

Und ich glaube ganz aufrichtig und naiv, das beste Buch, das ich geschrieben habe, ist mein Roman »Die Zwillinge von Nürnberg«, ein Roman über Deutschland und Frankreich zwischen 1919 und 1945. Aber ich dachte gewöhnlich, mein neustes Buch sei mein bestes Buch.

Ich schreibe jetzt einen Roman über Deutschland im Jahre 1947 – der Titel: »Time's Fool«. Nachdem ich Ihren Brief erhalten hatte, unterbrach ich meinen Roman. Ich geriet in Verwirrung. Ich fragte mich selber, warum schreibe ich keinen Roman über Manhattan, es ist Zeit für einen Wechsel (it's time for a change), und mein guter Freund Oliver La Farge gibt mir auch den Rat, keine deutschen Geschichten mehr zu schreiben. Ich begann in der Tat, einige Seiten über Manhattan zu schreiben. Dann kehrte ich mit einer fast sündigen neuen Lust zu

*Man schreibt nicht die Bücher, die man schreiben will.

meinem kleinen Roman über das Leben in Deutschland im Jahr 1947 zurück, zu meinem »Narren der Zeit«.

Aber eines Tages, wenn ich weiter leben und schreiben werde, verspreche ich, einen Roman über New York zu schreiben. Ich fordere Sie schon jetzt heraus, dann meinen *amerikanischen* Roman von der ersten bis zur letzten Seite zu lesen. Ich hoffe, Sie werden dann nicht Ihren Rat bedauern.

Ich danke Ihnen nochmals für Ihren nachdenklichen Brief und für die Freundschaft, die Sie mir gezeigt haben, seit ich Sie kennenlernte.

Ein andermal will ich mehr über Ihr Buch »Raw Material« schreiben, das ich sehr liebe wegen seiner Aufrichtigkeit und Präzision und Kenntnisse und Bildung und der großen Beschreibungen und besonders weil es das Porträt eines guten Menschen und wahrhaftigen Schriftstellers ist. Ich hoffe, bald wieder den Vorzug zu haben, Sie wiederzusehn und Ihnen zu sagen, wie sehr ich in Ihren Büchern liebe, was ich die Stimme eines Autors nennen möchte.

Ihr sehr ergebener

Hermann Kesten

P.S. Darf ich erwähnen, daß ich meinen Roman »Glückliche Menschen« in Deutschland im Jahre 1930 geschrieben und zum ersten Mal publiziert habe?

[OLIVER LA FARGE (1901-1963 N.Y.), Ethnologe, Autor. Expeditionen Mexiko, Guatemala. »Laughing Boy«, 1929; »All the Young Men«, 1935; »The Enemy Gods«, 1937; »The Copper Pot«, 1942; »A Pause in the Desert«, 1957; »Raw Material«, 1945, Autobiogr. – »Inside USA« von John Gunther, amerik. Journalist. – »It's time for a change«, Wahlslogan des republikanischen Präsidentschaftskandidaten Thomas E. Dewey.]

B. und B.

Brecht sprach zum Bronnen:
Ich erkenne dich nicht.
Ich lese Verrat,
In deinem Gesicht.
Bronnen erwidert dem Brecht:
Du kennst mich schlecht.
Wir waren Freunde, wie sonderbar,
Weil du heut bist, was ich gestern war:
Ein abergläubischer Kommunist,
Der falsche Prophet der armen Schar.
Du bist ein Nazi, sagt Brecht zum Bronnen.
Hast dich verloren und nichts gewonnen.
Dein Führer ist des Volkes Tod.
Salz wird dein Weib, zu Stein dein Brot.
Nimm es nicht krumm,
Sagt Bronnen zum Brecht.
Kennst du denn die Welt so schlecht?
Und endet das Dritte Reich auf dem Mist,
Werde ich, was du heute bist:
Kommunist!

(1949)

Beginn einer Rettung

Am 29. November 1941 rief mich Christiane an. In meinem Sprechzimmer saßen Dutzende Patientinnen, einige geduldig, als kämen sie von mir auf den Friedhof, andere bissen ihre Fingernägel vor Wut und Verzweiflung, oder sahen vor lauter Ratlosigkeit leer wie Puppen aus.

In meinem Ordinationszimmer saß Danielle, die hübsche Tochter eines Elsässers, eines Professors für deutsche Literatur an der Universität München, eine Freundin von Georg, ihre Regel war ausgeblieben, sie wollte kein Kind. Georg, stirnrunzelnd wie immer, wenn ihn das Schicksal oder die Beschwerden anderer in seiner Karriere aufzuhalten drohten, runzelte die Stirn, ballte die Fäuste und sprach mit der süßesten Stimme, im zärtlichsten Ton, er hätte von keinem andern Mädchen ein Kind haben wollen, wenn er je ein Kind haben wollte, und sie kenne doch seinen Schulfreund Jakob Weinmüller, der beste Mensch auf der Welt, ihm ganz ergeben, fast ein Heiliger. Georg selber rufe ihn an, wolle sie außerhalb seiner Sprechstunde zum Doktor gehn?

Danielle dankte ihrem Freund Georg, sie werde den Doktor selber anrufen, sie kenne Dr. Weinmüller, sie gehe in seine Sprechstunde.

Da saß sie vor mir, puderte sich, zog sich die Lippen nach, fragte mich: »Jakob, wie sehe ich aus? Und glaubst du wirklich, der Georg hat mich geschwängert?« Ich hatte sie gebeten, sich frei zu machen, das gute Mädchen zog sich gleich ganz aus, als wollte sie mit mir ins Bett gehn. Nun ich kannte sie von innen und außen, sie war meine Freundin, lange vor Georgs Feldzug, für ihre Eroberung, sie ließ sich von Georg erobern, ohne mich ganz aufzugeben, es ist kurios, keine Frau ist mir je treu geblieben, und keine Frau hat mich je ganz aufgegeben, wenigstens nicht freiwillig. Wenn man sich auf den Erfolg bei Menschen etwas einbilden kann ... Manchmal denke ich, ich könnte die Menschen lieben, trotz ihnen. Was soll man mit Menschen machen? Sie verachten? Sie verdienen es. Sich von ihnen abwenden? Wem hilft es? Sie ausrotten? Man müßte ein Mörder sein. Sie erziehen? Man kann es schon mit Kindern nicht. Sie bessern? Als wäre man selber gut! In der Tat, um mit ihnen fertig zu werden, kann man nichts anderes tun, als sie liebzugewinnen.

Ich versuchte es. Es fiel mir nicht leicht. Ich habe mir nie Illusionen über meinesgleichen gemacht. Wer sich beobachtet, kann nur entsetzt sein, muß an dieser Gattung verzweifeln. Ich habe die Schrecken des Dritten Reiches erkannt, ohne sie zu überschätzen. Es gab einige deutsche Rekorde der sogenannten Unmenschlichkeit. Ein tüchtiges Volk, im Guten wie im Bösen. Auch der Krieg brachte mich zur Verzweiflung, aber ich glaubte nicht, er sei mehr als einer der ganz gewöhnlichen Exzesse der Menschheit. Ich war im Oktober 1939 eingerückt, ein Frauenarzt in Uniform, ich wurde felddiensttauglich und Stabsarzt im Hauptmannsrang, gewann Kriegsorden, als spielte ich in einer Lotterie. Ich hatte keine Sympathien mit Kriegshelden. Vor mir fielen ihre Uniformen ab. Ein Arzt hat es immer nur mit Nackten zu tun. Ich haßte den Krieg, diesen organisierten Massenmord. Ich verabscheute die Partei, diese organisierten Koprophilen. Ein halbes Volk fraß seinen eigenen Kot, und behauptete infolgedessen, es sei geschaffen, die Menschheit anzuführen, und andre Völker auszurotten, die Russen, die Polen, die Juden, die Zigeuner. Im Gegensatz zu meinem lieben Freund Georg war ich nicht in die Partei eingetreten. Ich hatte meine Stellung als Oberarzt in meinem Krankenhaus verloren. Mir geschah es recht. Ich kam mit meinem Regiment nach Nancy, von dort nach Lublin, zurück nach Brüssel, nach Amsterdam, nach Kopenhagen, überall fand man Gründe, mich zu disponieren. Ich war bei meinen Vorgesetzten unbeliebt. Ich behandelte sie, als wären sie Erzengel, dennoch argwöhnten sie meine Verachtung für sie. Schließlich hatte ich es satt und fabrizierte ein schweres Gallenleiden, das ich vor meinen Kollegen großartig fingierte, wenigstens nehme ich an, daß mehrere es mir glaubten, schließlich wie viele Ärzte sind schon gute Diagnostiker, sie stehn so hilflos vor Krankheiten, wie die meisten Kunstkritiker vor neuen Kunstwerken, oder Buchkritiker vor neuen Büchern. Ich wurde dienstunfähig geschrieben, ging im Rang eines Oberfeldarztes nach München zurück, fand meine Wohnung und Ordinationsräume in der Mauerkircherstraße unversehrt, und begann meinen alten Kampf gegen Geschlechtskrankheiten und unerwünschte Schwangerschaften, an Patienten hat es mir weiß Gott nie gefehlt.

Mir war es geglückt, meinen Freund Georg vom Militär fernzuhalten. Nie waren Deutsche bestechlicher als im Dritten Reich. Mit Geld und sinistren Drohungen konnte man viel erreichen.

»Ich habe keine Zeit zu verlieren«, erklärte mir Georg, und war selber davon überzeugt. »Auch ich finde Kriege abscheulich, wie du«, sagte er mir. »Überhaupt sind mir Exaltationen fremd, sogar sexuelle. Du weißt, ich trinke keinen Alkohol, ich rauche nicht. Ich will um keinen Preis außer mir geraten. Ich will keinen Augenblick in wachem Zustand meine Vernunft verringern. Ich mache mir nichts aus Träumen. Wahrscheinlich ist unser ganzes Leben ein sinistrer Traum, aus dem man aufwacht, um sich in der Hölle zu finden. Ich habe keine Zeit, um einzurücken, um Gewehrübungen zu machen, um an die Front zu gehn, um verwundet zu werden, oder mir völlig fremde Menschen, die nicht einmal meine Sprache sprechen, auf Kommando umzubringen, Menschen, für die ich lieber Siedlungen oder eine praktischere Art von Hütten baue. Ich habe keine Zeit, um als Held zu kämpfen, und als Idiot zu fallen. Das Leben ist kurz. In unsern Breitengraden glaubt man, im Gegensatz zu den Indern, man lebe nur einmal. Das deutsche Volk hat den temporären Wahnsinn, Nationalsozialismus geheißen. Ich habe Herrn Hitler mehrfach zugehört; wenn ich ein Schakal wäre, würde ich sein Bellen hinreißend finden, einer der wirkungsvollsten Redner unter Schakalen. Ich bin kein Schakal. Ich bin ein relativ junger Architekt, ich habe keine zwanzig Jahre mehr, mit fünfzig ist man meist künstlerisch erledigt, und wiederholt sich nur. Ich habe keine Zeit für diesen Krieg, verstehst du, Jakob?«

Ich verstand ihn. Ich entdeckte, daß er die Fallsucht habe, gab ihm Unterricht, er war ein glänzender Akteur, schließlich, sein ganzes Leben, seine ganzen Liebesgeschichten, sein Todestrieb, was sind es wenn nicht großartige schauspielerische Leistungen? Ich koppelte seine Fallsucht mit einer seltsamen, seltenen, neuentdeckten Krankheit zusammen, deren Symptome, wenn man sie erst erkannt hatte, unverkennbar waren. Obendrein kostete es uns etwas Geld, und einige geschickte Drohungen, und Georg blieb, was er im Grunde war, ein absoluter Zivilist.

Natürlich war er PG. »Du siehst«, sagte er zu mir, »es läßt sich einfach nicht vermeiden. Du weißt, mir bedeutet es nichts, es ist, wie wenn ich mir den Bart wachsen ließe. Ich sage Grüß Gott oder Heil Hitler, und glaube beide nicht. Die Welt lebt immer in der größten Verwirrung. Die Kunst stand immer beiseite. Wenn ein Tyrann Kunst schaffen will, setzt er Rom in Brand wie Nero, und seufzt, welch ein Künstler stirbt mit mir. Ich baue, und es macht mir keinen Unterschied, ob unter Ebert oder Hindenburg, unter Schleicher oder Hitler. Ich finde sie alle einen Abfall der Menschheit, den Mist unserer Zivilisation. Politik interessiert mich nicht.«

»Aber sie macht dein Schicksal.«

»Keineswegs«, erklärte Georg, und wurde Assistent von Albrecht Speer, Hitlers Architekt.

»Gefällt dir, was du baust?« fragte ich ihn. »Hältst du was von Speer?«

»Ein charakterloser Großmannssüchtiger. Ein Extremist ohne Geschmack. Aber große Kunst erreicht man nur, wenn man erst durch Sümpfe gegangen ist. Und große Kunst ist wichtiger als die halbe Menschheit, als das geistige Proletariat, unter der Führung politischer Gangster.«

»Sehr interessant«, sagte ich zu meinem Schulfreund Georg, meinem Halbbruder, der es nicht weiß, daß er mein Halbbruder ist.

Ich fand ihn und seine Ansichten zuweilen empörend, beherrschte mich aber. Wie könnte man mit Menschen zusammenleben, wenn man sie nicht tolerierte.

Georg, der vormalige PG, sagte nach dem Krieg gelegentlich, ihm bleibe nur der Selbstmord. Er sei vor diesen triumphierenden Harlekins zu feige gewesen, welche das deutsche Volk verzaubert und das Deutsche Reich verschnitten hatten. Er habe Hitler gehaßt und für ihn gebaut. Im nachhinein verachtete er alle Deutschen, die Mitläufer waren, und war selber mitgelaufen. Sie publizierten Gedichte zu Hitlers fünfzigstem Geburtstag und erklärten sich nachträglich als »innere Emigration«, oder vergaßen ihr Hitlergedicht in der nächsten Stunde, wie Hans Carossa in seiner Autobiographie »Ungleiche Welten« 1951 behauptet hat. Sie sprachen am Rundfunk für Hitler und kritzelten ihr geheimes Tagebuch gegen Hitler voll, wie Gottfried Benn sich in seiner Autobiographie »Doppelleben« 1950 gerühmt hat. In Hitlers Uniform erwürgten sie ihn im Traum.

Christiane rief mich aus Nürnberg an, eben da Danielle mit gespreizten Beinen meine aktive Hilfe erwartete, als wäre ich Herodes, der die Kinder in Bethlehem gemordet hat.

»Euer Vater«, sagte sie. »Jakob, mein Sohn!«

»Ja?« fragte ich.

»Du bist ein Doktor? Rette ihn!«

»Ein Schlaganfall? Das Herz?«

»Er wird sterben. Sie haben es herausbekommen, vielmehr, er ist zu ihnen hingegangen, und hat ihnen alles erzählt. Sie erschlagen ihn.«

»Wer? Wen?«

»Meinen Mann, den Anton, den Oberpostdirektor Plunder. Deinen Vater! Er war bei der Gestapo. Sie haben ihn angezeigt. Er kommt vor den Sondergerichtshof. Herr Rothaug ist der Vorsitzende, ein Henker.«

»Still, Mama!« sagte ich. Christiane schrie in Nürnberg so laut, daß mir vorkam, halb München höre schon mit, jedenfalls hörte die nackte Danielle alles.

»Kommst du gleich?« schrie Christiane in Nürnberg. »Nimm den nächsten Zug!«

»Mein Sprechzimmer ist voll von Patientinnen.«

»Jage sie zum Teufel«, schrie Christiane aus Nürnberg. »Gib ihnen Gift!«

»Gewiß!« sagte ich. »Habe nur Geduld. Gleich komme ich, will sagen, noch heute.«

»Schicke diese Weiber heim oder zur Hölle«, schrie Christiane.

»Ich rufe Georg an«, erwiderte ich.

»Was soll er? Du mußt meinen Mann retten. Kommst du nicht heut, so suche ihn morgen auf dem Friedhof, oder empfange demnächst seine Asche vom Amt. Rette meinen Mann!«

Es war das erstemal, daß ich die gute Christiane ihren Mann ihren Mann heißen hörte.

»Es ist wegen seiner Jüdin«, sagte Christiane. »Er hat sie hergebracht, mit den zwei Töchtern, die er von ihr hat. Sie sitzen alle in seinem Schreibzimmer, er weint, die Jüdin macht ihm Vorwürfe, und die Töchter sind ausgehungert, und essen Grießbrei mit Rosinen, und Leberwurst mit Gänseschmalzbrot. Die wollen sie abtransportieren, in den Osten. Anton sagt, dort bringt man sie um. Im Reichsparteitagsgelände haben sie fünf Baracken für die Juden geöffnet, die man abtransportiert. Sie dürfen ihre Nähmaschinen mitnehmen, und Lebensmittel, für jede Person muß die Judengemeinde fünfzig Rentenmark an die Gestapo zahlen, und zehn Rentenmark für die Spesen. Ihr Bargeld müssen sie an die Gestapo abliefern, und ihren beweglichen Besitz, Uhren, Ringe, Schmuck, Kleider.

Der Anton ist einfach in die Wohnung der Jüdin gegangen, und hat sie herausgeholt mit ihren zwei Töchtern, eine ist siebzehn, die andre neunzehn, beide sind hübsch, Anton hat sie gemacht, mir hat er kein Kind machen wollen. Aber mein Georg ist gut genug, und du bist mein Liebling, Jakob.«

»Ich weiß«, sagte ich, »und ich komme ja, noch heute, du mußt mir nicht alles am Telefon sagen.«

»Ich muß es dir sagen, mein Jakob«, schrie Christiane aus Nürnberg. »Anton ging zur Gestapo, in seinem besten Anzug, dem blauen, und zum Oberbürgermeister, Willi Liebel, und zum SS-Brigadeführer Dr. Benno Martin, und zum Kriminalrat Dr. Grafenberger und zum Kriminalkommissar Woesch, die alle den Judentransport leiten. Er hat allen gesagt, daß die Juden unschuldig seien, daß sie Deutsche seien, so gut wie er, Anton Plunder, Oberpostdirektor, und daß man sie schützen und retten müsse, denn im Osten bringe man sie um.

Sie haben ihn alle angehört, sagt Anton, und haben ihm nichts erwidert, und haben ihm gesagt, er solle ruhig nach Hause gehn. Er ging nicht nach Hause, sondern zu der Jüdin, sie heißt Anna Maria Cohen, das seien drei hebräische Namen, sagt Anton, und er nahm die Jüdin und ihre Töchter, seine Kinder, und ging mit ihnen zu Fuß durch die halbe Stadt, und die drei trugen ihre Judensterne, und er brachte sie in unsere Wohnung.

Du weißt vielleicht nicht, was das bedeutet, Jakob?«

Ich hatte es aufgegeben, Christiane zum Schweigen zu bringen. Entweder man belauschte unser Telefongespräch, und die Folgen würden nicht ausbleiben, oder man belauschte es nicht.

»Anton wird es nicht überleben, und wir auch nicht«, sagte Christiane. »Aber wenigstens sollen sie ihn nicht verstümmeln, sondern uns alle zusammen auf einmal umbringen. Du mußt ihn retten, Jakob, du allein kannst es.«

»Natürlich«, sagte ich. »Ich muß ihn retten. Außerdem liebe ich ihn, wie meinen Vater. Und er ist dein Mann. Und Georgs Vater. Ich rette ihn, koste es, was immer, mein Leben, dein Leben, Georgs Leben.«

»Du sprichst«, schrie sie aus Nürnberg, »wie ich es von dir erwartet habe. Auf dich kann man bauen.« *(1972)*

Der Auszug aus Ägypten

»Gott!« schrien die Juden, »und Du siehst zu und schweigst?« Sie warteten auf Wunder. Die Welt stand schon fünftausendzweihundertzweiundfünfzig Jahre. Seit zwölf Jahren schwebte Isabellas Schwert über ihnen. Das Schwert war hölzern. Mit dürrem Holz speiste sie die Flammen der Inquisition. Auf Holzpapier schrieb sie die billigen Gesetze ihrer Diktatur. Die klügsten Juden begriffen sogleich: Torquemada brennt Christen und meint Juden. Die Tapfersten liefen zur Zeit davon. Die Geschäftigen versuchten den großen Handel. Die Abravanel und Aboab halfen, Granada zu erobern. Sie dachten, das Tier zu sättigen, und trugen ihren Lohn davon. Das Tier zerriß sie nach der Mahlzeit. Die Menge, ihrer Propheten spottend, pflegte ihre kurzen Tage. Neunundachtzig Tage nach dem Fall Granadas warteten sie auf den Aufgang einer neuen Gnadensonne. Es dämmert schon, sagten sie untereinander. Da kam das Juden-Edikt, die schwarze Nacht brach an. Die Juden hörten die Worte und verstanden nicht, sie lasen den Text und lächelten ungläubig. Sie sagten seufzend: »Das trifft viele.« Und dachten nicht an sich. Wie taub und blind gingen sie in ihren Gassen, wie verzaubert saßen sie in ihren Häusern, noch jäteten sie ihre Äcker und Weinberge, noch ernteten sie Vorrat für den Winter; der bessere noch den Stall aus, jener begann noch ein Geschäft. Als der Tag da war, saßen viele ungerüstet. Die Könige in ihrer unbegreiflichen Gnade gaben drei Tage Aufschub. Jetzt fiel die Lähmung von den Juden ab. Jetzt sah man die gemeine Verzweiflung. Wie ängstliche Kinder liefen sie hin und her, als trieben sie ein irres Spiel. Manche ließen stehen, was stand, und liegen, was lag, und weilten drei Tage und drei Nächte auf den Totenäckern der Väter, sie zerrissen ihr Gewand, streuten Asche auf ihr Haupt, schlugen ihre Brust, klagten an und klagten. Viele liefen hin und her, die neunzig Tage lang, boten an, boten aus, Häuser und

Äcker, Gold und Silber, Geld und Vieh, ihre ganze Habe, von Tag zu Tag fielen sie und ihre Preise von Stufe zu Stufe herunter. Höhnisch standen die Christen in den Judengassen, schweigend schritten sie durch die Judenhäuser, sie musterten die Juden und ihre Habe und boten nicht und hatten Zeit, die Juden und ihre Preise purzelten schon, nach neunzig Tagen gab es alles umsonst. Glücklich pries sich der Jude, der seinen Palast für einen Esel, seinen Weinberg für einen Mantel tauschte. In Aragon schickte der schlaue Ferdinand seine Beamten in die Häuser der Juden. »Steuerschulden«, sagten sie und nahmen alles in Beschlag, »Steuern muß jeder zahlen, Jud und Christ«, erklärte Ferdinand. »Ich mache keine Unterschiede.« In den Synagogen schrien die Juden zu Gott. Da drangen fromme Mönche ein, schwangen die Weihwasserkessel und luden voll Liebe zur Taufe: »Kommt, ihr beschnittenen Judenschweine. Christus wartet schon. Die christliche Liebe tauft euch!« Die Rabbiner fluchten hebräisch. Sie warnten händeringend: »Hütet euch, Juden. Die Christen reden von Liebe und schüren die Feuer schon. Sie spenden ein paar Wassertropfen und enden mit tausend Bränden. Hinter jedem Mönch lauert Torquemada. Flucht den Weihwasserkesselschwingern, Taufewucherern, Himmelshuren, Gotteshändlern! So ihr treu bleibt, wird Gott das Wasser spalten, ihr werdet durchziehn trockenen Fußes ins gelobte Land.« Mit lechzenden Lippen schlürften die Juden die ewige Verheißung, die jahrtausendalte. Sie gaben das Vaterland auf, um die Religion zu wahren. Die Juden opferten das Gold, hielten Gott die Treue. Sie ließen Häuser und Herden, Rang und Glück, Heimat und Herd, und hielten ihre Meinung fest. Sie gingen nicht durch das Joch der Sklaverei wie das Volk von Spanien. Sie ließen dem König seine Meinung und blieben bei ihrer. »O treulose, halsstarrige, ungläubige Juden«, seufzte Bernaldez, Pfarrer und Chronist von Los Palacios, und zählte die magere Ernte seiner Täuflinge, kaum drei Juden auf tausend ließen sich taufen.

Die Juden sangen: »Besser Freiheit als Leben, höher Gott als der König, erst Gewissen, dann Gold.« Entsetzt sahen sie den Haß ringsum. Was haben wir getan? Der greise Torquemada versandte gefälschte Briefe von Juden aus Konstantinopel an die spanischen Juden: »Tauft die Körper. Wahrt die Seelen. Rächt die Synagogenschändung. Macht Eure Kinder zu Priestern und Kirchenschändern. Rächt die Morde an Euren Kindern. Macht sie zu Ärzten, die alle Christen morden!«

Torquemada fabrizierte einen falschen Judenbrief aus Portugal: »Die Erde ist gut, das Volk dumm, das Wasser gehört uns, Ihr könnt kommen; uns wird alles gehören.« Torquemada und Isabella sprachen Vertreibung und dachten Vernichtung. Der Greis gab ein Edikt: »Handel und Umgang mit Juden ist Ketzerei. Juden schlafen mit Christinnen, Christen mit Jüdinnen. Das ist Ketzerei. Verbrannt wird …«

Auf allen Straßen Spaniens zogen die Juden in langen Zügen, zu Pferd, auf Eseln und Maultieren, die meisten zu Fuß. Greise schleppten sich, Frauen die Kinder, Männer trugen Hausrat. Alle Töchter über zwölf Jahre hatten die Juden mit Jüngelchen verheiratet, damit keine Jungfrau schutzlos ins Exil ziehe. Nun hüpfte das Bräutchen neben dem kindlichen Bräutigam, und beide weinten laut vor Hunger und Müdigkeit. Kranke stöhnten im Staub, Greise in der Glut der Sonne. Die spanischen Bauern standen am Rand der Straßen und sahen das Elend der Juden, und es dauerte sie. Hastig ängstlich bekreuzten sie sich. Sie vergossen Tränen und wandten sich ab, in der Furcht ihres Herzens, vor denen, die um Brot und Wasser flehten. Stärker als das Mitleid war die Angst vor Torquemada. Sie waren gerührt und rührten sich nicht, sie hoben die Blicke und keine Hand. Auf vorgeschriebenen Straßen zogen die Juden, die Hunde folgten ihnen, die eigenen und die fremden. Auf demselben Karren führte der reiche Jude denselben dürftigen Trödel wie der arme. Viele reiche Juden hatten ihr Gold verteilt an arme Juden. Am Rand der Straßen oder mitten auf dem Feld lagerten die Juden, viele fielen um und standen nicht mehr auf, sie starben vor Hunger, vor Durst, vor Verzweiflung. Wöchnerinnen gebaren zu früh, Greise starben zu spät. Die Bauern riefen mit Tränen in den Augen:»Juden, tauft euch. Ihr zieht ins Elend. Bleibt und seid Christen.« Da hoben die Rabbiner höher die heiligen Thorarollen, und der Schammes schlug die Trommel, und der Kantor spielte die Zimbel, und die Kindlein sangen die tiefsinnig alten Mutterlaute, das sanfte chaldäische Gemurmel, die alten hebräischen Weisen, so voll Jubel und Tränen! Der finstere Torquemada ritt trotz seinen zweiundsiebzig Jahren auf täglich frischen Pferden auf den Heerstraßen Spaniens und hielt schweigend und furchtbar die große Heerschau des Unglücks und sättigte sein Herz mit den Tränen Israels. Nach Portugal zogen achtzigtausend Juden und hofften auf die Rückkehr und gingen in die Nähe. Der König Joao überwand die Skrupel seines christlichen Gewissens und nahm von den Juden drei Dukaten per Kopf für freien Durchzug nach Afrika. Für acht Dukaten per Kopf gab er sechzig Familien das Recht, ein Jahr in seinem Reich zu verweilen. Wer die Frist überschritt, ward Sklave. Da die Juden die Zahl überschritten, nahm Joao ihnen die Kinder und ließ die unschuldigen Kleinen auf den unbewohnten, erst eben entdeckten St. Thomas-inseln aussetzen und umkommen. Die Könige von Spanien trieben die Juden über die Grenze und verboten ihnen, Gold auszuführen, und nahmen ihnen alles. Der König von Portugal ergriff die über die Grenze kamen und verkaufte sie als Sklaven, sie zahlten denn mit Gold ihre Freiheit. So machten alle Könige ihr Geschäft, jeder kam auf seine Rechnung, legal und mit gutem Gewissen. Und Gott schaute zu, unter Stummen ein König.»Gott«, schrien die Juden,»und Du siehst zu und schweigst?«

Ans Meer zogen die frömmsten Juden, zu den Häfen Cadix und Santa Maria. Da die Juden die sanfte Bläue des Meeres sahen, stießen sie schreckliche Schreie aus und rissen sich die Haare und sangen:»Schüttle Dein Haupt,

Herr. Schicke den Wunderwind, schlage die Wellen, daß
die Wasser sich teilen und wie Mauern stehen zur Rechten
und zur Linken. Weise Deine große Hand, Herr! Deine
Rechte tut große Wunder. König immer und ewig!«

Und die alten Jüdinnen nahmen Pauken, um wie
Mirjam den frommen Reigen zu tanzen, wenn das Meer
sich teilte. Die Juden lagen auf Steinen und warteten auf
Wunder, sie rauften ihre Bärte und schlugen ihre Brust,
und die Tage stiegen auf und zogen hernieder, die goldenen Sterne funkelten und verblaßten, ein Wind kam und
ein Wind ging, aber ewig rauschten die vollen Wasser. Da
lobten die Juden die Toten, die schon gestorben waren.
Und besser daran waren, als die noch lebten. Und besser
als alle beide ist der noch nicht ist. Und das Beste wäre
freilich, nie geboren zu sein!

Auf fünfundzwanzig sehr minderwertigen, sehr über-
teuren Seglern (Ferdinand und Isabella, die katholischen
Könige, bewucherten noch die vertriebenen Juden!) fuhren die Juden in die Berberei. Von Ercilla, wo Christen
wohnten, zogen die Juden durch die Wüste, nach Fez,
und fielen in die Hände von Räubern, die zogen die Juden
nackt aus und zerschnitten die Kleider und fanden
manchmal ein wenig Gold, eingenäht, und zerschnitten
die Sättel und fanden zuweilen ein paar Dukaten. Danach notzüchteten die edlen Wüstensöhne die Töchter
und Weiber der Juden, die zitternd dastanden, und met-
zelten, die sich widersetzten. Viele ältere Jüdinnen
schrien: »Schont die Unschuld!« Da warfen die Räuber
sie nieder und suchten nicht das, sondern schnitten
ihnen die Bäuche auf und wühlten in den warmen
Gedärmen nach zerschnittenen und verschluckten Dukaten, und fanden statt Gold nur Kot. Da trieben sie
Mäuler und Kamele und die lieblichsten Jungfrauen
hinweg und entschwanden, ihr weißer Burnus glänzte
schon ferne. Die nackten Juden schritten im Wüstensand
und hatten Durst und Hunger und fraßen das trockene
Gras der Steppe und fanden nur Frost und Sterne nachts,
und Glut und Sand am Tage und verzweifelten am Herrn

(Wir suchen Dich. Aber bist Du zu finden?), und viele verdarben, und viele kehrten um nach Ercilla. Mit dem Ysop, dem praktischen Fegewisch, tauften die Priester der Christen die Juden in Haufen.

Nach Italien kamen die Juden zusammen mit der Pest. Ferdinand sparte und betrog sie mit zu kleinen Schiffen und verdorbenem Proviant. Die Juden reisten durch ganz Italien, die Pest folgte auf dem Fuße. Zwanzigtausend Neapolitaner kamen an der Pest um. Ein Schiff mit sechshundert Juden fuhr von Hafen zu Hafen, zwei bittere Jahre lang, kein König öffnete sein Reich den armen Juden, Mütter, vor Abzehrung taumelnd, trugen verhungernde Kinder auf den müden Armen und starben mit ihnen. Andere erfroren, manche verdursteten, zum Spaß versagte ihnen der Schiffskoch das Wasser. Alle waren seekrank. Der Kapitän ließ sie hungern und peitschen und trieb sie wie Vieh in den Schiffsbauch und mordete, die noch Geld besaßen, und nahm den Vätern die Kinder und verkaufte sie in die Sklaverei, der Erlös bezahlte die Passage der Eltern. In Genua erlaubte man ihnen drei Tage Rast, um ihr Schiff auszubessern und auf dem Hafendamm, der rings vom Meer umspült war, zu ruhen.

Die üppigen Ärzte und Bankiers, die stolzen Gelehrten, die gebildeten, frommen Lehrer wankten gleich abgezehrten Gespenstern, mit grünlichen Mienen, in zerrissenen Fetzen, so leichenhaft umher, mit erstorbenen Augen, wie Tote, die wandeln. Viele fielen um und starben auf dem Steindamm. Die Sterbenden fielen auf die Toten, und die Fleischhügel begannen zu stinken. Der Gestank hob sich auf wie ein Leuchtturm. Die Pest brach aus.

Nach Konstantinopel fuhren fünfzigtausend Juden. Der Großtürke, ein wilder Muhammedaner, nahm sie liebreich und zärtlich auf, gut wie man zu Verfolgten sein soll; menschlich wie es unter guten Menschen üblich sein soll. Er fragte: »Nennt man diesen Ferdinand staatsklug, der sein Reich so verarmt, um mein Reich zu bereichern?«

Im Meer versanken viele Juden, auf scheiternden Schiffen, die Fische fraßen der Märtyrer Gebein. Piraten fingen viele und verkauften sie als Sklaven. Jeder vierte Jude kam um. Sie wurden bestohlen, belästigt, beleidigt, betrogen und abgeschlachtet, an vielen Orten, wo Menschen wohnten.

Papst Alexander der Sechste, lasterhaft, aber nicht gefühllos, erbarmte sich ihrer. Seine schöne Tochter Lukretia Borgia, das Familienbett und Beilager der Sippe, das süße Hürchen, bat ihren Heiligen Vater um Gnade für die Juden, er öffnete den Hafen Ancona, und andere Fürsten Italiens folgten und boten Asyl, Rom, Neapel, Venedig, die Mediceer, die Sforza.

Nach Navarra, nach Deutschland, nach England, nach Holland und Dänemark zogen die spanischen Juden, nach Asien, Afrika, Europa und bald nach Amerika. Es zogen aus Spanien zweihunderttausend, wie andere sagen, achthunderttausend Juden, wer wollte sie zählen? Pico de Mirandola schrieb: »Die Leiden der Juden, woran die göttliche Gerechtigkeit ein Ergötzen hatte, waren so groß, daß sie uns Christen mit Mitleid erfüllten.«

Ja, der Genuese Senarega gab in der Tat zu, »die Maßregel habe einen leichten Anstrich von Grausamkeit«.

»Gott, und Du siehst zu, und schweigst?« *(1953)*

Wir Nürnberger
(Erste Nürnberger Rede)

Ich habe einen Freund in Rom, der zuweilen in der Pause eines müßigen Gesprächs im Kaffeehaus unvermittelt den andern fragt: »Bist du glücklich?«

Er erwartet keine Antwort. Er erhält keine Antwort.

Sind die Schriftsteller etwa jenem Manne ähnlich? Auch sie stellen gewisse fundamentale Fragen in den müßigen Stunden ihrer Leser oder Hörer. Auch sie erwarten keine direkte Antwort.

Wir leben mitten im großen Befreiungskampf der Menschheit, mitten in einer gewaltigen sozialen und wissenschaftlichen Revolution, mitten in der Erziehung der Menschheit zu einer einzigen Völkerfamilie. Und es ist nur einer der tragischen Witze der Geschichte, daß die Sklaverei wächst, die Unmenschlichkeit Triumphe feiert, und der Rassenkrieg, der Klassenkrieg, der weltweite Bürgerkrieg und der ganz vulgäre Krieg zu permanenten Institutionen geworden sind. Nur treten diese Seuchen der Menschheit unter hundert Masken auf. Die Krankheit gibt sich als Gesundheit aus, der Tod als das Leben, die Sklaverei als die neumodische Freiheit, der Krieg als die Straße zum Frieden. Da sind gewisse Autoren bald die letzten Menschen, die von der Freiheit für alle träumen und sie laut fordern, hier unter dem Risiko, lächerlich zu erscheinen, dort in Gefahr des Leibes und des Lebens. Heute, da Herr Gagarin in den Himmel geschossen wurde, falls es nicht ein anderer Russe war, der begreiflicherweise ein wenig verrückt von seinem Schulausflug in den Kosmos zurückgekehrt wäre, stimmen wir doch alle ohne lange Bedenken den jubelnden Worten des so bald darnach elend zugrunde gegangenen Ulrich von Hutten zu, die er 1518 dem Nürnberger Pirckheimer geschrieben hat: »O große Zeit der Wissenschaft, noch ist nicht der Augenblick, sich zur Ruhe zu setzen, mein Willibald, die Geister erwachen, die Studien blühen, es ist eine Lust zu leben.«

Es ist eine Lust zu leben – heute mehr als je, und insbesondere für uns Autoren. Dem Fernsehen sind keine Grenzen gesetzt. Schon lauschen zwanzig oder hundert Millionen Menschen in der gleichen Minute dem an Honoraren gemessen gar nicht so teuren Wort des Dichters und blicken in dessen verklärte Züge. Ganze Völkerschaften, die gestern noch Analphabeten waren, lesen heute mit Leidenschaft und Wonne ein Buch von Hemingway oder Hitler, wenn nicht gar der Sagan. Wilde Volksstämme, die gestern noch ihre liebsten Feinde zum Fressen gern hatten, entsagten von einem Tag zum andern dem Kannibalismus, wurden Demokraten, Mitglieder der Vereinten Nationen und betrachten in ihren Zeitungen die Photos von Adenauer und Chruschtschow, von Franco oder Kennedy, ohne plötzlich Appetit zu bekommen, ohne die geringsten fleischlichen Gelüste.

Die Geheimnisse der Natur, die gestern ein Einstein, Niels Bohr, ein Planck oder Heisenberg kaum zu formulieren wußten, manipulieren heute hunderttausend junge Doktoren der Physik in aller Welt so unbekümmert wie ihre neuen Autos. Wie einst jeder Hunne sein Pferd hatte, so hat jeder zweite oder zehnte Zeitgenosse sein Auto, und die motorisierten Horden klären das dunkelste Europa so effektiv auf wie einst die Hunnen. Ganze Völkerstämme, die nur dem Müßiggang frönten, gleich munteren Drohnen, wurden wie die Bienen und saugen Honig aus ihrem Handwerk, aus ihrer Wissenschaft, aus ihrer Industrie, graben Öl und Gold, und wo sie eben noch der Bibel lauschten und den Missionar zum Nachtisch verspeisten, schreiben sie jetzt Doktorarbeiten über den Einfluß von Hölderlins Hymnen auf Ulbricht und Castro oder General Salan.

In einer Epoche, wo die Spezialisten überhandnehmen, wie der bekannte deutsche Transportspezialist Adolf Eichmann, sind wir Schriftsteller die eigentlichen Müßiggänger, die uneigennützigen Liebhaber all jener historischen Ideale, deren der moderne Mitmensch heute nur spotten kann, wie der Menschenliebe, der Toleranz, der Freiheit, der sozialen Gerechtigkeit, der Religion, der Philosophie, der Schönheit.

Wir Schriftsteller erscheinen heute als die letzten Dilettanten. Ja, wir sind sogar Dilettanten mit gutem Gewissen. Wir gehen in keine Schulen, um schreiben zu lernen. Unbefangener vor allen Systemen als die Philosophen, unverwirrt durch die immer engeren Spezialinteressen der Fachleute, ungebundener von Parteien als die Politiker, unabhängiger vom Markt als Kaufleute, Industrielle, Arbeiter und Bauern, freier vor den Naturgesetzen der Wissenschaftler und vor der Disziplin der Kleriker Gottes und der Staaten, schreiben wir Autoren mit derselben feurigen Leidenschaft über nichts und über alles, über das, was wir am besten zu kennen glauben, nämlich über uns, unsere Nachbarn und Umgebung und über die Literatur, und über das, wovon wir nur dank unserer Intuition und Inspiration, dank unserer Phantasie und Sprachkraft eine Ahnung haben, über Gott und die Natur, vergangene Kulturen und künftige Zivilisationen, über tausend Gegenstände und Gegenden, die wir nie gesehen, über hundert Disziplinen, die wir nie gemeistert haben, über die ganze menschliche Gesellschaft oder über Gras und Wolken.

Das macht zuweilen die Gesellschaft von Dichtern für manche Dichter so zweideutig und scheinbar unfruchtbar, nämlich die Begegnung mit intuitiven Menschen in jenen Stunden, da ihre Intuition oft schläft. Es ist wie ein Gespräch zwischen halbblinden Spiegeln, das Resultat sind gespiegelte Spiegel.

Aber wir sind es, die das unendliche Selbstgespräch der Menschheit führen, den tausendjährigen und millionenfachen Monolog. Wir nehmen alles beim Wort und meinen alles wörtlich und lassen uns kein X für ein U vormachen. Wir empfangen die Sprache und brechen sie auseinander und prüfen sie Wort um Wort und schaffen sie neu, und die stammelnden Völker sprechen uns nach.

Mit jedem Wort prüfen wir nicht nur das Wort, sondern auch die ganze Welt und benennen alles und alle und schaffen sie mit Worten neu.

Wir schreiben alles auf, was sich sagen läßt, und sind obendrein auf der Jagd nach dem Unsagbaren, um es durch Worte anzudeuten.

Wir beschreiben den täglichen Wandel der Welt, als würden nicht auch wir selber uns täglich wandeln. Wir sind die kontinuierlichen Sprecher der Menschheit, ihre besten Verteidiger und schärfsten Gegner.

Wir sind ihre Repräsentanten, ihre Propheten, ihre Opfer und Richter, Angeklagte und Kläger, Chronisten und Initiatoren.

Was wir nicht aufschreiben, hat umsonst gelebt, ist wie nie gewesen. Wen wir verurteilen, er bleibt verdammt. Wen wir rühmen, er wird berühmt.

Wir reproduzieren die humane Welt, sogar die Welt der Phantasie, und bis zu einem gewissen Grad produzieren wir sie also. Wir sind die Mit-Autoren der Menschheit und sind mitverantwortlich für ihre Leiden und für ihre Taten, wie wir für uns selber und für unsere Bücher und Figuren, wenn wir Figuren schaffen, mitverantwortlich sind.

Die Aufgaben der Literatur wie ihre Möglichkeiten und Grenzen sind fixiert zwischen der generellen Einförmigkeit der Menschheit und der unendlichen Vielfalt der Individuen.

Aber jedes Individuum zeigt potentiell den ganzen Umfang, die ganzen Grenzen der Menschheit.

Welcher Kontrast herrscht etwa zwischen dem Astronomen, auf dessen Schreibtisch Millionen Milchstraßen sich anhäufen, und der seine Familienprobleme und die Aufgaben der Menschheit nach Lichtjahren mißt, oder seinem Barbier, der ihn täglich rasiert, und über dessen Laune oder Laufbahn einige Barthaare entscheiden, die er übersehen hat, und viel mehr überschaut er nicht; sind die beiden nun Antipoden oder vielmehr identisch? Oder welcher Abgrund klafft zwischen einem Arbeitslosen, dem täglich eine Scheibe Brot oder eine Schale Reis fehlt, und dem Diktator, der zwanzig Millionen Menschen für einen Korridor oder für Danzig sterben läßt und der ein Dutzend Millionen Menschen um seiner fixen Idee willen ausrottet, im Namen und für die Regierung eines großen Volkes?

Und war es nicht dieses Volk, das seine soziale und nationale Unruhe dadurch zu kurieren meinte, daß es einen ehemaligen Arbeitslosen zum allmächtigen Abgott machte, einen ungewöhnlich aufrichtigen Menschen, der schon in den goldenen zwanziger Jahren vor dem Reichsgericht zu Leipzig und in allen Biersälen geschworen hat, am Tage seiner Machtergreifung würden Köpfe rollen, und dessen gutgläubige Wähler auf allen Straßen Deutschlands vor dem ahnungslosen Volke das liebliche deutsche Volkslied sangen: Wenn's Judenblut vom Messer spritzt?

Der Beruf des Schriftstellers setzt ein Minimum an geistiger Bemühung, an gesellschaftlichem Interesse, an moralischer Teilnahme voraus. Ich bin bisher noch keinem Schriftsteller begegnet, der nicht wenigstens einmal im Leben den Wunsch hatte, an der Entwicklung der menschlichen Gesellschaft teilzuhaben, die Bewegung des menschlichen Geistes zu fördern, auf Menschen einzuwirken, die ihm unbekannt sind, zumindest sie geistig zu unterhalten.

Wem immer es heute noch möglich wäre, sich von der Gesellschaft abseits zu halten, er dürfte kein Autor sein. Wer gar die Produkte seines Geistes und seiner Kunst auf handelsübliche Weise der Gesellschaft anbietet, etwa in Form gedruckter Bücher, öffentlicher Reden, Darbietungen im Theater, Kino, Rundfunk, Fernsehfunk, der beteiligt sich am großen Gesellschaftsspiel der Menschheit.

Der Autor ist das ausgesprochene Weltbewußtsein. Die Literatur ist daher immer Gesellschaftskritik.

Durch seinen Beruf, der kaum ein Beruf ist, wird der Autor gleichzeitig zum Außenseiter der Gesellschaft und steht in ihrem Mittelpunkt. Gewissen allzu naiven Völkern erscheint der Autor überflüssig und überzählig und käuflich, aber er ist stets das erste Opfer eines neuen

Tyrannen, vor ihm zittern die Diktatoren am meisten, und die Völker, die nicht auf ihre Dichter hören, gehen unter oder werden gemein und geschichtslos.

Ist es da nicht kurios, daß ein kritischer Zeitgenosse, der die Literatur der Gegenwart betrachtet, weder sich noch seine Epoche darin zu finden glaubt? Von einer schier unendlichen Welt findet er nur einen mikroskopisch winzigen Ausschnitt in der Literatur. Bei einer ungeheuren Vielfalt der Menschen und ihrer Geschichte findet er bei fast allen Dichtern einer Epoche stereotyp den gleichen unbedeutenden Ausschnitt, dieselben Redewendungen, die gleiche armselige Technik, die nämlichen unzulänglichen paar Symbole, als schrieben alle Autoren unter Zitatzwang, als plagiierte einer den andern bis zum Überdruß, als gäbe es in unserer Welt nichts zu erzählen, als lebten wir nicht zwischen immer gewaltigeren Katastrophen, als wüchsen nicht alle Wissenschaften, als empfänden Millionen Menschen auf dieselbe Weise das Nichts ihrer Existenz, als dächten drei Milliarden Menschen dreimilliardenmal die drei nämlichen stupiden Gedanken.

Dieses scheinbare Rätsel der Armut einer literarischen Epoche, ja im Grunde aller literarischen Epochen, entspricht dem Prinzip der Verschwendung der Natur. Zehntausend Dichter müssen Romane, Gedichte, Dramen schreiben, damit ein guter Roman, ein paar schöne Gedichte, ein aufwühlendes Theaterstück übrigbleiben.

Schließlich geht es einem mit Büchern wie mit Menschen. Wenn man sie nicht von vornherein lieben will, gefällt einem kaum ein Mensch, kaum ein Buch. Mit ein wenig Sympathie findet man zwar weder Meisterwerke in Haufen noch zahlreiche ausgezeichnete Menschen, doch genug liebenswürdige und reizende Menschen und Bücher, mit denen man gut Freund wird.

Es hängt also ganz von unserer Laune, ganz von unserem guten Willen, ganz von unserer Zärtlichkeit für unsere Epoche oder von unserem Abscheu vor ihr ab, ob wir die Literatur unserer Zeitgenossen reich oder arm, vielfältig oder eintönig, zureichend oder unzulänglich glauben?

Obgleich wir die unendliche Wiederholung einer einförmigen Spezies sind, und es wissen, obgleich wir geschichtsfähig sind, ja ohne Überlieferung, Tradition und zivilisatorischen Zusammenhang durch die Jahrtausende geistig gar nicht existieren würden, sind wir für die Dauer unserer Existenz einmalig, sind wir, solange wir leben, die gesamte Menschheit von Anbeginn bis zum Ende der Welt, und von aller großartigen geschichtlichen Vergangenheit existiert nur, was wir empfinden, was wir denken, was wir verstehen, was wir nachsprechen können, und die ganze gewaltige Geschichtswelt bleibt auf uns bezogen, wie das Universum nur ein Attribut unserer geistigen Existenz, unserer intellektuellen Möglichkeiten bleibt.

So zweideutig steht es auch mit der Literatur. Bei aller autonomen Selbstherrlichkeit der Dichter, bei aller unbeschränkten Freiheit der Kunst, bei aller träumenden Willkür der Poesie sind wir doch alle Kinder der Zeit, Söhne und Väter derselben Epoche, abhängig vom allgemeinen Schicksal, von Kriegen, Hungersnöten, Tyrannen, von Politik und Wirtschaft, von Zeitmoden und Zeitkrankheiten, von der jeweiligen Manier und Manie der Kunst.

Wer nicht die Sprache der Zeit spricht, wird überhört. Wer nur der Zeit nachplappert, bleibt belanglos.

Was in vorigen Zeiten ein Literatentraum schien, ist heute mehr oder minder schon verwirklicht: Die Weltliteratur, und zuweilen sogar bis zur geistigen Öde verwirklicht. Ansätze zur Weltliteratur gab es schon in der Antike und in späteren Zeiten. Das römische und das britische Imperium verbreiteten die lateinische und die englische Literatur über die halbe Erde. Der Diaspora verdankten die Literaturen der Juden und der Griechen ihre Weltgeltung.

Heute haben wir neue Imperien, Amerika und Rußland, und vor allem das Imperium der Technik. Ein erfolgreicher Roman wird in wenigen Jahren in aller Welt gelesen, ein erfolgreicher Film überall vorgeführt.

Die Grenzen zwischen den Literaturen bilden heute weniger die verschiedenen Sprachen und Sitten und Geistesmoden der Völker, als die gewaltsamen und künstlichen Grenzen, welche die Polizei errichtet, die Diktatur, der Konformismus, der Nationalismus. Wo immer die Zensur die Literatur verwaltet, tut sie es zum Schaden des eigenen Landes und aller Länder. Sie dient nur den Interessen der Usurpatoren und der falschen Nutznießer der Völker.

Die Polizei übt seit Jahrtausenden einen unheilvollen Einfluß auf die Literatur und damit auf die Menschheit aus durch jede Form der offenen und stillen Zensur, ob es nun die Polizei der Tyrannen, der Kirchen, der freieren Regierungen, der öffentlichen Meinung ist. Immer tritt die Inquisition gegen die Freiheit der Kunst und des Geistes auf, gegen die Würde und Wohlfahrt der Menschen. Die Geschichte der Literatur ist der ewige Kampf des Individuums gegen die Kulturpolitik der Tyrannen, es ist der ewige Kampf des Individuums für die Interessen der Völker gegen die Regierungen der Völker.

Es gibt keine unpolitische Literatur. Denn die Literatur stand immer im Kampf gegen die Politik, gegen die herrschenden Mächte, oder sie stand in ihrem Dienst, aus Überzeugung, aus Furcht, aus Korruption. Auch in den anderthalb Jahrzehnten seit dem Ende des Zweiten Weltkriegs hat der fortdauernde weltpolitische Kampf die Entwicklung der Weltliteratur bestimmt.

Die Polizei hat einen großen Teil der europäischen Literatur in diesen Jahrzehnten inspiriert, um nicht zu sagen, sie hat daran mitgeschrieben, am andern Teil haben unsere Väter vorgearbeitet und mitgearbeitet.

Seit 1945 leben wir alle in Europa in den süßen Jahren des Friedens, vielleicht ohne es ganz zu empfinden. Das waren also bislang die glücklichen Jahre des Kontinents, auch wenn wir uns gar nicht so glücklich gefühlt haben, wenn man der europäischen Literatur glauben darf, und wem sonst sollte man glauben? Auch in den Schlagzeilen der europäischen Zeitungen stand nichts vom Glück.

Wir leben heute in Europa so nahe beisammen, so eng und brüderlich, hätte ich fast gesagt, und doch hatte bei allen gemeinsamen Wunden, bei allen gemeinsamen Katastrophen und bei allem gemeinsamen Fortschritt und Segen jedes der europäischen Länder ein so besonderes, so spezielles Schicksal in diesen sechzehn Jahren, als lebte jedes Land auf seinem eigenen Kontinent. Wie wunderlich, daß es dabei im Grunde in Europa heute nur zwei Literaturen gibt, die beide freilich nach außen allzu konformistisch scheinen, um es aufrichtig zu sein, und die beide die absolute Verzweiflung und den absoluten Fortschritt so ähnlich malen, daß man nicht mehr genau weiß, ob nicht der Fortschritt die pure Verzweiflung, und die volle Verzweiflung nicht ein erster Fortschritt sein will.

Die eine Hälfte von Europa lebt unter Tyrannen, die andere Hälfte in Furcht vor diesen Tyrannen, also fürchten sich alle. Hier lähmt die Unruhe, dort schreibt die Polizei mit. Hier sind die alten Ideale entschwunden und keine neuen in Sicht, dort wurden die alten Ideale zur Nationalhymne, man darf sie täglich singen, stirbt aber, wenn man nur eines dieser Ideale verwirklichen will.

Soll man die Menschen ernst nehmen? Wie Autoren diese Frage entscheiden, kann man in ihren Büchern nachlesen. Die Humoristen lachen die Menschen aus, um sie zur Vernunft zu bringen. Die Satiriker deuten auf die Fehler und Mißstände, weil sie an die Tugend und ans Glück glauben. Die Moralisten halten den Menschen im Grunde für gut. Der Tragiker leidet so sehr mit uns, daß wir zusammen fast unsere Schmerzen genießen. Die Maler des Absurden sind verzweifelte Fanatiker der Vernunft.

Nehmen aber die Menschen sich selber ernst? Immer haftet uns die fatale Mischung an, daß wir aus Erde gemacht sind, mit dem Abdruck des Göttlichen, die erhabenste Idee im gemeinsten Stoff, beinahe sind wir alle gut, mindestens in der gelegentlichen Intention, beinahe sind wir alle teuflisch, mindestens im Traum und in der universalen Fühllosigkeit vor den Schmerzen der andern, immer leben wir durch andre, von andern, weinen auf der Hochzeit der andern, lachen auf ihrem Begräbnis, nähren uns vom Unglück anderer und wollen im allgemeinen Untergang glücklich sein.

Die moderne europäische Literatur hat durchgehends den absurden Zug, durchgehends ihre komische Seite. Die Falschen haben die falschen Kunstideale und Methoden.

In jenen Ländern, wo die Polizei nicht nur die Taten außerhalb ihrer Vorschriften bestraft, sondern auch die Worte und Gedanken, die nicht den jeweils vorgeschriebenen Worten und Gedanken entsprechen, schreibt die Polizei den Realismus vor und den in Paragraphen eingezäunten Idealismus, und die parteidiktierte Hoffnung und den von Staatsschneidern angemessenen Menschheitsoptimismus. Die Erziehung findet im Staatszuchthaus statt, das den genauen Umfang des Staates einnimmt.

Im Reich der Utopie soll man realistisch schreiben, aus Büchern Waffen machen, wo die ganze geistige Rüstungsindustrie in Händen der Staatspolizei und der Staatsgewalt ist.

Der hundertjährige Realismus war eine künstlerische Waffe gegen die Mächtigen, er war die Stimme des individuellen Gewissens, er war die Zensur des Künstlers gegen die konformistischen Vorurteile der Gesellschaft, gegen Regierung und Volk, gegen die Fühllosigkeit der herrschenden Klassen vor dem Elend der Unterdrückten, und gegen die Fühllosigkeit der Unterdrückten vor ihrem eigenen Elend.

Was für einen Nutzen soll aber dieser Realismus haben, wenn er nicht realistisch, das heißt nicht kritisch sein darf? Und wenn die Regierung das gesamte öffentliche und private Leben zensuriert? Statt daß der Künstler die Gesellschaft kritisiert, kritisiert die Gesellschaft den Künstler und sein Werk, bevor es erscheinen darf. Die Zensur schreibt die Buchkritik in die Bücher der Autoren hinein.

In jenen freieren Ländern Europas, wo die Zensur der Gesellschaft erst nach der Drucklegung der Bücher beginnt, entwickelte sich immer stärker ein gleichfalls um hundert Jahre überalterter Ästhetizismus, als sollte der Triumph der Irrationalen fortdauern, und ohne große Veränderung aus der präfaschistischen Kulturpolitik in die postfaschistische Kulturpolitik übergehn. Aus dem notwendigen revolutionären Auflösungsprozeß der Zeit und der kontinuierlichen Bemühung um die Erneuerung der Psychologie, der physiologischen Weltbeschreibung, der vorjährigen Kunsttechniken, aus der ganzen Textilindustrie und Haute Couture der Literatur, aus den neuesten Frühlings- und Herbstmoden der Lyrik, des Romans, des Dramas, des Films, von Malerei, Musik, Architektur und allen bildenden Künsten wurde ein Selbstzweck, wurde ein demodierter ästhetischer Modenbetrieb. Statt revolutionärer Literatur machte man in den freien Ländern vorwiegend Katastrophenliteratur.

Wir finden also den überanstrengten Enthusiasmus der Polizeizensur und der Kirchenzensur gegenüber der überanstrengten maschinellen Anarchie der steckengebliebenen Erneuerer. Hier erstickt die erstarrte soziale, dort die erstarrte ästhetische Revolution. Also hätten wir schlecht kostümierte Reaktion hier wie dort, den Konformismus hier wie dort?

Mit den Mitteln der Kunst will man hier die Unmöglichkeit der Kunst samt des Lebens beweisen.

Und dort haben sie die revolutionäre Waffe des Realismus und dürfen sie nur nicht anwenden. Sollte nicht Ionesco nach Moskau ziehn, und Ehrenburg nach Paris? Und in der Tat gebärdet sich die Literatur in Warschau, Belgrad und Madrid, als lebte sie in Rom im Schatten der katholischen Kirche, oder in London im Schatten der konservativen Parlamentsregierung, oder in Bonn im Schatten von Adenauer und Globke, oder in Paris im Schatten von de Gaulle. Nur in Ostberlin lebt sie noch im Schatten von Stalin.

Also gäbe es in unseren Tagen keine große und freie Literatur in Europa? Und gäbe es keine originellen, freien, bedeutenden Autoren in Europa?

Es gibt sie trotz der Tyrannei der Mächtigen und der Modischen. Die Stimmen der Vernunft, die Stimmen der humanen Leidenschaften, die Stimmen der Freiheit sind stärker als die Polizei des Staates und die Polizei des Konformismus der Epoche.

Unter allen Masken, hinter aller Verstellung, zwischen allen Katastrophen spricht die schöne und ergreifende originale Stimme der Menschheit.

Und wir Nürnberger? Wo bleiben wir in diesem geschwinden Gemälde der europäischen Literatur nach 1945? Sicherlich nicht klein im Vordergrund, links und rechts wie auf gewissen Heiligenbildern als Stifter, mit falsch bescheidenen Mienen und der im Bild fixierten Ruhmsucht. Sicherlich haben »wir Nürnberger« unseren genauen Platz im Bild des zwanzigsten Jahrhunderts, und wir sind nicht die gemalten Heiligen.

Nürnberg, noch heute eine schöne Stadt in Ruinen und restauriertem Mittelalter, Nürnberg, so lange eine freie Reichsstadt, einst das Schatzkästlein des Heiligen Römischen Reiches, einst eine Burg der Reformation, einst ein Tummelplatz der Humanisten, dessen Bürger sich von einem Landsmann malen ließen, und es war Albrecht Dürer, dessen Drucker das revolutionäre Buch jenes großen Jahrhunderts druckten, das von himmlischen Umwälzungen handelte, das Buch des Nikolaus Kopernikus, die Stadt, wo ein Melanchthon mein Gymnasium gegründet hat, an dem ein Hegel Rektor war, Nürnberg, dessen Handwerker Meistersinger waren, dessen Bürger wie auf den Flügelschuhen des Merkur gingen, nämlich auf jenen Poesiesohlen, die Hans Sachs neben sechstausend Dichtungen geschaffen hat, der lachende Schuster und saffianlederne Poet, wo der Georg Forster die »frischen teutschen Liedlein« sammelte, und der Ayrer pseudoenglische Dramen schrieb, wo der Pegnesische Blumenorden beweisen wollte, daß mit Recht und Gesetz und fixer Ordnung jeder Philister gut dichten dürfe, wo der Harsdörffer seinen »Poetischen Trichter« ausgeheckt hat, die Stadt der Fastnachtspiele, der Singspiele, der kultivierten Pfeffersäcke, die so human waren, wie Eppelein von Gailingen sagte: »Die Nürnberger hängen keinen, sie hätten ihn denn zuvor«, die Stadt, die ihren Tand durch alle Lande sandte, die Stadt, wohin die großen Kaiser und die hübschesten Huren kamen, eine Stadt, die der Richard Wagner veropert und der Wackenroder mit seinem Freunde Tieck neu entdeckt hat, eine Stadt, so tolerant, daß ein Atheist wie Ludwig Feuerbach da unangefochten lebte, die berühmt war durch ihre Lebkuchen, ihre Bratwürstchen, ihren Ochsenmaulsalat, die Spielzeug für die Kinder aller Welt fabrizierte, und Bleistifte für jene Dichter in aller Welt, die mit guten Bleistiften schreiben, wie ich es noch heute tue, Nürnberg, wo man den Hopfen für alle Welt handelte und gutes Bier braute, wo man noch 1918 vornean für die Republik kämpfte, wie häufig war diese alte Stadt eine große Stadt, wie lange berühmt in aller Welt, wie reich, wie schön!

Der P.E.N.-Club der deutschen Bundesrepublik ist in diesen Tagen bei der Stadt Nürnberg zu Gast. Das sind die Stunden, die Gastgeber und Gäste miteinander genießen sollen. Wir sind zusammengekommen, um uns zusammen zu freuen, die Gastgeber und die Gäste, um einander kennenzulernen, wenn nötig, um einander zu rühmen, wenn möglich. Für deutsche Dichter ist es eine jahrhundertealte süße Gewohnheit, die Stadt Nürnberg zu rühmen, und ich bin sicherlich nicht der größte und vielleicht auch nicht der geringste in dieser Schar von deutschen Dichtern, die Nürnberg und Nürnberger beschrieben und gerühmt haben.

Und wenn meine Bücher, die von Nürnberg handeln, kein anderes Verdienst hätten, so doch dieses, daß Menschen in 25 Ländern und Sprachen gelesen haben, wie ich Nürnbergs vergangene Größe und Schönheit beschrieben und gerühmt habe, und ebenso das Nürnberg, in dem ich so lange gelebt habe, und das ich mit Rührung und Liebe und freilich auch mit einigem Spott beschrieben habe, in jenen Büchern, die ich in Nürnberg geschrieben habe, und in jenen, die ich erst im Exil schrieb, zur Zeit, da ich nur in die Stadt meiner Kindheit und Jugend hätte zurückkommen können, um vor dem Bahnhof oder Rathaus von Nürnbergern erschlagen oder in Auschwitz vergast zu werden.

Als ich gestern wieder nach Nürnberg kam, ging ich abends, ehe ich diese Rede aufsetzte, durch die Straßen der Altstadt, da- und dorthin, gerührt und beklommen. Am halb bewölkten Himmel schien der halbe Mond, die Straßen schwebten zwischen dem Schein der Lichtreklamen und der Finsternis, alles schien mir so vertraut und so fremd, wie im Traum stand alles da und war doch von seinem Ort verrückt, die alten Brunnen und Kirchen und Häuser machten die neuen Häuser und neuen Menschen so gespenstisch. Ich suchte mein vergangenes Leben und fand Ruinen. Ich rief nach den Stimmen meiner toten Freunde und hörte statt ihrer das hep! hep! hep! ihrer Mörder! Hierosolyma est perdita!* Und Nürnberg?

Nun, das halbe Jerusalem ist wieder einmal die Hauptstadt der Juden, wie einst in den Tagen der Könige David und Salomon des Weisen, der das Hohelied der Liebe und den Kohelet, den Bußprediger, geschrieben hat. Und jetzt eben halten die Juden Gericht über einen der größten Judenmörder der Geschichte, einen Deutschen, der seinesgleichen nur in einigen anderen Deutschen gefunden hat.

Und Nürnberg? Ist es schon wieder, wenigstens zur Hälfte, gerettet und wiederhergestellt? Und wir Nürnberger, sind wir schon wieder bereit, als Richter zu sitzen über die Sünden der andern? Etwa über die Sünden unserer Väter? Und über die Sünden unserer Brüder? Und nicht auch über unsere eigenen Sünden?

Als ich gestern abends durchs nächtliche Nürnberg hin und her ging, zwischen Gespenstern und Dämonen,

*Jerusalem ist verloren!

und vom Bahnhof durch die Königstraße ging, sah ich
schon von ferne die Mauthalle und das Haus Behaims,
und die Türme der Lorenzkirche und die Burg und den
Tugendbrunnen, und ich freute mich mit ihnen, wie mit
totgeglaubten Freunden, die plötzlich zum Leben wie-
derauferstanden sind. Ich suchte aber auch nach vielen
Häusern, die nicht mehr da sind, wie das alte Café
Habsburg in der Königstraße, das Stammcafé meines
lieben Vaters, wohin ich ihn zuweilen als kleiner Junge
begleiten durfte, und wo ich die alten guten deutschen
Witzblätter las, die »Jugend« und den »Simplizissimus«,
das Kaffeehaus gehörte einem kleinen freundlichen bär-
tigen Juden namens Pfifferling, das Kaffeehaus ist verschwunden, und auch der kleine bärtige Jude ist vor seiner
Zeit verschwunden, und man weiß, wie und wohin.

Und ich kam auf den Marktplatz, und da stand wenigstens noch der Goldene Brunnen da, und es gab zwei
Buchhandlungen, die ich von früher kannte, und da war
die Frauenkirche, der milden, holden, gnädigen Mutter-
gottes, der Maria geweiht, und wo die Kirche steht, da
stand in alten Zeiten eine Synagoge, und was haben die
alten Nürnberger mit dieser Synagoge gemacht? Sie
zerstört? Und mit den alten Juden? Sie verbrannt?

Es war schon zu spät, daß ich zum Stadtpark gegangen
wäre, zur Martin-Richter-Straße, zu dem Haus gegenüber dem Judenbühl, unten war ein Bäckerladen, wir
wohnten im zweiten Stock, und ich war ein Kind von
drei oder vier Jahren, und ich erinnere mich noch an den
Pfennig, den mir mein Vater oder meine Mutter gab, und
wie ich eilig damit die Treppen heruntertrippelte und in
den Bäckerladen lief, um mir für einen Pfennig den
süßen Bärendreck zu kaufen.

Damals spielte ich im Stadtpark, wo ich später zum
ersten Male ein Mädchen geküßt habe, und mied den
Judenbühl, trotz den vielen Vergißmeinnicht und Gän-
seblumen unter den hohen alten Bäumen. Man hatte mir
nämlich erzählt, der Platz heiße Judenbühl, weil die
Nürnberger dort 1347 im großen Pestjahr die Nürnber-

ger Juden verbrannt hatten. Die schlimmen Juden sollten den Schwarzen Tod in die Stadt getragen haben, um sich an den guten Christen zu rächen. Zwar starben auch die Juden an der Pest. Aber war nicht auch das ein Teil ihrer Rache an den Christen? Ein paar Jahre später kamen wieder Juden nach Nürnberg, man ließ sie in der Judengasse wohnen, im Ghetto, und etwa zwei Generationen später wurden sie wieder ausgetrieben, und die freie Reichsstadt blieb judenfrei. Erst in der zweiten Hälfte des 19. Jahrhunderts durften Juden wieder nach Nürnberg ziehen, nicht für lange, wie man weiß. Dann wurden sie wieder vertrieben und verbrannt.

Ich ging aber gestern nacht auf die Freiung der Burg, wo ich mit meinen Schulfreunden über Gott und Goethe halbe Nächte lang diskutiert habe, und über den Krieg und die Revolution, und Kafka und Hegel, und über die Mädchen, lauter süße Nürnbergerinnen, und eines dieser Nürnberger Mädchen wurde meine Frau, aber die Synagoge, wo wir getraut wurden, die haben die Nürnberger schon zerstört, ehe ihre halbe Stadt zugrunde gegangen ist. Gefiel ihnen die Synagoge nicht?

Ich ging also durchs dunkle geheimnisvolle Nürnberg hin und her, halb schaudernd, halb verzaubert, und dachte an den Mundartdichter Grübel, den Goethe rezensiert hat, an Martin Behaim und an den Peter Henlein, dessen Denkmal ich nicht mehr fand, auch auf dem Marktplatz fehlte mir ein Brunnen, der Neptunbrunnen, es war nur eine Kopie nach dem Original in St. Petersburg, das jetzt Leningrad heißt, die Kopie hatte ein Nürnberger Jude gestiftet, es ist vielleicht nicht schade um den nachgemachten Brunnen, aber mir fehlt er, so vieles fehlt mir in dieser einst so zauberischen Stadt.

Ich dachte an so vieles auf diesem sentimentalischen Spaziergang, an den unbändigen Stolz und die rauhe Heiterkeit dieser Stadt voller Händler und Handwerker, und an Veit Stoß und Adam Kraft und Michael Wolgemut, auch an Streicher und seinen »Stürmer«, und an den Hitler, in den ich 1923 auf dem Bahnhofsplatz fast

hineingetreten bin, während des ersten Reichsparteita-
ges, fast wäre ich über ihn gestolpert, über diese schnurr-
bärtige Pfütze in Reitstiefeln, in denen er nie geritten ist,
sondern mit denen er erst die deutsche Literatur und
gleich darauf Deutschland zertrampelt hat, und halb
Europa dazu und sechs Millionen Juden.

Warum es also verschweigen, auch am Tage unserer
gemeinsamen Freude, da »wir deutschen Dichter« die
Gäste der alten Noris sind, und gekommen sind, um
diese alte, tausendjährige, große, vielgerühmte Stadt neu
zu rühmen, warum es verschweigen, was jeder einzelne
von uns, was jeder Nürnberger und die ganze Welt weiß?
Daß nämlich die Stadt Nürnberg neben ihrem echten
Glanz eine Weile lang auch einen falschen Glanz, einen
fürchterlichen Abschein der Hölle trug, als es die Stadt
von Streicher war, die Stadt des »Stürmers«, die Stadt
der Reichsparteitage, die Stadt der Nürnberger Gesetze,
die Stadt der Nürnberger Prozesse?

Wie liebte ich die sanften Ufer der Pegnitz! Aber gestern, in der verhexten Mondnacht, schien mir plötzlich,
als wäre das Wasser der Pegnitz rot, vom Blut von sechs
Millionen Juden, darunter mehr als hundert meiner nahen
Verwandten und Freunde, und unter den sechs Millionen
mehr als eine Million Kinder und kleiner Kinder.

Es ist nicht die Schuld der Stadt Nürnberg, daß die
Mörder, die eine Weile lang Deutschland regiert und
geteilt und geschändet und zerstört haben, und so viele
Millionen Deutsche, Juden wie Christen, in den schrecklichen Tod getrieben haben, daß diese Mörder gerade die
Stadt Nürnberg zum Triumphplatz sich ausgesucht haben, wo sie am Abschein des alten Kaiserprunks als neue
Cäsaren sich brüsteten. Aber man heißt auch die edelsten
Jungfrauen, die das Unglück hatten, vergewaltigt zu werden, geschändet, und so ward auch Nürnberg geschändet, und mußte dafür büßen. Und gab es denn nicht auch
genug Schuldige in der Stadt Nürnberg? Ich selber sah sie
in Haufen. Bundespräsident Lübke erinnerte gelegentlich
des Eichmannprozesses daran, daß eine Million Deut-

scher durch die deutschen Konzentrationslager gegangen sei, und mich wundert sehr, daß das deutsche Volk so wenig von diesen seinen Söhnen hermacht. Sind diese denn wahrlich die verlorenen Söhne der Deutschen, und nicht ihre Blutzeugen, die echten Verteidiger des guten Namens des deutschen Volkes?

Oder muß man, gemäß dem Wort des Bundeskanzlers Adenauer anläßlich des Prozesses gegen Eichmann, auch die Opfer erst prüfen, und die Gegner Hitlers, und jene, die vor Hitler ins Exil gegangen sind, so wie man die Männer des inneren Widerstandes prüfen müsse, z.B. jene, die diesen inneren Widerstand als Kommentatoren der Nürnberger Judengesetze bewiesen haben?

In jeder Stadt auf Erden hat es schon Mörder gegeben. Schon Kain, der Sohn des ersten Menschen, hat seinen Bruder erschlagen. In jedem Volk hat es schon blutdürstige Tyrannen gegeben, die ihre Verbrechen häuften, daß es zum Himmel stank. Schon viele Städte sind untergegangen, von Ninive bis Karthago, und sie waren nicht schuldiger als andere, die noch bestehen, wie Rom und Jerusalem. Die Stadt Nürnberg gleicht nicht jenen Städten Sodom und Gomorrha, wo Gott keine drei Gerechte gefunden hat. Ich selber kannte zehn, und zwanzig und mehr Gerechte in dieser Stadt Nürnberg, und ein Gott hätte schon um ihretwillen diese Stadt gerettet, und sie gedeiht ja wieder.

Nur sollte die Stadt Nürnberg ihren wahren und dauerhaften Glanz nicht vergessen, aber auch nie ihre tiefe Erniedrigung vergessen, und ihrer Opfer gedenken und sie ehren, und dafür beten und darnach streben, daß ihr nie wieder solche Schande widerfahre.

Ich muß zuletzt noch erklären, wie ich zum Titel dieser Rede kam: »Wir Nürnberger« – wenn Sie es nicht schon erraten haben?

Es ist nicht meine Gewohnheit, öffentlich im Plural zu reden, weder im Plural majestatis noch in einem solch lokalen Plural. Ein Mensch hat genug damit zu tun, für sich allein einzustehen.

Im übrigen habe ich schon als kleiner Junge mich viel mehr als einen Weltbürger empfunden, geschult an Schiller und Goethe und Heine und Kant, denn als einen Angehörigen einer Stadt, eines Landes, eines Erdteils. Ich liebe weder Mauern noch Grenzen, und heiße mich lieber einen Sohn Gottes als den Sohn oder Bürger dieser oder jener Stadt. Auch galt meine Liebe nie nur einer Stadt, und ich fühle mich seit je überall in der Welt zu Hause, wo gute Menschen leben, wo die Gesetze gerecht sind, und sogar die Richter willens, den Gesetzen zu gehorchen, und wo eine gewisse Freiheit und Menschenliebe herrschen.

Und ich habe mich nie als einen besonders autochthonen und originalen Nürnberger empfunden, wenn ich auch schier fünfundzwanzig Jahre in Nürnberg gelebt habe, darunter die süßen Jahre der Kindheit und Jugend, und wo ich meine ersten Freunde gefunden, meine ersten Verse geschrieben, und auch gute Prosa, und wo ich mich am Anblick des alten Nürnberg berauscht habe.

Meine Familie führt ihre Ursprünge auf eine viel ältere Stadt zurück, als es Nürnberg ist, sie sagt, wir kämen aus Jerusalem. Immerhin hat schon ein Bruder meiner Großmutter einiges Verdienst um die deutsche Literatur erworben, er hieß Karl Emil Franzos und hat den Deutschen eines ihrer Meisterwerke gerettet und herausgegeben, den »Woyzeck« des Georg Büchner.

Zu seiner Zeit, im 19. Jahrhundert, gab mein Großonkel Franzos in Wien und Berlin literarische Zeitschriften heraus, in denen er junge österreichische und deutsche Autoren förderte, und er schrieb Romane, die damals berühmt waren, wie den »Pojaz«. Zuletzt sah ich eine Novelle von ihm in einem Sammelband der schönsten Erzählungen der Weltliteratur, den Somerset Maugham in den vierziger Jahren in London und New York herausgegeben hat. Sie heißt »Sommer« und bestünde neben den besten Novellen von Arthur Schnitzler und ist in seiner Art geschrieben, nur Jahrzehnte vor ihm. Was ich sagen wollte aber, ich habe für dieses Mal unter dem Titel

»Wir Nürnberger« firmiert, weil ich klarmachen wollte,
daß ich hier nicht als Ankläger in einem kleinen Nürn-
berger Prozeß spreche, sondern als ein Mitleidender,
Mitfühlender, und bis zu einem gewissen Grade Mit-
schuldiger. Denn wer von uns wäre ganz ohne Schuld?
Wer von uns hätte genug getan, um in Deutschland jene
Humanität zu wahren, die von einigen deutschen Dichtern so hinreißend ausgesprochen wurde, wie von Lessing, wie von Heine, wie von Goethe, wie von Heinrich
Mann und Gottfried Keller, von René Schickele und
Joseph Roth und von Erich Kästner? Ich nahm also zum
Titel: »Wir Nürnberger«, um klarzumachen, daß ich ebensogut auch den Titel: »Wir Münchener« oder »Wir Berliner«, »Wir New Yorker«, »Wir Pariser«, »Wir Römer«
hätte wählen können; denn überall sitzen mehr Sünder
als Gerechte, und in allen diesen Städten habe ich lange
gelebt und fühle mich ihnen so unauflöslich verbunden
wie der alten Stadt Nürnberg. *(1961)*

Zwanzig Jahre danach
(Zweite Nürnberger Rede)

Ich fühle mich in keiner Stadt der Welt so zu Hause wie in Nürnberg und in keiner Stadt der Welt so fremd.

Das alte Nürnberg ist so verschollen und entschwunden wie meine Kindheit, meine Jugend, die ich zwischen dem Judenbühl und dem Rechenberg, innerhalb und außerhalb der Wälle und des Grabens dieser traditionsreichen und geschichtsschweren Stadt verbracht habe.

Als ich gestern beim illusionären Schein des vollen Mondes durch Nürnbergs Straßen und über seine Plätze und Brücken ging, von denen meist nichts mehr authentisch war als der alte Name, durch diese zärtlich nachgemachte und nur mit halbem Glück restaurierte Altstadt, sah ich wie in einem halb beklemmenden, halb entzükkenden Alptraum, besonders wenn ich in den Mond schaute, das alte, unzerstörte Nürnberg wieder, das Nürnberg meiner Kindheit, von dem nur noch hier und da ein Denkmal steht, oder ein Turm, oder wo ein Brunnen rauscht, der nicht immer auf der alten Stelle geblieben ist. Da und dort steht noch eines der alten Patrizierhäuser, ein Stück Gemäuer. Da grüßten mich die wiederhergestellten Kirchen von St. Sebald, von St. Lorenz, die Frauenkirche, die Egidienkirche, die Burg. Da winkten mir die alten Türme, sie waren noch dieselben, aber längst nicht mehr so hoch, wie sie mir in meiner Kindheit vorkamen. Da gab es also noch die Stadt, wo Wolgemut einen Albrecht Dürer lehrte, wo Hegel Rektor des von Melanchthon eingeweihten humanistischen Gymnasiums war, wo der Atheist Ludwig Feuerbach wohnte, die Stadt von Peter Henlein und Martin Behaim, wo das Buch des Nicolaus Copernicus gedruckt wurde, die Stadt der Pirckheimer und Tucher, Kress und Schukkert, wo Veit Stoß und Peter Vischer, Adam Kraft und

Hans Sachs wirkten, wo Ludwig Tieck und Wilhelm Wackenroder im Vorübergehen schwärmten, von einem romantisierten Mittelalter, wo Grübel die Nürnberger Mundart dem Goethe literarisch schmackhaft machte, wo der Millionen deutschen Mädchen so unwiderstehlich schön scheinende Adolf Hitler seine Parteitage bei unverdientem Sonnenschein im ungemäßen Regenmantel zelebriert hat, in Stiefeln, die nicht so ledern, nicht so schmutzig waren wie seine Sprache, in der nur seine Parteigänger Spuren der deutschen Sprache wiedererkannten, und wo der seinerzeit weltberühmte, als Schulmädchenschänder abgestrafte ehemalige Volksschullehrer Julius Streicher die Pornographie und den Antisemitismus zu deutschen Markenartikeln gemacht hat und mit seinem »Stürmer« der meistgelesene Nürnberger Autor wurde.

Mit den edlen Zeiten und großen Figuren des alten Nürnberg sind auch die neueren Nürnberger Gespenster für immer vergangen. Als ich heute im Licht einer fröhlichen und grellen Julisonne wieder durch Nürnberg ging, sah ich eine neue, wohlhabende, stellenweis elegante, ja schöne Stadt, die ihre rückgebliebenen und rückgebildeten architektonischen Erinnerungen eher wie geheilte Wunden als wie historische Ehrenmale trägt. Ich sah die neuen Nürnberger, ein frisches Geschlecht, so viele junge Nürnbergerinnen, die mir großstädtischer und hübscher als früher vorkamen, ich sah auf dem Hauptmarkt neue Obstfrauen, die so freundliche Augen und verlockende Kirschen hatten, daß ich nicht wußte, lachten mir ihre Kirschen oder ihre Augen munterer zu? Ich hörte mit eigenen Ohren, die gute alte Nürnberger Mundart lebt noch, ich sah die Pegnitz, die gelassen weiterfließt.

Die meisten jungen Leute in Nürnberg wissen wohl nichts mehr vom Pegnesischen Blumenorden, wie sie sich nicht mehr an die Nürnberger Gesetze erinnern. Die meisten dieser jungen Nürnberger und Nürnbergerinnen sehen so gesund und optimistisch aus, als hätten ihre Väter ihnen nie erzählt, wie ihre Stadt Nürnberg und so

viele Nürnberger durch diese unmenschlichen Terror-
bombardements gegen die unschuldige waffenlose Zivilbevölkerung niedergemäht wurden und in Flammen und
Rauch verschwanden.

Ich sah gestern so zahlreiche Nürnberger, die so gesit-
tet, so human, so menschenfreundlich, so gemütlich, so
nahe schon dem 21. Jahrhundert, hoffentlich einem Jahrhundert des Friedens und der Humanität, aussahn, daß
man es gar nicht mehr glauben möchte, wie viele ihrer
Väter mitten im 20. Jahrhundert dem verkommensten
Massenmörder der Weltgeschichte fasziniert zugejubelt
haben.

Wenn man durch eine so blühende und gesittete neue
Stadt geht, die zuweilen vergessen läßt, daß hier einst die
alte freie Reichsstadt Nürnberg stand, will man es gar
nicht mehr glauben, daß sie noch vor zwanzig Jahren
eine der Hauptstädte des Dritten Reiches war. Freilich sah
das Dritte Reich so aus, wie sich Swedenborg die Hölle
vorgestellt hat, nämlich wie die alltägliche Welt, nur ins
Teuflische gewendet.

Noch vor zwanzig Jahren hing der bislang Trinkgelder
einnehmende Hausmeister die bekannte deutsche Hun-
demarke, das Hakenkreuz, an seinen Rock und wurde
wie in einer Zauberposse zur Parze, die mit der Schere
einer staatsförderlichen Denunziation dir oder mir den
Lebensfaden abschnitt.

Diese deutsche Hölle ist seit zwanzig Jahren ausge-
brannt, und viele Deutsche haben sie schon vergessen,
wie man ein italienisches Feuerwerk vergißt, das aufblitzt
und verlöscht, als wäre es nie gewesen. Viele Deutsche
sind bereit, sich und ihren Landsleuten alles zu vergeben,
und sie haben nur vergessen, was sie angeblich nie gesehen und nie gewußt haben.

Eine neue Generation ist groß geworden. Es wimmelt
in allen Straßen Deutschlands von jungen Leuten, die
nach dem Unheil geboren sind, oder die Kinder waren,
als es finster in Deutschland war. Ihnen erscheinen alle
die physischen und moralischen und intellektuellen Fol-

terungen des Dritten Reiches nach zwanzig Jahren so historisch und verschollen, ja geradezu legendarisch und schier unwirklich und unglaublich, als wären sie die gemalten Folterszenen, die wir auf gewissen Gemälden, etwa im Germanischen Museum, betrachten. Das ganze Dritte Reich kommt ihnen vielleicht wie gemalte Greuel vor, die man ästhetisch beurteilt, wie unwirkliche Ausgeburten der Phantasie melancholischer Künstler, oder wie Tagträume misanthropischer Satiriker, die um der künstlerischen Wirkung willen übertreiben.

Seit zwanzig Jahren lebt man in der Bundesrepublik in einer immer helleren Welt, wo die überwiegende Mehrheit der Bevölkerung nicht mehr davon träumt, daß die Juden oder Zigeuner oder Engländer und Franzosen sie um die Früchte ihres Fleißes bringen wollen, wo sogar die Mörder, mit denen die Deutschen leben müssen, wie ihnen ihr Justizminister versichert hat, vorderhand gar nicht mehr morden wollen, sondern nur den Ehrgeiz haben, mehr oder minder unentdeckt, Minister oder Ministerialräte der Bundesrepublik, oder Generäle der Bundeswehr, oder hohe Richter und Staatsanwälte zu sein, oder die literarischen Preise der Bundesrepublik zu empfangen, oder in die Behörde einzutreten, welche die Verfassung der Bundesrepublik schützt. Denn wie alle anderen Völker sind auch die Deutschen meistens lieber gut als böse, leben lieber im Frieden mit aller Welt als im Krieg mit aller Welt.

Wie an die Sklaverei gewöhnen sich aber die Völker auch schnell an die Freiheit, und vergessen allzu leicht, wie geschwind diese köstliche Freiheit verlorengehen kann, wenn man sie nicht in jeder Stunde zu schützen versucht.

Heute, zwanzig Jahre nach dem Ende des Krieges, leben die Deutschen in der Bundesrepublik in einem Wohlstand, den man keineswegs schmähen sollte, wie kürzlich der Herr Bundeskanzler Ludwig Erhard mit Recht gesagt hat, und sie leben in großer Freiheit, die man keinesfalls als ungefährdet betrachten darf. Noch kann in dieser Bundesrepublik Deutschland fast jeder fast alles offen heraus, unzensiert und ungestraft sagen, wie es ebenso schlagend der Herr Bundeskanzler Ludwig Erhard selber bewiesen hat, der die ihm opponierenden deutschen Autoren Günter Grass und Rolf Hochhuth mit gewisser Delikatesse und Zurückhaltung kleine Pinscher, Banausen, Nichtskönner, ja sogar Intellektuelle genannt hat, was freilich in Deutschland nicht unbedenklich ist, da man ja in Deutschland im Handumdrehen einen Menschen vernichten kann, beruflich, moralisch, geistig, wenn man ihn ohne jede Schonung in aller Öffentlichkeit einen Intellektuellen heißt, das heißt einen Menschen, der ganz ungeniert seinen Verstand benutzt, einen Menschen, der denkt.

Die Einwohner der Bundesrepublik leben also in einer ihnen bis dahin ganz unbekannten Freiheit, in einem fast nie zuvor erreichten Wohlstand, der freilich die Reichen reicher machte, und den Rest der Bevölkerung fast besitzlos ließ, sie leben indes am Rande einer Diktatur, wo siebzehn Millionen Deutsche zum schweigenden Gehorsam verurteilt sind, und schlechter leben als ihre Brüder, Söhne, Väter, Vettern in der Bundesrepublik, wo mancher gerne über seine diktatorisch regierenden Herren genau das sagen möchte, was der Herr Bundeskanzler über Günter Grass oder Rolf Hochhuth und implizit über alle jene gar nicht so seltenen deutschen Autoren gesagt hat, die zuweilen von ihrer Freiheit Gebrauch machen, Kritik an ihrer Regierung zu üben.

Wenn ein Außenseiter, ein deutscher Schriftsteller, der im Ausland lebt und unter welchen Umständen auch immer mit dem Schicksal der deutschen Literatur und also auch der deutschen Völker unlöslich verbunden ist, ein genaues Bild der Zustände und Menschen in der Bundesrepublik, wie in der Deutschen Demokratischen Republik, in Österreich, ja auch in der deutschen Schweiz, den vier Mutterländern der deutschen Literatur, gewinnen will, so muß er, wie bei allen anderen Völkern, unterscheiden, welche Tugenden und Laster, welche Vorzüge und Nachteile, welche Leistungen und Fehlleistungen autochthon sind, und welche hingegen der Epoche, den gemeinsamen Zivilisationsprozessen vieler Völker, der gesamten Weltsituation und Menschheitsentwicklung zuzuschreiben sind.

Die Ausrottung von drei Millionen Polen, von hunderttausend Zigeunern, von Millionen russischer Kriegsgefangener und Millionen der russischen Zivilbevölkerung, von sechs Millionen Juden, ist eine unerreichte und unvergleichliche deutsche Spezialität des 20. Jahrhunderts. Daß kleine Leute, Hausmeister, Arbeiter, Fabrikanten, vor Gericht stehen wegen der Ermordung von hunderttausend, von hundertfünfzigtausend Menschen, findet seinesgleichen in keinem anderen Lande. Dagegen hat es auch in anderen Ländern Regierungschefs gegeben, die Schuld trugen an der sinnlosen gewaltsamen Vernichtung von tausend oder Millionen Menschen. Das waren freilich Diktatoren, wie Mussolini, Franco, Salazar, Stalin.

In der Moral kann man nicht gegeneinander aufrechnen, wie bei wirtschaftlichen Vorgängen. Ein Mörder kann sich nicht damit entschuldigen, daß es noch andere Mörder gibt. Die Terrorluftangriffe gegen Kassel, Frankfurt, Münster, Köln oder gegen Hildesheim oder Dresden oder unsere liebe teure Stadt Nürnberg waren Verbrechen gegen die Menschlichkeit. Sie vermindern aber die Verbrechen im Dritten Reich um kein Jota. Sie entschuldigen keinen einzigen Mord der deutschen Regierung zwischen 1933 und 1945. Ich komme eben aus Warschau, wo von den Deutschen 95 Prozent der Stadt zerstört worden ist, wo von 1 200 000 Einwohnern zuletzt nur etwa 200 000 Einwohner übriggeblieben waren. Fast jeder polnische Intellektuelle, mit dem ich in Warschau oder Krakau oder in Danzig sprach, war durch ein deutsches Konzentrationslager, durch ein deutsches Arbeitslager gegangen, das beginnt mit dem polnischen Ministerpräsidenten Cyrankiewicz, der in Auschwitz saß, und endet nicht, sozusagen. Fast jeder Pole, mit dem ich sprach, hatte Familienmitglieder, die von den Deutschen vergast, gehängt, deportiert, erschossen, gefangen, verfolgt worden waren, und zwar waren diese Verfolgten meist gewöhnliche Zivilisten, wie Sie und ich. Viele dieser Polen sagten mir, sie hätten es dem deutschen Volk vergeben, aber keiner sagte, er habe es vergessen. Und würden Sie es vergessen, wenn man Ihren Vater erschießen, Ihren Bruder hängen, Ihre Schwester deportieren, Ihre Frau in ein Arbeitslager senden und Ihre Kinder vergasen würde? Würden Sie es nach zwanzig Jahren vergessen wollen, vergessen können?

Die Bundesrepublik Deutschland kann sich voll berechtigtem Stolz mit vielen Staaten in der Welt vergleichen. Sie hat in zwanzig Jahren keinen Krieg geführt, außer dem Kalten Krieg, sie hat eine freie Verfassung, und die Freiheit des Worts und die Unverletzlichkeit der Person noch nicht durch Notgesetze beschnitten, sie will keine schweren Atomwaffen haben. Sie hat eine Justiz, welche die Verbrechen des vorhergehenden deutschen Reiches vor Gericht stellt, wenn auch zuweilen einer der Richter schon im Dritten Reich Richter war, und die Mörder von Tausenden Menschen leichter bestraft werden, zuweilen, als Diebe oder Einbrecher. In der Bundesrepublik Deutschland gibt es, zwanzig Jahre nach der riesigen Zerstörung Deutschlands durch eine deutsche Regierung, keine echten Arbeitslosen, ja mehr als eine Million sogenannter Fremdarbeiter finden hier Arbeit, wenn auch das deutsche Wirtschaftswunder gar kein Wunder wäre, falls man nicht die großzügige Hilfe der Vereinigten Staaten von Amerika vergäße.

Ja, dieses Land ist so frei, daß sogar Rolf Hochhuth und Günter Grass den Bundeskanzler öffentlich kritisieren dürfen, ohne daß sie Gefahr laufen, ins KZ eingeliefert zu werden, ohne daß es eine der SS oder SA ähnliche Prätorianergarde der CDU oder CSU gäbe, die Herrn Grass oder Herrn Hochhuth aus den Betten holte und blutig schlüge.

Ja, die Bundesrepublik ist ein so glückliches Land, daß der Bundeskanzler Ludwig Erhard ausdrücklich durch den Regierungssprecher Karl-Günter von Hase erklären läßt, Erhards »Darlegungen dürften nicht als eine grundsätzliche Distanzierung von Schriftstellern und Dichtern oder der Welt des Geistes verstanden werden«.

Der Regierungschef hatte in Düsseldorf, Köln und Hamburg die Dichter Grass und Hochhuth als »Nichtskönner und Banausen« bezeichnet, »die sich auf die parterrste Ebene eines kleinen Parteifunktionärs« herabbegäben. Von Hochhuth hatte er sogar als einem »Pinscher« gesprochen. (Ich zitiere die *Nürnberger Nachrichten* von heute, dem 15. Juli.) Dazu Hase: »Dem Kanzler ging es lediglich um eine Kritik an polemischen Wahlkampfbeiträgen und an den direkten Angriffen der genannten Herren.« Auf keinen Fall dürfe eine solche Apostrophierung als verallgemeinernde Kritik an Intellektuellen und Literaten verstanden werden (wobei ich mich über die Tautologie wundere, sollte es deutsche Literaten geben, die keine Intellektuelle sind, und sollte der Bundeskanzler Erhard sich nicht für einen Intellektuellen halten?). »Wenn die Dichter«, wie Herr von Hase sagte, »wie es heute modern geworden sei, jedoch unter Sozialpolitiker und Sozialkritiker gingen, müßten sie es sich auch gefallen lassen, so angesprochen zu werden, wie sie es verdienten.«

Zu diesen regierungsoffiziellen Bemerkungen des Herrn von Hase und des Professors und Bundeskanzlers Ludwig Erhard möchte ich drei Kommentare liefern.

Zeugt es von Schwäche des Präsidenten der Vereinigten Staaten von Amerika, des Herrn Johnson, oder stempelt es ihn zu einem »Intellektuellen«, wenn der Präsident der Vereinigten Staaten von Amerika sich offenbar gezwungen sah, viele der amerikanischen Literaten, die Johnsons Politik z.B. in Vietnam offen kritisiert haben, zu sich ins Weiße Haus einzuladen, und sie da gefeiert hat, nicht weil sie Kritik an ihm übten, sondern weil der Präsident der Vereinigten Staaten jene Schriftsteller, die ihn kritisieren, nicht Nichtskönner, Pinscher und Banausen heißen will oder kann oder darf? Und zeugt es einfach von mangelndem Kunstsinn des amerikanischen

Präsidenten, wenn er nicht wie der Herr Bundeskanzler die experimentellen Werke moderner Maler und Bildhauer als entartete Kunst bezeichnet, sondern sein State Department nicht daran hindert, eben solche Kunstwerke, die man in hiesigen Regierungskreisen entartet heißt, an die amerikanischen Botschaften und Konsulate auszusenden, damit sie in fremden Ländern Zeugnisse für die amerikanische Zivilisation seien?

Bei dieser Gelegenheit möchte ich auf den nicht uncharakteristischen Fall des deutschen Malers Richard Lindner hinweisen. Lindner ist zwar in Hamburg geboren, kam aber schon im ersten Lebensjahr nach Nürnberg, ging hier zur Schule, besuchte die Kunstschule Nürnberg und verbrachte hier fast sein halbes Leben. Seine Bilder und Illustrationen sind voll Nürnberger Themen. So hat er, um nur ein Beispiel zu geben, die Umschlagszeichnung meines Romans »Die Zwillinge von Nürnberg« für die amerikanische Ausgabe entworfen, mit einer Darstellung der Stadt Nürnberg. Lindner, der wie viele Deutsche 1933 von der deutschen Regierung geächtet und ausgetrieben wurde, ging 1933 nach Paris, 1940 nach New York, wo er noch heute lebt, Professor an der besten New Yorker Kunstschule und Visiting Professor an der Yale Universität war, einer der angesehensten amerikanischen Illustratoren, den kürzlich die *New York Times* anläßlich einer Washingtoner Ausstellung der besten lebenden amerikanischen Maler als den bedeutendsten lebenden amerikanischen Maler gefeiert hat. In Nürnberg ist Richard Lindner, der noch heute nürnbergerisch spricht, der ein geradezu typischer Nürnberger Künstler ist, sogar dem Namen nach unbekannt, er hat noch keinen Nürnberger Kulturpreis erhalten, obgleich seine Bilder in den besten amerikanischen Museen hängen, obgleich er in Paris und London, ja sogar in Hamburg berühmt ist.

Um aber zu Herrn von Hase und dem Herrn Bundeskanzler zurückzukommen, so haben diese deutschen Politiker unrecht, wenn sie glauben, es sei erst heute

modern geworden, daß deutsche Dichter unter Sozial-
politiker und Sozialkritiker gegangen seien. Vergessen
Herr von Hase und Herr Professor Erhard jene deutschen
Dichter, die von ihren Regierungen eingekerkert, oder ins
Exil geschickt wurden, weil sie Kritik an ihrer Regierung,
oder Sozialkritik geübt haben, deutsche Dichter wie
Schubart und Reuter, wie Schiller und Heine, wie Börne
und Herwegh, wie Brecht und Heinrich Mann, wie hundert ja tausend deutsche Dichter, oder wie ich lieber sage,
Literaten. Waren die Sozialkritiker Karl Marx und Sig-
mund Freud etwa keine deutschen Literaten, hat Goethe,
hat Lessing keine Sozialkritik getrieben?

Ich meine, daß Günter Grass und Rolf Hochhuth zwei
deutsche Autoren der Bundesrepublik sind, die alle Ehren
verdienen, literarische Ehren und den Respekt ihres Volkes und ihrer Regierung, eben weil sie Sozialkritik üben,
eben weil sie die allgemeine Sache der Bundesrepublik
zu ihrer Sache machen, und ich finde, sie und jene fünfzehn Autoren, die in Berlin dieses sogenannte »Wahl-
kontor« gebildet haben, um deutschen Politikern zu helfen, die deutsche Sprache zu meistern, machen Epoche
innerhalb der deutschen Literatur der Bundesrepublik.
Wer sollte Sozialkritik üben, in der Bundesrepublik,
wenn nicht die deutschen Dichter, wie jeder andere
Bundesrepublikaner auch, vom Regierungschef bis zum
Wähler, wobei ich übrigens nicht die Verachtung ver-
stehe, mit der ein Politiker von kleinen Parteibeamten
spricht, als ob eine politische Partei ohne kleine Partei-
funktionäre auskäme, als ob nicht vortreffliche Männer
und Frauen darunter wären, die aus Idealismus für die
Partei und für die Bundesrepublik arbeiten.

Ich habe am Dienstag abend hier in Nürnberg in der
ebenso schönen wie geräumigen kleinen Meistersinger-
halle den Berliner Literaten Günter Grass gehört, wie er
eine sozialkritische Rede hielt. Ich habe da nicht nur einen
ausgezeichneten witzigen, schlagenden und idealistischen
Redner und glänzenden Diskussionsredner gehört, sondern ich war auch entzückt, daß einer der talentiertesten

deutschen Autoren von Stadt zu Stadt fährt und für seine politische Überzeugung spricht und wirbt, und als Sozialkritiker auftritt, und ich wollte, nicht nur Grass und Hochhuth, nicht nur fünfzehn deutsche Autoren, sondern hundert deutsche Autoren würden es auch tun, und würden für die Partei werben, von der sie glauben, daß sie die Interessen des deutschen Volkes am besten fördert. Wenn ich sage, Hochhuth und Grass, und diese fünfzehn Berliner Autoren des sogenannten »Wahlkontors« machen Epoche in der deutschen Literatur nach 1945, so vergesse ich keineswegs die Hunderte deutscher Autoren, die in unserem Jahrhundert Sozialkritik geübt haben, und in Opposition gegen die deutschen Regierungen standen, und in Gefängnisse und Konzentrationslager und ins Exil gegangen sind, um das deutsche Volk zu retten, das seine Regierungen geschädigt und irregeführt haben, ja es sogar zerstören wollten, wie jener einst von Millionen Deutschen angebetete Mörder des deutschen Volkes, Adolf Hitler, der das ganze Volk in seinen Untergang mitreißen wollte. Ich vergesse nicht, daß auch, seit es die Bundesrepublik gibt, deutsche Autoren, innerhalb und außerhalb der Bundesrepublik, Kritik am deutschen Volk, Kritik an den deutschen Regierungen, Gesellschafts- und Sozialkritik geübt haben, vornean jene zahlreichen deutsche Autoren, die aus dem Exil heimgekehrt sind, oder deren Exil dadurch beendet wurde, daß ihre Bücher heimgekehrt sind, und daß es seit eh und je die besten deutschen Autoren, ja die besten Deutschen gewesen sind, die ihr Volk und die Regierungen dieses Volkes kritisiert haben, nicht um des Vergnügens an der Kritik willen, denn welcher Mensch von Vernunft und Erfahrung mit Menschen wüßte nicht, daß der Kritiker sich unbeliebt macht, sondern aus Liebe zu seinem Volk und zu seinen Zeitgenossen. Wer anders sollte zum Volk sprechen, wenn nicht seine Literaten? Und was die kleinen Pinscher betrifft, so sind die Tagespolitiker meistens vergessen, noch ehe sie dahingehn, aber das Gedächtnis der sozialkritischen Autoren, der Nachruhm der besten von ihnen hält lange an.

Vergegenwärtigt man sich die Entwicklung der deutschen Geschichte im 20. Jahrhundert, so kommt man zum Schluß, die deutsche Literatur ist gar nicht umzubringen. Sie überlebte die Begeisterung von Kaiser Wilhelm II. für solche Kitschautoren wie Karl Rosner und Rudolf Presber. Sie überlebte die Begeisterung Adolf Hitlers für seine eigenen Literaturprodukte. Sie überlebte die Anhänglichkeit des Altbundeskanzlers Adenauer an Globke, Vialon und Oberländer, und seine Schwärmerei für Kriminalromane. Sie wird sogar die eigenartige Literaturkritik und Kunstkritik des gegenwärtigen Bundeskanzlers überleben.

Die Literatur der Bundesrepublik hat bereits die sogenannte Kahlschlagliteratur überlebt, und die Begeisterung so vieler Leser für Bellizisten und Faschisten. Sie überlebte heute endlich den nachgemachten, nachgeholten Ästhetizismus zahlreicher deutscher Nachwuchsautoren der Bundesrepublik.

Eine ganze Reihe junger deutscher Dramatiker der Bundesrepublik wie Heinar Kipphardt und Rolf Hochhuth, Martin Walser und Peter Weiß und Günter Grass haben sich vom ästhetisierenden und absurden Theater abgewandt und schreiben sozialkritische Zeitstücke, mit denen sie auch eine politische Wirkung üben wollen, wie es die Dramatiker des Exils, Brecht und Ödön von Horváth, Ernst Toller und Georg Kaiser, Carl Sternheim und Carl Zuckmayer, Fritz von Unruh, Ulrich Becher und Ferdinand Bruckner, Franz Theodor Czokor und Fritz Hochwälder getan haben, sowie die Schweizer Dramatiker Max Frisch und Friedrich Dürrenmatt oder der Berliner Dramatiker Günter Weisenborn.

Sozialkritik übten neben den ehemaligen Exilautoren wie Thomas Mann und Heinrich Mann, Klaus Mann und Golo Mann, wie Erich Maria Remarque und Robert Neumann und Ludwig Marcuse und Manès Sperber, wie Hans Habe, wie Alfred Döblin und Joachim Maaß und Hermann Broch, wie Alfred Polgar und Hannah Arendt, Theodor Adorno und Max Horkheimer, Irmgard Keun und Leonhard Frank und Walter Mehring, viele neue Autoren von hohem Talent und Rang, wie Wolfgang Koeppen und Heinz von Cramer, wie Heinrich Böll und Wolfdietrich Schnurre, wie Hans Werner Richter und Hans Bender, wie Gerhard Zwerenz und Paul Schallück, wie Marie Luise Kaschnitz und Hans Magnus Enzensberger, wie Wolfgang Weyrauch, und Peter Rühmkorf, wie Karlheinz Deschner und Peter Härtling, wie Gerhard Sczcesny und Ernst Kreuder, nicht zu vergessen die großen älteren Zeitkritiker wie Karl Jaspers und Erich Kästner, um nur Beispiele zu geben.

Jedes zeitkritische Buch eines bedeutenden Autors ist eine politische Tat, die nicht immer so rasche Wirkung hat wie die Taten der Tagespolitiker, die aber auf die Dauer größere Wirkung tut.

In der Bundesrepublik wirkt noch immer der tödliche Einfluß des Dritten Reiches und seiner idiotischen Schlagworte nach. Noch immer verachtet man Literaten, weil gescheiterte Literaten wie Goebbels und Hitler die für Analphabeten und Idioten bestimmten herabgekommenen Schlagworte vom Zivilisationsliteraten und Kaffeehausliteraten aufgebracht haben, und weil Vernunftlose jene haßten, die Vernunft haben und sie anwenden.

Immer noch wirkt die Selbstverachtung deutscher Intellektueller, die dem Volk erzählen wollen, ein Mensch, der denkt, ein Intellektueller, sei eine Spottfigur. Immer noch glauben große Teile des deutschen Volkes und predigen allzu zahlreiche deutsche Literaten, es gebe einen qualitativen Unterschied, eine Rangdifferenz zwischen Dichtern und Schriftstellern. Immer noch glaubt man, der Dichter, der Literat solle sich ums Versmaß kümmern, um die Prosodie, ums sogenannte Ästhetische, und die großen Fragen der Menschheit, die wichtigen Probleme des Tages, die Erziehung und Führung des Volkes und die ganze Politik und Sozialkritik jenen stupiden Dilettanten überlassen, die man leider zuweilen auch unter Politikern findet. Kein Staatsbürger darf darauf verzichten, die allgemeinen Interessen zu teilen und nach seinen Kräften mitzuwirken, daß er und sein Nächster besser und menschenwürdiger lebe. Und nur die geborenen Sprecher der Nation, nur die Literaten, sollten schweigen, wenn es ums allgemeine Interesse geht? Jeder Autor ist ein Produkt seiner Zeit und der Sprache seines Landes. Zeit und Ort, unsere fiktiven Krücken im Universum, leihen der Menschheit wie ihrer Literatur fiktiven Charakter. Auch die Literatur schwebt zwischen hier und nirgends, zwischen relativer Dauer und ewigem Wechsel. Sie ist nur möglich, weil kein Mensch dem zweiten gleicht, weil es das Individuum gibt, diesen nur ihm zueigenen Augenblick in der ungeheuren Monotonie der ewigen Schöpfungswiederholung, diesen fiktiven Moment Gottes. Und es gibt eine Literatur nur, weil dieses Individuum, der Mensch, eine billionenfache Schablone ist. Aus dem Staub, aus dem uns Gott gemacht hat, machen wir unsere Literatur. Wie wir nach seinem Ebenbilde, ist sie nach unserem geschaffen. Unsere Literatur prägt, daß wir nichts und daß wir alles wissen, daß wir mit allem identisch sind und nicht mal mit uns, daß wir einen Augenblick dauern und die Ewigkeit denken, daß wir eine Spanne groß sind und die Unendlichkeit fassen, daß wir im Gefängnis unserer Sinne und Vorstellungen deutlich den Gefängnischarakter unserer Existenz erkennen, daß wir Egoisten sind, die oft altruistisch handeln, daß wir inmitten von lauter Konflikten leben, die wir uns nur einbilden, daß wir abwechselnd im einzelnen nur den Vorwand für die allgemeine Wohlfahrt sehn, und wünschen, die Menschheit hätte nur zum Ziel die Wohlfahrt des einzelnen, daß unsere Wollust ein Schmerz, unser Genuß unsere Vernichtung ist.

Die Literatur ist Auge und Ohr der Zivilisation. Ein Volk ohne Literatur wäre geschichtslos, ohne Bewußtsein und Selbstgefühl. Obgleich die Literatur an die Landessprachen lokal gebunden scheint, ist sie so freizügig, wie der Mensch sein sollte, überwindet Ort und Zeit, die uns überwinden, und bedeutet mehr als die Summe der Autoren und Bücher, sie überdauert Individuen, Völker und Zivilisationen.

Die Literatur hat hundert Eigenschaften und Möglichkeiten, hundert Formen und Trachten. Sie ist ein Zeitvertreib und sie ist heilig, Spiel und Schein, Nachahmung und Plagiat am Leben, und die einzige Wirklichkeit, der Geist, das eigentliche Leben. Sie ist die Einflüsterung Satans und das Wort Gottes. Sie steht im Dienste jedes Tyrannen, von einzelnen und Völkern, gehorcht und gebietet. Sie ist ein Lehrer und ein Verführer, ein Herr und ein Knecht, feil und unbestechlich. Sie übermittelt den Sinn der Welt und allzu oft jeden Unsinn. Sie ist Kunst und Dilettantismus, Wahrheit oder Lüge, schiere Menschenliebe und furioser Menschenhaß, uneigennützig oder korrupte Propaganda, wirkt für den Frieden und hetzt zum Krieg, sie ist alles und nichts, das genaue Abbild des Menschen.

Die nützlichste Eigenschaft der Literatur scheint mir ihr anthologischer Charakter. Sie kann die halbe Welt, eine Weltanschauung, eine Religion, ein philosophisches System, eine Wissenschaft oder einen Menschen zwischen zwei Buchdeckel binden.

Entsprechend der technologischen Revolution des 20. Jahrhunderts sollte Europa endlich einig sein, ohne Grenzen, Paß und Zoll. Trotz ungefähr dreißig verschiedenen Sprachen und etwa dreitausend Dialekten, verschiedenen Kirchen, Sportvereinen und Schulsystemen, sollte Europa (wie die übrige Welt) die gleichen Menschenrechte für alle haben, trotz hundert Arten zu glauben, nur eine Gerechtigkeit, trotz sechsunddreißig Arten zu lieben, nur eine Art zu leben, nämlich in Freiheit.

Statt dessen gibt es Mauern nicht nur zwischen Ländern und Staatenbünden, sondern auch innerhalb der Völker, wie etwa des deutschen Volkes, ja innerhalb von Städten, wie in unserer unglücklichen Stadt Berlin.

Europa lebt zwischen Paradoxen. In diesem Lande regiert die katholische Kirche, im anderen Lande wird sie verfolgt. Was hier demokratisch heißt, gilt dort als Diktatur. Da betet man zu Gott. Dort betet man Marx an.

Über die Wahrheit gewisser Wissenschaften wie der Botanik oder der Psychologie entscheidet die jeweilige Regierung, wie über die Höhe der Steuern und Zahl der Geburten, die Art des Beischlafs und der Freizeit.

Hier wird man zum Auswandern ermutigt, dort beim bloßen Versuch erschossen, oder gar wenn man Familienangehörige besuchen will, die zwei Straßen weiter wohnen. Italiener aus den Provinzen bedürfen der Zuzugsgenehmigung nach Rom, in Spanien oder Rußland darf man ohne Erlaubnis der Polizei nicht den Wohnort wechseln. Ein Paß wird ein Problem des Lebens. Feindliche Systeme verfolgen mit denselben Methoden konträre Meinungen. Auf dem internationalen P.E.N.-Kongreß zu Bled im Juli 1965 erfuhr man, daß spanische, portugiesische, polnische Autoren keinen Paß erhielten, um zum Kongreß zu kommen. Die fortwährende Multiplikation der Menschheit bewirkt die unmenschliche und zugleich übermenschliche Masse des wimmelnden Lebens, macht das milliardenfache Entzücken am Zeugungsakt schier identisch mit dem Terror der perpetuellen Todesszene. Fünfzig Jahre des zwanzigsten Jahrhunderts brachten so viel Fortschritt wie die fünfhundert Jahre zuvor und ebenso großen Rückschritt. Throne wurden unmodern wie Nachttöpfe. Geschlagene Generäle und gescheiterte Intellektuelle machten sich zu Diktatoren in Europa. Sie säuberten die Rasse oder die Literatur, die Musik und die Malerei, und verdummten ihre Völker. Sie ersetzten eine mittlere Korruption durch eine grandiose Korruption. Verfassungen wechselten wie Wetterberichte.

Welch amüsanter Fortschritt in Europa! Hitler kopierte Mussolini, die Faschisten kopierten die Kommunisten, die schon Manieren und Methoden der Jesuiten und der zaristischen Geheimpolizei plagiiert hatten. Die katholische Kirche förderte Franco und Salazar. Die kirchliche Inquisition wurde zur Staatsinquisition.

In Preußen gab es vor dem Ersten Weltkrieg noch das Dreiklassenwahlrecht. In den modernen Diktaturstaaten stimmen bei Wahlen regelmäßig 99 Prozent »dafür«. An die Stelle der erblichen trat eine »freiwillige« Hörigkeit. Preußen gibt es nicht mehr, aber sein »Geist« lebt.

In der ersten Hälfte des 20. Jahrhunderts schien es, als wollte die Welt angelsächsisch werden, in der zweiten Hälfte russisch. Amerika und Asien drohen Europa zu liquidieren. Europa schließt Allianzen und formt Diktaturen wie Seifenblasen, rüstet um des lieben Friedens willen zu neuen Kriegen, der Tod feiert Hochzeit mit dem Wahnsinn. Blutige Narren sperren die Vernunft ins KZ.

Nach dem Ersten Weltkrieg die russische Revolution und der deutsche Weltmachttraum! Nach dem Zweiten Weltkrieg die europäischen Wunder, das russische Weltflugwunder, der Welttriumph von Albaniens Machttheorien, der Europamarkt, die Liquidation der Kolonialreiche, die Teilung Deutschlands, die Diktatur von de Gaulle, die halbe europäische Literatur im Exil. Die Völkerwanderung durch Polizeidekret und im Verwaltungsweg. Die Todesstrafe für die Opposition. Jeder vierte Bundesrepublikaner ist ein »Heimkehrer«, jedes Unrecht schuf neues Unrecht. Im Kriege hatte man Teile der Zivilbevölkerungen ausgerottet, teils im KZ, in ausgebombten brennenden Städten, erst Warschau, Rotterdam und Coventry, dann Dresden, Hamburg und Heilbronn.

Nach dem Zweiten Weltkrieg hungerten Millionen, bald wurden sie wieder rund und satt. Erst stanken die unbegrabenen Leichen in den Ruinen Europas, bald wuchsen die Wolkenkratzer empor. Die überlebenden Idealisten proklamierten totgeborene Ideale. Wieder wimmelt es in Europa von anständigen Menschen. Die Bösen sind stets eine Minorität.

Europa im 20. Jahrhundert zeigt wie je das Doppelantlitz des Janus. Aber dieser Janus treibt Possen mit sich selber. Die Zukunft, die man verspricht, ist die finsterste Vergangenheit. Die Vergangenheit, die man schmäht, sieht wie ein Paradies neben der Gegenwart aus. Alle Zeiten mischen sich mit allen. Der Fortschritt fördert die Barbarei. Der rastlose Erfindungsgeist des Menschen erfindet den Flug in einer Stunde um die Welt und den

Untergang unserer Welt. Die Weltproduktion steigt, der Welthunger wächst.

»Was ist Wahrheit?« fragt Pilatus. Heute drückt eine ungewaschene Hand auf den Atomknopf, und von der Menschheit bleibt bestenfalls ein anthologisches Exempel.

Der Kalif Storch hat das Wunderwort »mutabor« vergessen. Der neunzigjährige Philosoph Bertrand Russell gilt für gaga, weil er vor der Atomrüstung warnt, vor der sich offenbar nur vereinzelte Atomphysiker und Philosophen fürchten, aber nicht die Narren, welche die Welt regieren.

Immerhin erklärte der jetzige Staatssekretär Rusk, die Welt werde immer schutzloser, je mehr sie sich durch Aufrüstung schützen wolle, indes der vorige Parteisekretär Chruschtschow versicherte – der arme vergessene Mann –, er rüste nur darum immer weiter, weil die anderen immer weiterrüsteten, indes Staatssekretär Rusk sagte, er rüste nur darum immer weiter.

Darum kletterten also experimentelle Dramatiker auf die Bühnen und verkündeten auf ihre bescheiden absurde Weise, die Welt sei absurd, und in den Kehrichteimer mit den Eltern, auf der Suche nach Gott. Auch Physiker und Lyriker entdeckten als Weltgesetz das Absurde. Die Vernunft kam aus der Mode.

Aber die Schule der Absurden ist selber eine Absurdität. Mit ihrem Kabarett des Absurden verfahren sie literarisch, wie die regierenden Mörder in Europa politisch verfuhren. Diese glaubten Ideen zu vernichten, indem sie die Denker und Dichter physisch vernichteten, einen Lorca erschossen, einen Ossietzky zu Tod quälten, einen Isak Babel umbrachten. Ein Kind kann einen Einstein erschießen. Erledigt es damit die Relativitätstheorie? Und jene glauben, weil es so hübsch absurd ist. Schon die Vernunft spottet ihrer selbst vor lauter Ohnmacht. Nun spotten die Absurden der Vernunft.

Das Beiläufige und Antivernünftige ist heute so populär wie die leere Artistik, weil das Publikum intellektuell und moralisch weder mit der eigenen Welt noch mit dem eigenen Leben fertig wird. Die Literaten und die Literaturen tragen alle Masken. Kunstnachbarn schauen einander über die Mauern. Nachbarn aus Ländern mit verschiedenen Verfassungssystemen dürfen einander nicht einmal nachahmen oder gar plagiieren. Unter Lebensgefahr schreibt in diesem Land ein Dichter ein surrealistisches Sonnett. Dort lobt sein Kollege verstohlen den Lenin. Fast überall trägt die Kunst ein eisernes Korsetts, Da herrscht die Konsequenz des Konformismus, der intellektuellen Gewohnheiten, der moralischen Vorurteile, der Sippengesetze und Klassengebote, der ästhetischen Schablonen bis zum Konformismus der politischen Polizei und der Literaturkritik.

Auf Befehl einer neuen Regierung in Rußland oder Spanien, in Portugal oder Polen, in Deutschland oder in Italien strich man ganze Perioden der Kunst aus. Hitler förderte die Aktbilder obszöner Akademiker, Stalin die Aktporträts der Helden der Arbeit. Man verbietet heute die gestern vorgeschriebenen Ideen. Du mußt malen, musizieren oder schreiben nach dem Kunstgeschmack und Kontrollbedarf der politischen Polizei oder lokaler Kunstkritiker. In anderen Ländern entscheiden Zensoren, die dem lieben Gott die sexuellen Zwangsvorstellungen masochistischer Nonnen und sadistischer Mönche zuschreiben.

Unter dem Vorwand, man rücke die Uhr fünfzig Jahre vor, dreht man sie um fünfzig Jahre zurück. Hier fabriziert man die Zolas im Schock, dort die Lautréamonts im Hundert.

Auf der einen Seite ist die literarische Korruption eine liebe Lebensgewohnheit geworden, wie Ehebruch, Alkohol und Tabak. Auf der anderen Seite gingen Tausende Schriftsteller ins Exil oder widerstanden zu Hause.

Heute ist also hier die europäische Literatur ein Maskenball aller Kunstmoden des 20. Jahrhunderts. Dort ist sie eine Kunstschule, mit dem Polizeichef als Akademiedirektor. Aber mitten im Konkursverkauf der Zivilisation spricht die Stimme des europäischen Gewissens. In den freieren Ländern sind viele fortschrittliche Autoren fellow travellers der Diktatoren der Nachbarländer. In Diktaturländern sehnen sich gewisse fortschrittliche Autoren nach der ästhetischen Freiheit jenseits der Grenze.

Welche Komödie – was für gotische Zeiten, welch neuer Frühling der Belletristen! Messianismus auf Kommando –, Verzweiflung als Plagiat, die Narrenfreiheit der Kunst. In ganz Europa preist man die Revolution in der Theorie und hat sie praktisch außer Kurs gesetzt. Die moderne Revolution herrscht im Ballett, im Roman, in der Lyrik, auf dem Theater, in chemischen Laboratorien, in der Industrie und in Forschungszentren, im Bett und in der Pharmakologie.

Politisch und kulturell siegt in ganz Europa dieselbe Reaktion, schreitet derselbe Nationalismus voran.

Nicht genug damit, steigt die statistische Lebenserwartung der Menschen von Jahr zu Jahr, indes nur jene der Menschheit abstürzt. Die Völker werden immer gesünder. Morgen landen wir auf dem Mond. Zwei Drittel der Menschheit hungern. Ein Drittel kleidet sich apokalyptisch, und Europa lacht und reißt makabre Witze. Die sexuelle Freiheit ersetzt aufs glücklichste die langsam abhanden kommende politische Freiheit. Die technische Revolution ersetzt sogar schon die Ersatzreligionen. Alles feiert Triumphe, die Physik und die Pharmakologie, die Medizin und Astronomie, die Astronauten und die Ingenieure. Wir feiern die Abschaffung der Gewissenskonflikte und des ganzen Gewissens, die Verwechslung von Gut und Böse, und das Gelächter über die Moral und die Menschenrechte. Europa lacht. Europa ist glücklich.

Die Arbeitszeit wird kürzer, das Weekend immer länger, die Arbeitslosigkeit wird bezahlt, und die Freiheit »gestaltet«. Es gibt alljährlich mehr Leute, die lesen können, bald wird es Museen für die letzten Analphabeten geben, in Albanien und Asturien, in Bonn und Pankow. Inzwischen werden die Dichter immer billiger. Es steigen die Aussichten für die Dantes im Dutzend.

Es gibt keine zwei Schriftsteller von gleichem Rang. Je besser Autoren sind, um so mehr unterscheiden sie sich.

Aber es gibt nur eine Weltliteratur, das fortwährende Selbstgespräch der Menschheit, und die Autoren sind die Zeugen der Welt.

Was ist typisch für die Literatur einer Epoche, die traditionellen Werke oder jene fieberähnlichen neuen Zeitströmungen, die teilweise vom Kunsthandel fabriziert werden?

Die Tradition ist das Produkt verschollener Moderströmungen, gespeist von gestrigen Gedanken und Gewohnheiten. Aber auch neue Kunstmoden werden im Handumdrehen zur Aktualität von gestern. Ja, die Literatur ist immer historisch, ein Nachtraum verflossenen Lebens, Schatten vergangener Zivilisationen.

Wo Kunst und Literatur nicht von Kirche oder Staatspolizei vorgeschriebene Tendenzen empfangen, herrscht in Europa ein geradezu exotischer Eklektizismus, der vom Primitivismus bis zur Exzentrizität reicht, von der Auflösung der Syntax bis zur Auflösung der Vernunft. Man bezieht heute die Kunstmoden aus fünf Erdteilen und fünf Jahrtausenden. Früher imitierte eine Epoche eine einzige andere, die Römer die Hellenen, oder die Renaissance die Antike.

Übrigens gleichen die Genies aller Epochen einander, wie sich die Dilettanten aller Epochen ähneln. Nur die mittleren Talente sind spezifisch. In der Literatur bleiben Ideen und Konflikte durch Jahrtausende dieselben. Nur Trachten und Sitten wechseln, das unerhebliche Detail ist für seine Zeit erheblich. Zeremonien wechseln.

In vielen Ländern wird der Nonkonformismus als Hochverrat bestraft, mit Berufstod, Verbannung oder Hinrichtung. In anderen Ländern sehn die Nonkonformisten wie staatlich geförderte Konformisten aus und sammeln Staatspreise wie Trophäen.

Noch nie gab es so viele Märtyrer und Helden in der europäischen Literatur, noch nie so viele Lumpen. Selten gab es solch eine Zeit wie unsere, wo ein Gedicht zum Galgen führte, ein Witz nach Auschwitz, ein Drama vor ein staatliches Mordkommando, ein Essay ins Exil. Unmündige Kinder berichten der Polizei, was der Papa bei Tisch oder im Bett erzählt, und schon wird er hingerichtet. Da soll ein Schriftsteller nicht den Kopf verlieren, entweder wörtlich oder bildlich? Oder die Würde? Oder die Selbstachtung?

Verwirrend ist freilich die ungeheuerliche Mischung von Gut und Böse, verwirrend sind die Maskenscherze der Moral, die unvermuteten Wandlungen, die halbe Feigheit, der halbe Heroismus, der halbe Verrat, das Leipziger Allerlei, der gemischte Salat aus Gewissen und Zynismus, Anstand und Niedertracht. Da werden Mörder zu schmachtenden Naturlyrikern. Sittenprediger schreiben Gedichte zum 50. Geburtstag von Hitler und Stalin oder tragen die Mitgliedsbücher beider Parteien in der Rocktasche. Gefallene Literaturmädchen verkleiden sich als Göttinnen der Tugend und der Vernunft und werden es wirklich zuweilen. Es ist kein Wunder, daß in solchen Zeitläuften die moralische Betrachtung der Kunstwerke und der Künstler nicht aktuell ist, ja als inopportun oder gar irreal gilt. Zu viele Vöker wählten Mörder zu ihren Führern. Zu viele Kleriker und Kirchen verkauften den lieben Gott. Zu viele Schriftsteller wurden korrupt. Zu viele Autoren aus aller Welt wurden Nihilisten aus Angst, oder Opportunismus, oder intellektuellem Bankrott.

Die moralischen Konflikte auch jener Autoren, welche die Existenz moralischer Konflikte zumindest für Literatur und Literaten ableugnen, enden dadurch nicht. Meistens schieben jene Autoren, die weder die Zeitgeschichte noch ihre eigenen mediokren Lebensläufe moralisch bewältigen können, nur die moralische Kritik beiseite.

Die Fortschritte von Wissenschaft und Technik, die in einem Jahrhundert zehntausend Jahre überflügelt haben, machen die Literatur unruhig. Sie will nun Wissenschaft und Technik überflügeln. Aber die Fortschritte der Massenliquidation und der Massenlenkung in jeder Art, physisch, psychisch, fesseln die Poesie.

Wir haben knapp zwei Drittel des 20. Jahrhunderts hinter uns. Wer wollte entscheiden, ob die Zivilisation des 20. Jahrhunderts vor der Schwelle zum Untergang steht oder eine grandiose Zukunft hat? Da ich an die Menschen glaube, will ich auch an ihre Zukunft glauben. Im übrigen fängt 20 Jahre danach die Welt gerade von neuem an, sind alle unsere Probleme wieder akut, droht die Welt morgen unterzugehen, wenn nicht schon heute nacht, besteht die berechtigte Hoffnung auf eine bessere Einrichtung der Welt und eine glücklichere Menschheit.

Ohne uns kann freilich nichts besser werden. *(1965)*

Träume. Ein Brief

New York, 4. Juni 1966

Lieber Freund,

Du warst also nie in Nürnberg? Hast nie die Stadt gesehn? Hörtest aus Antipathie gegen Richard Wagner nie »Die Meistersinger von Nürnberg«? Magst die Schuhmacher, die »Poet dazu« sind, wie der Hans Sachs, so wenig wie Poeten, die Leder zu verarbeiten scheinen, als wären sie Schuster? Du weißt vielleicht nicht, daß Albrecht Dürer hier gemalt, Veit Stoß hier gebildet hat? Daß hier, zur Schande Nürnbergs, die »Nürnberger Gesetze« erlassen wurden, und hier, zur Ehre Nürnbergs, des Copernicus' Buch »De revolutionibus orbium coelestium« gedruckt wurde? Hier hat man mit Pfeffer gehandelt. Hier hat man Bleistifte, Spielsachen, Fahrräder und Rundfunkgeräte fabriziert, die erste deutsche Eisenbahn gebaut, Bier gebraut, Würste gebraten, Karpfen gesotten, Lebkuchen gebacken, deutsche Kaiser gekrönt und deutsche Juden verbrannt. Ja weißt Du nicht, daß die ganze Stadt, wie Berlin, auf Sand gebaut ist und darum der Spargel, die Fichte und der Protestantismus gedeihn, daß hier Hegel Rektor des Melanchthongymnasiums und Ludwig Feuerbach Einwohner war, daß Peter Henlein zwar nicht das Ei des Columbus, aber die Nürnberger Eier-Taschenuhren gemacht hat, daß die freie Reichsstadt es einst mit dem alten Schweden Gustav Adolf gehalten hat, daß Nürnberg von Tieck und Wackenroder wie von Hitler und Streicher wegen eines mißverstandenen Mittelalters gefeiert wurde? Du weißt also nicht, daß hier Humanisten blühten wie am Graben Schneeballen und Flieder, daß man da heut wie vor fünfhundert Jahren fränkisch spricht?

Und also fragst Du mich, warum ich gerade diese Stadt so oft in meinen Büchern beschrieben habe, und willst wissen, was diese Stadt vor allen andern Städten auszeichne, und verlangst, daß ich sie Dir in einer Minute so beschreibe, daß Du, ohne sie zu kennen, sie erkennst?

Nichts leichter als das!

Die Stadt Nürnberg ist ein Traum, mit gotischen
Kirchen und runden Wachttürmen, mit Mauer und Graben, mit der Burg und Gassen, die noch kürzlich aussa-
hen wie vor 500 Jahren, mit Brücken, die Dürer gezeichnet hat, mit einem Tugendbrunnen, der ohne Tugend ist,
mit einem Goldenen Brunnen ohne Gold. Wie in jeder
alten Stadt sind die Toten, die dort schlafen, zahlreicher
als die Lebenden, und zuweilen auch lebendiger.

Nürnberg ist ein Traum, den ich geträumt, in dem ich gelebt habe und dem ich entsprungen bin. Da war ich ein Kind, mit den Angstträumen und Glücksträumen der Kindheit. Da ging ich zur Schule und gewann Freunde, die es noch heute sind. Da träumte ich, Träume meines Traums von der Erziehung der Menschheit, Träume, die ich heute noch träume, da liebte ich und fand meine ersten Verse, und schrieb mein erstes Buch, und weinte um den Tod meines Vaters und den Tod so vieler Illusionen. Da fühlte ich mich, nachts, unter Sternen und dem Mond, den Göttern gleich, da bin ich an der Hand von Mama und Papa spazieren gegangen, da wurde ich groß, war glücklich und unglücklich, und wäre von einem Tag zum andern erschlagen worden, wenn ich geblieben wäre. Ich bin nicht geblieben ...

Die Stadt Nürnberg ist ein Kapitel meiner Autobiographie.

Die Stadt Nürnberg ist ein Traum, der sich meiner bemächtigt hat, ein Angsttraum, ein Glückstraum. Kein Träumer ist Herr über seine Träume. Kein Dichter ist Herr über seine Figuren.

Die Städte wandeln sich. Sie sind von uns geschaffen, wie sie uns erschaffen. Jede Stadt trägt das Bild ihrer Einwohner, wie sie jeden Einwohner formt. Nürnberg ist ein gotischer Traum im 20. Jahrhundert, ein Alptraum, ein Tagtraum, eine Illusion und eine steinerne staubige stürmische Realität, auf dem Weg zur Zukunft. Gewisse Träume, die flüchtig scheinen, wie ein Schatten, den ein Mensch wirft, überdauern den Träumer und die Stadt, wo er geträumt hat.

Hermann Kesten

Wiedersehen mit Nürnberg

Wenn ich an Nürnberg denke, werde ich seltsam gelaunt, heiter und beklommen, wehmütig und optimistisch. Meine Gefühle gleichen mehr oder minder der Stadt. Die süßesten Empfindungen mischen sich mit Erinnerungen an schaurige Greuel. Ruinen stehen neben hypermodernen Neubauten, in Nürnberg wie in meinem Gemüt.

Da ging ich, ein Kind von vier Jahren, hinter meinem Vater und meiner Mutter und meinen beiden Schwestern Lina und Gina am Laufertor vorbei durch die alte Lauferstraße spazieren. Damals hatte ich noch blonde Locken und trug einen für mein Bedünken hocheleganten blauen Samtanzug und ein schickes Spazierstöckchen aus Ebenholz, mit vier Jahren ein Kavalier der alten Schule, und meine Familie wunderte sich immer mehr, daß fortlaufend brave Nürnberger Handwerker und Geschäftsleute hinter uns die Fäuste schüttelten und schimpften, in ihrem kernigen mittelfränkischen Dialekt, ja einige Blitzgescheite mich mißtrauisch musterten, gar mich fragten, ob ich ihre Haustürschellen gezogen habe.

Das waren noch mittelalterliche Schellen mit Löwenköpfen oder Drachenklauen, und zog man an ihnen aus Leibeskräften, so gab es einen hellen oder tiefen, scheppernden oder jammernden Klang, jeder war wie eigens für dieses besondere Haus, für dieses eigentümliche Handwerk oder Ladengeschäft ausgedacht, und ich vernahm sie wie lauter individuelle Stimmen.

Eine Schelle tönte ganz geschwind und hell: Feurio! Eine bimmelte: Diebe! Diebe! Eine dritte schrie: Unerwünschte Gäste: Gerichtsvollzieher! Polizei! Ehebrecher! (Unser Vater las uns aus der Bibel vor, also wußte ich, daß es Ehebrecher und sehr schöne Ehebrecherinnen gab.) Eine andre Schelle rief: Geh zur Kirche! Bete! Beichte! Büße! Sie klang wie das Glöckchen einer frommen Kapelle, bim bam! Eine andere Schelle rief: Liebchen, komm! Dein Liebster wartet! Eine rief: Der Geldbriefträger! Eine Schelle stöhnte: Ich bin der Tod! Bist du bereit? Und eine jauchzte: Ich bin das Leben!

Diese freche Symphonie der Türglocken, dirigiert von einem Dirigenten, der kürzlich die Wonnen des Lebens und der Musik entdeckt hatte, war voller Symbole, und ich genoß die Musik der Schellen und den Aufruhr der Lauferstraßenleute, und wirbelte mein schwarzes Spazierstöckchen wie ein Tambourmajor, und zog es schließlich vor, zwischen Papa und Mama, deren Hände ich hielt, zu gehn, die damals so mächtig waren, wie die Könige von Persien und Medien oder gar Kaiser Wilhelm der Zweite. Übrigens hatte jedes dieser wie aus verschollenen Träumen übriggebliebenen alten Häuser seinen spezifischen Geruch, als wäre er vor vielen hundert Jahren von einem Lebkuchenbäcker zusammen mit dem Haus mitgebacken worden, und diese Gerüche drangen aus den offenen Korridoren, Fenstern und Toren, es roch nach Safran und Bärendreck, nach Käsekuchen und Pfefferplätzchen und Bier, nach Ochsenmaulsalat und Bratwürstchen, nach Leder und lutherischen Bekenntnissen, nach öffentlicher Liebe und Pissoirs, nach Freimaurerei und gebackenen Karpfen, nach Spargel und kondensiertem Mittelalter.

Ach, zuweilen rieche ich noch im Traum diese längst verschollenen Kindheitsgerüche und stehe vor meiner ganzen Kindheit wieder, und vor dem Schattenspiel meiner verlorenen Jugend, und ich fühle die verlegene Flamme des ersten Kusses wieder, und meines Mädchens zweiten und hundertsten Kuß, und so weiter, denn beim Küssen und bei Mädchen kommt man so leicht vom Hundertsten ins Tausendste, ja man gerät vom flüchtigen Zauber der ersten, zweiten, dritten Liebe so leicht in die lebenslänglichen goldnen Verliese. Die schüchterne Freundin entführt dich aufs Standesamt. Der einsame Abc-Schütze wird zum beliebten Autor, schon steht er mit einem Beitrag in den Lesebüchern für die reifere Jugend. Gestern machte er seine eigene Hausaufgabe, heute ist er schon die unbeliebte Hausaufgabe der Kinder seiner Schulfreunde.

Dieses mittelalterliche, altertümlich konservierte Nürnberg mit seinem Graben voll blühender Büsche und Bäume im Mai, mit seiner Mauer, die längst statt Feinde abzuhalten Freunde anzieht, mit seiner Kaiserburg und dem Heidenturm, und der Eisernen Jungfrau und dem Nürnberger Trichter, mit seinen gemischt romanisch-gotischen Kirchen, und dem Henkersteg und dem renovierten Dürerhaus, mit den schier tausendjährigen Gespenstern bei Vollmond, und den etwa dreißigjährigen Taggespenstern aus dem Dritten Reich, mit der Erinnerung an Pfeffersäcke und Meistersinger, an Humanisten und Hans Sachs, an Dürer, Peter Vischer, Adam Kraft, Veit Stoß und Peter Henlein, mit dem Judenbühl, wo man Juden verbrannt hat, mit den Fichtenwäldern und Spargelfeldern, und der munteren Pegnitz, die ich als Kind alle Ufer überschwemmen sah, samt dem Hauptmarkt und der Buchhandlung von Edelmann, wo ich dann für Pfennige überschwemmte Klassiker nach Hause trug, von Uhland bis Simrock und Tieck und Jean Paul, und die Pegnitz tat, als wollte sie den Neptun selber auf seinem Brunnen ersäufen, und den Goldnen Brunnen, und die Frauenkirche, die man anstelle einer niedergerissenen Judenschule erbaut hatte, ach, diese von vielen besungene, von manchen auch geschmähte alte Freie Reichsstadt Nürnberg, wie erfüllte sie mit ihrem Geist und ihren Gerüchen meine ganze Kindheit und Jugend, mit aberwitzigen historischen Träumen und mit verschollener und erregender Poesie, mit dem Glanz der kaiserlichen Reichskleinodien, die von 1424 bis 1796 in Nürnberg lagerten, und mit dem Hohngeschrei des Raubritters Eppelein von Gailingen, der samt seinem Roß vom Burgberg über den Graben aus der Gefangenschaft entsprang und jauchzend rief: »Die Nürnberger hängen keinen, sie hätten ihn denn zuvor.«

An dieses Triumphgeschrei eines gerade noch entkommenen Raubritters mußte ich denken, als ich im Februar 1933 zum letztenmal das unzerstörte alte Nürnberg sah, wo damals mitten im Tageslicht diese neusten

Gespenster in braunen Hemden marschierten, mordende Gespenster, die ganz Deutschland uniformieren, kasernieren, kommandieren und am Ende krepieren lassen wollten, nur um die Welt zu erobern und die Menschheit mit ihrem nachtdüstern Provinzwahnsinn aus der vulgärsten aller Höllen, der Hitlerhölle, anzustecken, und denen es in der Tat gelungen ist, das alte schöne Deutschland samt meinem Nürnberg zum größten Teil zu zerstören und Dutzende Millionen von Deutschen und andern Europäern umzubringen, und Deutschland zu verkleinern und zu halbieren.

Diese armen Menschen in Uniform, ich sah sie voller Mitleid an, sie jubelten ihrem eigenen Untergang zu, sie dachten mit den Füßen und lebten für ihre Messer, von denen sie vor allem Volk sangen, daß das Judenblut von ihnen spritze, und ein Teil des Volkes klatschte, als hörten sie Opernarien von Richard Wagner, auch wollten sie siegreich Frankreich schlagen, und haßten nichts so sehr wie ihre eigene Freiheit, wie ihre besseren Gefühle, wie Humanität, Toleranz und Menschenliebe. Wenn man sie auszog, waren es ganz gewöhnliche Kreaturen, nackt und hilflos, vielleicht ein wenig vulgär, ein wenig blutrünstig, und ungewöhnlich albern, ungemein unwissende, arme, leidende sterbliche Kreaturen, die unglücklich waren, weil sie weder sich noch andre achten konnten.

Da kamen sie aus ihren mittelalterlichen Häusern heraus, und rochen wie diese nach Bier oder Safran, nach Knoblauch vom Nürnberger Knoblauchsland oder nach Hitlers und Streichers Stürmerparolen, sie rochen nach Dummheit und Mordlust, nach Mittelalter und Tod, marschierende Gespenster, und musterten mich mißtrauisch und mordlustig, obgleich ich keine Locken mehr hatte, und keinen schicken blauen Samtanzug trug, kein Spazierstöckchen aus Ebenholz, und auch nicht mehr an ihren Hausschellen gezogen hatte. Oder waren meine Bücher wie Glocken und Schellen in ihren Ohren? Und konnten sie die Sprache der edelsten deutschen Tradition darin nicht ertragen, die Sprache der Luther und Lessing, der Kant und der Heine, Schiller und Schlegel, der Humanisten und Pazifisten, der Vernunft und Menschlichkeit, und wollten sie nicht mehr gutes reines Deutsch hören, sondern nur deutsch bellen, wie ihre Hitler und Himmler?

Ich hätte ihnen gerne gesagt, die Nürnberger hängen schon lange keinen mehr, denn ich sah damals noch nicht die »Nürnberger Gesetze« voraus, und hatte auch nicht wie Eppelein einen Gaul zur Hand, und keine feste Raubritterburg in Gailingen, obendrein gab es ihresgleichen Millionen und aber Millionen in allen deutschen Städten, und auch auf dem platten Land, da zog ich es vor, in aller Stille abzureisen, erst nach Paris, und als mir meine Landsleute nachreisten, im Frühjahr 1940, nach New York.

Dort träumte ich, wenn der Hudson vereist war, von der Pegnitz, die ich gerötet sah vom Blut unschuldiger Deutscher, die von ihren Leuten umgebracht wurden, nur weil sie unschuldig waren, oder andere Ansichten als Goebbels und Göring hatten, und ich beklagte meine armen betrogenen Landsleute, die für einen Hitler starben, was die erbärmlichste Art zu sterben war, oder die für einen Hitler leben wollten, was eine Art lebendiger Tod war.

Am Ufer des Hudson träumte ich von meiner guten alten Stadt Nürnberg, wo ich einen großen Teil meines Lebens verbracht hatte, sie war nicht mehr frei, sie war nicht mehr heil, sie brannte und verdarb, in lauter Flammen, Rauch und Gestank.

Als ich 1949 wiederkam, da standen nur Ruinen, und zwischen ihnen gingen blasse, bedrückte unsichere Menschen, die von nichts gewußt hatten, die sich an nichts erinnerten, und ich war seltsam beklommen. Meine Nürnberger hatten Synagogen verbrannt und Menschen vergast, und sie hatten es vergeben und vergessen. Und ihre Gegner hatten die Nürnberger Kirchen und Häuser, Kinder und Greise gebombt und hatten es vergeben und vergessen.

Beklommen ging ich durch die Ruinen von Nürnberg. Wie gerne hätte ich wieder an ihren Hausschellen gezogen und mich an ihr Gewissen und ihr Herz und ihre Vernunft gewandt. Nur waren da kaum noch Häuser, und kaum noch Schellen, und kaum noch Vernunft, Gewissen und Herz. Wie gerne hätte ich sie gesehen, daß sie aus ihren Häusern gekommen wären, und ich oder ein anderer ihnen gesagt hätte: »Wacht auf! Und wenn ihr eure Stadt liebt, so baut eine bessere Stadt mit Bürgern, welche die Freiheit lieben, und die Gerechtigkeit, und ihren Nachbarn, wie sich selber. Rechtfertigt euch nicht vor Fremden, sondern vor eurem Gewissen, vor euren eigenen Kindern. So lange habt ihr eure Nachbarn gehaßt, nun ist es Zeit, daß ihr lernt, mit euren Nachbarn in Frieden zu leben, und daß ihr um eure Toten weint, insbesondere um jene, die ihr selber erschlagen, vergast vergessen habt. Es ist Zeit, ein besseres Deutschland zu gründen.«

Ich reiste ab, und kam wieder, immer wieder, und die Stadt stand wieder auf, aus Schutt und Ruinen, wie die andern deutschen Städte (wie auch viele verbrannte und zerbombte Städte in andern Ländern Europas, von Rußland und Polen bis Frankreich und England), und zuweilen blieb ich in Nürnberg vor den alten und neuen Häusern stehn und hatte Lust, an ihren Hausschellen zu ziehn und ihre Hausklingeln tönen zu lassen, um mit ihnen zu sprechen, von Freund zu Freund, von Bruder zu Bruder. Zum Glück fand ich viele Freunde, viele, die dachten und fühlten wie ich, und an ein neues, besseres Deutschland glaubten, und nichts vergessen hatten. *(1966)*

Wiedersehen mit Schulbuben:
Der Abituriententag

Als ich vor fünfzig Jahren mein Abitur machte, hatte ich schon eine revolutionäre Vergangenheit. Ich war mit meinen Freunden Carl Beisler und Anton Troll der oberste Schülerrat unseres Melanchthongymnasiums in Nürnberg, in der »Räterepublik Bayern«.

Da standen wir unseren Professoren gegenüber, von denen uns einige an die fünfzig Jahre, aber keine Weisheit voraushatten. Da standen wir mit unsern idealen Forderungen, teils für Gymnasiasten, teils für die Menschheit. Unsere Lehrer kamen uns wie stehengebliebene Ruinen aus dem 19. Jahrhundert vor. Wir waren die unerschrockenen Söhne des 20. Jahrhunderts, wir hatten schon einen Weltkrieg, eine Revolution und eine verfinsterte Jugend hinter uns, und wir kämpften um die Abschaffung mittelalterlicher Schulsitten, im Namen des Gründers unseres Gymnasiums, Philipp Melanchthon, und gegen die staatssanktionierenden Lehren des berühmtesten Rektors unseres Gymnasiums, Hegel. Wir erklärten unseren verblüfften Professoren: Ja, wir sind Humanisten. Aber wir wollen griechische Sitten, antike römische Sitten, und nicht die finstern Schulgefängnisse aus dem Mittelalter und ihre vom Unsinn falscher Autoritäten erfüllten Mißbräuche. Die Strafen des Karzers, des Nachsitzens müßten fallen, und die Strafarbeiten müßten aufhören. Wir kämpften um unsere Freiheit, z.B. in der Schule rauchen zu dürfen, obgleich keiner der drei Schülerräte, der ersten in Bayern, selber Raucher war und auch keiner Raucher wurde. Wir kämpften um die Freiheit der Oberschüler, jener, die von den Lehrern nicht mehr geduzt wurden, ohne Erlaubnis des Rektors ins Theater, ins Kaffeehaus und in politische Versammlungen zu gehn, die es damals an jeder Straßenecke gab, und die häufig mit anonymen Schüssen und Leichen meist von Neugierigen endeten. Einige unserer Mitschüler waren schon alt genug, fürs Vaterland zu fallen, dabei dachten wir schon damals, kein Vaterland tauge was, dem es nütze, wenn seine Söhne dafür fallen, nur jenes sei ein Vaterland, wofür seine Söhne leben. Wir waren alt genug, um Soldaten zu werden und in Kriegsbordelle zu gehn, und sollten wir nicht unsere Freundinnen küssen und mit unsern Freunden ins Kaffeehaus gehn, auf das Risiko hin, aus dem Gymnasium, wollte sagen aus den Aufstiegsmöglichkeiten der bürgerlichen Gesellschaft dimittiert zu werden?

Als mein Freund Beisler und ich ins *Intime Theater* von Nürnberg zu einem Lustspiel von Oscar Wilde gingen, mußten wir es mit zwei Stunden Karzer büßen! Das sollte aufhören!

Insbesondere aber versuchten wir vergeblich, unseren Professoren zu erklären, ohne sie allzu sehr zu kränken, warum sie uns mehr lehren und weniger erziehen sollten. Sie wollten uns zu ihren Ebenbildern machen, aber uns graute vor den Originalen, die uns wie Parodien auf Menschen erschienen.

Wir sprachen von Freiheit, und unsere armen Professoren hatten keinen Begriff davon. Bestenfalls erinnerten sie sich und uns an die erbärmlichen Befreiungskriege gegen Napoleon, die nur zur Verewigung der heimischen Tyrannen dienten, oder sie waren schon gerüstet, unsern jüngern Brüdern Vorträge gegen die deutsche Kriegsschuld und gegen den Vertrag von Versailles zu halten, als sollte das deutsche Volk dafür belohnt werden, daß es den Krieg mitbegonnen und mitverloren hatte.

Wir sprachen vor allem von der Menschenwürde, auf die man in der besten deutschen Literatur achtete, bei Kant und Lessing, bei Schiller und Heine, bei Heinrich Mann und René Schickele, und die man in deutschen Gymnasien mit Füßen trat, als hätten Kinder und Schüler keinen Anspruch auf Menschenrechte. Und unsere armen deutschen Professoren, die noch unter Hohenzollern und Wittelsbachern und Wettinern aufgewachsen waren, wußten gar nicht, wessen wir sie anklagten.

»Autorität muß sein«, sagten sie mit drohenden Zeigefingern und gesträubten Augenbrauen.

»Ja«, erwiderten wir, »aber keine falschen Autoritäten!«

Ins Abiturientenzeugnis schrieben sie mir, ich sei überheblich gewesen, »infolge meines zur Selbstüberschätzung neigenden Wesens«, indes sprach ich demütig zu diesen alten Männern, als hätten sie Vernunft, und einen Hauch antiker Humanität, außer der Kenntnis griechischer und lateinischer Grammatik und Prosodie, und als könnte man sie noch eines Besseren belehren, und als wären junge Menschen imstande, sie zur Freiheit und zum Bürgerstolz zu erziehen.

Wir predigten ihnen Freiheit, Gleichheit, Brüderlichkeit, und sie wollten aus uns königlich bayerische Untertanen, weißblaue, humanistisch beschlagene Barbaren machen, Schoßkinder des Antichrist, falsche Patrioten einer fehlgeleiteten Gesellschaft voll sozialer Vorrechte und voll von finanziellem Dünkel, und von herrschenden Interessen, die durch nichts legitimiert waren als verrottete Traditionen, und von einer militarisierten Macht, deren Fundamente soziales Unrecht und gesellschaftliche Unmenschlichkeit bildeten.

Ich wurde also Student und kam auf meinen Universitäten in eine Welt, die fünfzig Jahre zurückgeblieben, ja zurückmarschiert war, indes in Rußland und China, in Ungarn und in Bayern Revolutionen begonnen hatten, die versprachen, den Krieg zwischen Völkern und Klassen abzuschaffen, und statt irgendwelche reichen Leute als Nutznießer der Völker und Staaten zu belassen, die Völker reich und den Staat zum Besitzer der Produktionsmittel und zum Besitz der Völker zu machen, und zwecks Förderung der Gerechtigkeit und der Gleichheit aller Menschen nicht nur vor Gott, sondern vielmehr auch vor Menschen den Reichtum abzuschaffen, und die Armut abzuschaffen.

Damals gefielen sich aber allzu viele deutsche Studenten darin, die Tyrannen ihrer Großväter nachzuahmen, ihr Christentum zu verleugnen, zumindest die sozialrevolutionären Ideen Christi und der andern alten Juden zu verleugnen, und Ideen über die Nation zu verbreiten, welche sie selber auf neue Schlachtfelder und in vorzeitige Massengräber und die Nation an den Rand des Abgrunds führten.

Fünfzig Jahre später sind die deutschen Studenten schon wieder um fünfzig Jahre zurück. Ja, sie haben allen Anlaß und die besten Gründe, um gegen die Väter zu protestieren, und gegen Kriege in Asien, die uns so nahe sind wie das Bild auf dem Fernsehschirm und der Mondflug der Astronauten. Sie haben recht, gegen die geistige Verstopfung so vieler ihrer Professoren zu protestieren, und gegen Abgeordnete, die statt der Interessen des Volkes die Interessen von Ausbeutern des Volkes vertreten, oder gegen einen Kirchenfürsten, der einen Bischof aus einem Offizier macht, der den Befehl ausführt, unschuldige Zivilisten umzubringen. Und das sind nur einzelne Beispiele aus einer systematischen Anhäufung von Mißbräuchen, und des Unrechts.

Jene Abiturienten von heute und jene Studenten, die gegen eine falsche und veraltete Weltordnung mit ihrer Frisur, mit ihrer Tracht, mit ihren Fakten und Akten laut protestieren und unbekümmert demonstrieren, haben recht, und vielleicht mehr recht, als sie selber wissen und wissen wollen. Freilich haben sie unrecht, wenn sie Unmenschlichkeit mit Unmenschlichkeit bekämpfen und gegen veraltete falsche Ideen andere veraltete falsche Ideologien setzen.

Da plappern viele die historischen Irrtümer gewisser Großväter des Marxismus-Leninismus nach, ausgedienter Exsozialisten, und mischen halbverstandne Sprüche von Mao und Marx ins Kauderwelsch ihrer Kathedersoziologen. Da verwechseln sie Adorno und Herbert Marcuse mit Che Guevara und Leo Trotzki. Da sind sie unter dem Namensschild »Antizionismus« prompte Antisemiten im Geiste ihrer Väter und erklären sich sogar öffentlich bereit, aus einigen Studenten einige Märtyrer zu machen, wenn es nur der Sache nützt. Ja, welcher Sache?

Wie schade, daß ich nicht heute mein Abitur mache! Kam ich fünfzig Jahre zu früh?

Da sitze ich im Kreis der Kinder aus meiner Klasse, Herren mit der verwegenen Hoffnung, demnächst siebzig zu werden. Nur ihre Stimmen sind jung geblieben, nur die Vorurteile sind stehngeblieben. Nur ihre Ressentiments sind noch grün. Sind sie mein Spiegelbild? Sie schaun mich an, so fremd und verschollen, wie meine Kindheit, und so übermächtig nahe. Einige haben es schon geschafft und sind Rentner, außerdienstliche Figuren und Freunde, a. D. und ade! Andre stehn auf der Höhe ihrer Karrieren mit junggebliebenen Idealen, und mit dem illusionären Ehrgeiz ihrer Kinderjahre.

Da sitzen wir in einem Chambre séparée im Restaurant Patrizier, gegenüber der Lorenzkirche, und schauen uns an, und zwischen uns sitzen die Toten unserer Klasse, die ersten fielen schon 1918 im Ersten Weltkrieg, und manche kämpften schon wieder im Zweiten Weltkrieg, und auch zwei Selbstmörder sind darunter, und sie gehörten zu den Besten und Begabtesten, und die Toten unserer Klasse sehn uns an und lächeln mit der Impertinenz jener, die nichts mehr zu verlieren haben, die nicht mehr dazugehören, und sie fragen uns: Und ihr, die ihr noch lebt, die ihr zwei Weltkriege und mehrere Revolutionen und ein Dutzend neuer Weltanschauungen und sogar das Dritte Reich überlebt habt, und uns überlebt habt, was habt ihr aus eurem Leben gemacht, und was habt ihr jetzt vor, wie stellt ihr euch eure Zukunft vor, und was habt ihr aus euch selber gemacht? Griechisch habt ihr gelernt, und Latein, und Französisch oder Englisch, und Physik und Turnen und Religion, Abiturienten des ältesten deutschen humanistischen Gymnasiums, habt ihr eure Welt verbessert, eure Gesellschaft sozial gemacht? Wart ihr glücklich? 1919 habt ihr euer Examen bestanden. Und 1969?

Wir blicken an unseren Toten vorbei, und tun, als sähn und hörten wir sie nicht, und erzählen uns altersgraue Schulgeschichten und lachen und lachen, und wischen die melancholische Rührung über soviel gelebte Zeit vom Tisch, und spüren die Wonne dazusein, mitten im Reichtum und in der Fülle gelebter Zeit zu leben.

Vor 50 Jahren glaubten wir schon nicht mehr an den Mann im Mond. Heute gehn zwei Männer auf dem Mond, und wir sind ihre Zeitgenossen! Die Abiturienten eines neuen Zeitalters, der wichtigsten Revolution der postkopernikanischen Menschheit. *(1969)*

Johannes Kepler

Ich ging in die Stadt mit dem Hut auf dem Kopf.
Ein kurzsichtiger Sterndeuter.
Meinen lutherischen Freunden predigte ich umsonst,
Ich erklärte ihnen, einiges machten die Calvinisten besser.
Die Lutheraner verfolgten, die Calvinisten vertrieben
    mich.
Schier sechzig Jahre alt ritt ich auf einem Gaul
Von Sagan bis Regensburg. Dort
Verkaufte ich den Gaul um zwei Gulden,
Wurde krank und starb.
Sie begruben mich außerhalb der Stadtmauer.
Ich war ein Gläubiger von Kaisern, von der Stadt Nürn-
    berg, vom Wallenstein,
Keiner hatte Geld für mich.
Wenn ich katholisch würde, offerierte mir der Kaiser
Ich weiß nicht mehr was.
Ich habe die Marsbahn beschrieben: Es ist eine Ellipse!
Aus Graz wurde ich auf ewige Zeit verbannt,
Weil ich nicht zur Messe ging und zum Beichtstuhl nicht –
Sie wollten meine Sünden hören!
Mein bestes Buch taten sie auf den Index,
Weil ich ein Copernicaner bin
Und eine Seele habe wie die Tiere, wie die Pflanzen,
Wie die Sterne, der Mond, und
Sogar Steine sind beseelt.
Ich prophezeite das Wetter und Weltereignisse,
Den Einfall der Türken und was Bauern säen sollten und
    ernten würden.
Ich habe die Wahrheit gesät, Verfolgung geerntet.
In Prag köpften sie gewisse Freunde von mir.
Mir blieb mein Kopf, weil ich zuvor nach Linz ging,
Als Schullehrer für kleine Buben, die ihre Mathematik
    nie lernen.
Ich habe gelehrt, wie man Fässer mißt,
Ein Teleskop baut,

Wie man schneller rechnet und besser,
Und die Bahnen der Planeten, es sind lauter Ellipsen,
Und wie man zum Mond kommt
Und vor keinem Menschen sich bückt
Und die Wahrheit sagt
Ohne Furcht.
Ich war des Kaisers Mathematiker. Er ließ mich hungern.
Zwei Weiber hatte ich, die erste ward wahnsinnig, die
  zweite meine Witwe.
Sie zog in Not umher, wie ich täte, lebte ich noch.
Meine schwäbischen Landsleute hießen mich ein
  Schwindlhirnlein.
Ich machte dreizehn Kinder, die meisten starben vor mir.
Ich ging ins Grab mit dem Hut auf dem Kopf.
Ich gehe durch meine Nachwelt mit dem Hut auf dem
  Kopf.
Ich bin der Johannes Kepler.

(1971)

Der Autor Dürer

Sind große Männer die Repräsentanten ihrer Völker? Kann eine Ausnahme die Regel beweisen? Gehört ein Genie einer Nation? Völker wählen häufig falsche Figuren. Sie sehen große Männer falsch. Auch der Mißverstandene trägt zuweilen zum Mißverständnis bei.

Gilt das für Albrecht Dürer?

Wie ein Museum seiner Epoche sammelte er Europas geistige Tendenzen, religiöse Leidenschaften, Zeitstile und Kunsttheorien und stellte sie aus. Ein Traditionalist wurde unversehens nur durch Talent und Neugier und hemmungsloses Handwerk ein Initiator. Ein Eklektizist erscheint als ein Prototyp des Jahrhunderts. Mit lauter Widersprüchen im Werk, im Wort, Charakter wirkt er universal, ein Alleskönner mit Originalität.

Der Autor Dürer, gleich dem Maler, gläubig und ungebunden, mischt raffiniert bis zur Naivität Stile und Einflüsse, nimmt viel von vielen, heißt sich zu oft und zu laut deutsch und ist ein Produkt von Europa. Er geht von einer zur anderen Epoche beliebig vor und zurück. Ein Anthologist seiner Zeit wird zu einem ihrer Lehrmeister, bei aller Abhängigkeit häufig autonom, ein Wunderkind, das reif beginnt und zu altern versäumt.

Wie mancher Liebling seines Volkes hat Dürer früh seine eigene Legende mitgeschaffen und wie seine Selbstporträts von Mal zu Mal umstilisiert.

In seiner Familienchronik von 1524 schreibt er, sein Vater »hat für sich auch nicht viel Gesellschaft und weltlicher Freuden bedurft; er war auch von wenig Worten«.

Albrecht Dürer indes war von einer verblüffenden Eloquenz.

Dieser »zum Sehen geborene« unerschöpfliche Erzähler und Schilderer, der sagt: »Dan der aller edelst sin der menschen ist sehen … vnser gesicht ist geleich förmig ein spigell«, war mehr als ein Spiegel seiner Zeit und Welt, er trat in seinen Kupferstichen und Holzschnitten als ihr

Sprecher auf, der wie ein Journalist, wie ein Aretino zu Europa sprach, zu Königen und Völkern.

Alles Wirkliche wurde durch ihn zum Wunder. Das Wunder wurde zur geschauten Wirklichkeit. Mit einem schier übermäßigen Vergnügen an allem Irdischen stellt er es dar. Entzückt von der bizarren Eigenart jeden Dings, aller Lebewesen, und von jedem winzigen Detail, und mit dem feurigen Wunsch, allem auf den Grund zu gehen, hatte er den Blick fürs Große, und die Tendenz zur Größe.

Er war ganz Auge und ganz rechnende Vernunft, bei allem zeitgenössischen Aberglauben, der Christentum und Astrologie gleich ernst nahm, bei allem religiösen Fanatismus, den er wie ein Kleid trug, das man austauschen konnte, bei allem grausamen Spaß am Grotesken und Höllischen. Er glaubte an Plato und an Kreuze, die vom Himmel fielen, »insbesondere mehr auf die Kinder« und »ins Leinenhemd der Magd des Eyrer, der in Pirckheimers Hinterhaus wohnte«, und die vor Todesangst weinte. Er schrieb: »Auch habe ich einen Kometen am Himmel gesehen« und notierte den Pfennig, den er als Trinkgeld gab. Und wollte »noch Christo z'lebn«, die imitatio Christi, und kaufte einen Traktat Luthers um 5 Weißpfennige und schrieb ins Tagebuch: »Ich schenkte Herrn Niclaus Ziegler einen tot daliegenden Christum, ist drei Gulden wert.«

Mit derselben infantilen wie faustischen Wißbegier hat Dürer seine Welt aufgezeichnet und sich, das Wirkliche und das Unwirkliche, und vom Tod des Vaters 1502 berichtet, und vom Tod der Mutter 1514, wo er schreibt:

»Darüber habe ich solchen Schmerz empfunden, daß ich's nicht aussprechen kann ... Und in ihrem Tode sah sie viel lieblicher aus, als da sie noch das Leben hatte.« Und 1525 schrieb er sein Traumgesicht auf und zeichnete es »hier oben, wie ich es gesehen hatte«.

Mit demselben mikroskopisch scharfen Blick porträtierte er Monstren oder seine Agnes und die Mutter, die beide auf Märkten und Messen echte Dürers für ein paar

Stüber oder Gulden verkauften. Er porträtierte einen
Gott so präzis wie einen Grashalm. Immerhin zeigte er,
wenn er Kaiser und Kurfürsten zeichnete, wie vulgär sie
waren, indes unter seinem Silberstift oder seiner Kohle
seine Freunde großartig erschienen.

Wer immer die Fülle der Welt erzählt oder malt, läßt
im Zweifel, wie weit Anlage oder Absicht bestimmen, was
er wegläßt.

In Kunsttheorien nahm er wie in seinen Bildern, was
ihm gefiel. Er ahmte viele Meister nach. Er wurde von
Meistern nachgeahmt. Der »deutsche« Dürer übernahm
von Italienern wie Niederländern oder Deutschen,
Leonardos Gaul für den Stich »Ritter, Tod und Teufel«,
von Mantegna plastische, von Pollaiuolo nackte Figuren, von Giovanni Bellini und Raffael Farben und Komposition. Mit fünfzig Jahren sah er in den Niederlanden
ihre alten Meister und ging in seinen neuen Werken zu
ihnen zurück.

»Item«, schrieb er, »auß welchem ein großer künstle-
rischer maler soll werden, mus van guter werklewt kunst
erstlich viel ab machen, pis daz er ein freie hant erlangt.«
Und: »Item je genewer man der natur geleich macht, je
pesser das gemell zu sehen ist ... Denn es gilt nit, daß man
obenhin lauf und überrumpel ein ding.«

Mit derselben Gier wollte er wissen wie mitteilen,
lernen wie lehren, Leben, Erfahrungen und Kunst, ein
exhibitionistischer Pädagoge, der sein hübsches Gesicht
zum Firmenschild machte, nebst seinen Initialen. Der
ruhelosen Neugier eines Heiden lieh dieser passionsgie-
rige Christ das Antlitz Dürers dem Jesus, des Jesu Gestus
dem Dürer.

Ein figurenwimmelnder Weltkopist, illustrierte Dürer
diese und jene Welt, das Marienleben wie die ausgelasse-
nen Komödien des Terenz, den Weltuntergang und einen
Veilchenstrauß, die Apokalypse des Johannes und das
Narrenschiff von Sebastian Brant. Er illustrierte die Weltgeschichte von Eva bis Kaiser Maximilian, Dürer illustrierte die Hölle und bevölkerte sie mit seinen Nürnber-

gern. Er zeichnete das kleine und das große Rasenstück, als wäre er sein Feldhase und eine Wiese seine Welt. Mit demselben Interesse und Gefühl zeichnet er einen Papst und tanzende Bauern.

Er sieht die Poesie der Greuel, die man den zehntausend Märtyrern antut, wie die Poesie des Lichts in einem Zimmer, im Gehäuse des Hieronymus, die Poesie des Lesers, und jenes Johannes, der sein Buch verschlingt. Er malt das nackte, fette, fliegende, große Glück und sich selber nackt, durch Schwangerschaften entstellte Weiber und die sinnliche Herrlichkeit eines Vogelflügels und Adams, die unabhängige Schönheit von Landschaften, seiner Aquarelle, er macht eine Hand sprechen, Augen zum »Fenster der Seele«, einen Leichnam lebendig. Er zeichnet seine Träume. Für sein geplantes Buch über Malerei schrieb er: »Ach wie oft sich ich große Kunst im Schlafe, dergleichen mir wachend nit fürkummt.« Dürer wollte die Geheimnisse der Wirklichkeit entdecken, um sie mitzuteilen, ein fanatischer Propagandist der Wahrheit, insbesondere der Wahrheit in der Kunst. »Denn wahrhaftig steckt die Kunst in der Natur wer sie heraus kann reißen, der hat sie.« Die Meinung eines Kopisten, freilich eines Kopisten mit Phantasie und Genie, eines Imitators Gottes.

Fürs Malerbuch schrieb er: »Dy kunst des malens kan nit woll gevrteilt werden dan van den, dy do selbs gut maler sind. Aber vürwar den anderen ist es verporgen wy dir ein fremde sprach. Dy gros kunst des malens ist vor vil hundert jaren pey den mechtigen küngen jn großer achtparkeit gewesen. Dan syn haben dy fürtreffenlichen künstler reich gemacht vnd wirdig gehalten. Dan syn bedawcht, daz dy hochverstendigen ein geleichheit zw got hatten als man schriben fint. Dan ein guter maler ist jndwendig voller Figur. Und obs möglich war, daz er ewiglich lebte, so het er aws den jnneren ideen, do van Plato schreibt, albeg etwas news durch die werk awszwgissen.«

Kann man größer von Malern sprechen, und so simpel wie gelehrt? Freilich gehören diese Sprache und der Geniekult wie der Pomp von Dürers Selbstbewußtsein der Zeit an, und der Rhetorik des Humanisten. Dürer zitiert Ficino, und Seneca: Plenus hic figuris est, quas Plato ideas appellat*, aber es klingt wie bester Dürer, ganz nürnbergerisch, und wie beste deutsche Prosa. Dürer machte mit jedem Talent eine Figur. Auch wo der Maler Dürer zitiert, sieht es wie Dürer aus.

Dieser so neugierige wie unruhige Künstler, der aus einer Handwerkerfamilie und selber vom Werk herkam, wahrte sein Leben lang die Vorteile des Mannes, der alles mit eigener Hand macht und die Intuition wie eine Technik meistert. Er behielt auch gewisse großartige Vorurteile des Handwerkers, der alles Wissen für Fachwissen hält, für das man nur die passenden Werkzeuge und Methoden finden muß. Der unbändige, zuweilen doktrinäre Rationalist war ein Gläubiger, der an keiner Grenze des Glaubens stehenblieb.

In seiner Familienchronik erzählt Dürer, sein Vater Albrecht Dürer der Ältere sei im Dorf Ajtós im Königreich Ungarn geboren, »und sein geschlecht haben sich genehrt der ochsen und pferdt«.

Goldschmiede waren Dürers Großväter, Dürers Vater, Dürers Bruder Endres und »mein Vetter Niclas Dürrer, der zu Cölln siczt, den man nent Niclas Unger. Der ist auch goltschmiedt und hat das handwerckh hier zw Nürnberg bej meinem vater gelert ...«. Gelernte Goldschmiede waren viele der ersten Kupferstecher, wie Martin Schongauer und Albrecht Dürer. Er berichtet: »Mein lieber Vater ist sodann nach Deutschland gekommen, lange in den Niederlanden gewesen bei den großen Künstlern und zuletzt hierher nach Nürnberg gekommen ... 1455. Und dann an dem selben Tage hatte Phillipp Pirckheimer Hochzeit auf der Veste und es war ein großer Tanz unter der großen Linde ... Darnach hat mein lieber Vater ... dem alten Hieronymus Holper, der mein Großvater gewesen ist, eine lange Zeit gedient, bis ... 1467, da gab ihm mein Ahnherr seine Tochter, eine hübsche, gerade Jungfrau, Barbara genannt, 15 Jahre alt, und er hatte mit ihr Hochzeit ...«

*Vollkommen ist diese Figur, die Plato als Idee benennt.

Dürer zählte die 18 Kinder der Eltern auf, er war das dritte. »Und sonderlich hatte mein vater an mir ein gefallen, da er sahe, daß ich fleißig in der übung zu lernen was. Darumb ließ mich mein vater in die schull gehen und da ich schreiben und lesen gelernet, namb er mich wider auß der schull und lernet mich das goltschmid hantweckh. Und da ich nun seuberlich arbeiten kund, trug mich mein lust mehr zu der malerei dan zum goltschmidweckh. Das hielt ich mein vater für. Aber er was nit wol zufrieden dann ihn reuet die verlorne zeit, die ich mit goltschmidlehr hete zugebracht. Doch ließ er mirs nach, und da man zehlt nach Christi geburth 1486 ..., versprach mich mein vater in die lehrjahr zu Michael Wohlgemuth, drei jahr lang ihm zu dienen. In der Zeit verlieh mir Gott fleiß, daß ich gut lernte, aber ich mußte auch viel von seinen Gesellen leiden ... Und da ich außgedient hat, schickt mich mein vatter hinwegg und ich bliebe vier jahr außen, bis daß mich mein vater wider fordert ... Und als ich wider anheimbe kommen was, handelt Hanns Frey mit meinen vater und gab mir seine tochter mit nahmen jungfraw Agnes, und gab mir zu ihr 200 fl. und hielt die hochzeit ...«

Da hört man die Stimme des 53jährigen Dürer, vier Jahre vor seinem Tode. Was ginge verloren, wenn wir die Schriften von Dürer nicht hätten? Wüßten wir weniger über sein Werk? Er starb am 6. April 1528. Laut Erwin Panofsky gibt es mehr als 72 Gemälde von Dürer, nach Franz Winzinger 124, er freilich zählt die verschollenen, die zweifelhaften, einige neu zugeschriebene Gemälde mit und berechnet die bemalten Rückseiten und alle Einzelteile von Altären gesondert.

Es gibt mehr als hundert Kupferstiche Dürers, mehr als 350 Holzschnitte, mehr als tausend Zeichnungen, und drei Bücher, die er veröffentlicht hat: »Die Unterweisung der Messung.« – »Den Unterricht zur Befestigung der Städte, Schlösser und Flecken.« – »Die Lehre von menschlicher Proportion.« Sie hatten mehrere Auflagen, wurden ins Lateinische und andere Sprachen übersetzt und zweihundert Jahre lang viel gelesen und zitiert.

Der schriftliche Nachlaß enthält: die Familienchronik von 1524; das Blatt 59 (aus dem verlorenen »Gedenkbuch«); die Aufzeichnung über ein Traumgesicht; einen Briefwechsel von 69 Nummern; das Ring und Fechtbuch; das Tagebuch der Reise in die Niederlande, ferner Aufschriften auf Dürers Zeichnungen und Bildern, andere Aufzeichnungen, schließlich theoretische Schriften und Studien. Das meiste hatte Pirckheimer verwahrt, nach dessen Tod 1530 blieb es im Besitz der Erben und erhalten. Was bei Dürers Witwe und dem Bruder Andreas lag, ging verloren, bis auf die Handschrift des Ring- und Fechtbuches. Verloren fast alle Briefe an Dürer, die Briefe an seine Angehörigen, das »Schreibpüchle« von Venedig, andere Aufzeichnungen.

Welchen künstlerischen Rang haben die literarischen Arbeiten Dürers? Was kann man aus den Schriften auf die Bilder schließen?

Oder zählt nur das einzelne Kunstwerk, ein David von Michelangelo und Donatello, van Eycks Genter Altar, Rossinis Barbier, Shakespeares Hamlet?

Sieht man jedes Detail der Ilias besser, wenn man weiß, daß Homer blind war? Muß man sogar Platos apokryphe Briefe kennen, um ihn ganz zu verstehen? Muß man wissen, wovon, wie, mit wem Dürer gelebt hat, mit wem er ins Bett ging, was er in den Niederlanden seiner Dienstmagd Susanna geschenkt hat? – Einen Mantel für 2 Gulden, 10 Stüber. Oder verdunkeln diese Schatten seiner Person seine Werke?

Kennt man den Dürer, wenn man nur seinen Hasen, seinen Rasen kennt, seine apokalyptischen Reiter, die Selbstbildnisse, die Porträts der großen, der anonymen Zeitgenossen, die Große Passion, die Kleine Holzschnittpassion, die Illustrationen im Gebetbuch des Kaisers Maximilian, den Affentanz und die Melancholie? Oder muß man das gesamte Werk Dürers kennen? Wie viele sahen dieses über die Welt verstreute Werk im Original?

Dürer hat keine Grenze gezogen zwischen Literatur und bildender Kunst, Schreiben und Zeichnen, Text und Ilustration.

Ein Virtuose voll Aufruhr, war ein Literat in Bildern, ein sprechender Künstler.

Selbstbewußt und selbstvergessen hat er mit Begeisterung für den Beifall aller Welt und für den eigenen Beifall gearbeitet, für sein Pläsier und für sein Brot, zum Ruhm Dürers und Gottes.

Das früheste erhaltene Gemälde Dürers, ein Porträt seines Vaters von 1490, in Florenz, die Selbstbildnisse, die frühesten in der europäischen Malerei, machte er für sich, wie seine tanzenden Bauern und Monstren, die Krabbe und manchen Christus, seine Agnes, seinen Schrecktraum. Vieles zeichnete er auf, um einen Vorrat zu haben, sein Warenlager, aus dem er holte, was er brauchte.

Ab 1503 signierte und datierte Dürer alle Arbeiten, auch Zeichnungen, die er nicht weggeben wollte. Verrät das die Pedanterie des Handwerkers? Die biographische Neugier des Künstlers, der sich kontrolliert? Oder aus dem Selbstbewußtsein eines Autors, der seines Nachruhms so sicher ist wie der Bedeutung jeder Skizze?

Dürer glaubt an seinen Nachruhm und an den Weltuntergang. Für beides hat er vorgesorgt.

Der Weltuntergang war damals um 1500 fällig. Dürer hat ihn pünktlich illustriert, 1498 in den 15 Holzschnitten seiner Apokalypse.

Dürer hat den Weltuntergang verlegt, verkauft, ein wagemutiger Autor knapp vor dem Jüngsten Tag, und später, obgleich die Welt nicht unterging, hat er den Weltuntergang neu aufgelegt.

Seiner Nachwelt sicher, schrieb Dürer am 26. August 1509 an Jakob Heller in Frankfurt, die Altartafel für Heller habe er »mit den besten Farben gemacht, die ich nur habe bekommen können. Sie ist mit gutem Ultramarin etwa 5 oder 6 mal unter- über- und ausgemalt, und da sie schon fertig war, habe ich noch zweimal übermalt, auf daß sie lange Zeit dauere. Ich weiß, wenn Ihr sie sauber haltet, daß sie 500 Jahre sauber und frisch sein wird, denn sie ist nicht gemacht, wie man sonst zu machen pflegt.«

Dürer, der zeitlebens nicht allzu viele Auftraggeber hatte, und wenn er sie hatte, sich regelmäßig beklagte, er verliere an ihnen, und darum lieber ohne Auftrag arbeitete, wie bei den Folgen seiner Holzschnitte und Kupferstiche, klagte vor Heller: »Mich soll auch niemand mehr vermögen, noch eine Tafel mit soviel Mühe und Arbeit zu machen ... denn ich mieste zu ainem bettler darob werden. Den gmaine gemäll will ich ain jahr ain hauffen machen, daß niemandt glaubte, das möglich were, das ain man thun möchte. Aber das fleisig kleiblen gehet nicht von statten. Darumb will ich meines stechens außwarten. Und hätte ichs bißhero gethan, so wollte ich auf den heutigen tag um 1000 Gulden reicher sein.«

Für Dürer war die Sprache ein legitimes Kunstmittel. Als er seine Apostel der Stadt Nürnberg schenkte, predigte er durch Wort und Bild. Mit Textstellen aus Luthers Bibel, die der Schreibmeister Johann Neudörfer auf die Tafel schrieb, warnte Dürer vor falschen Propheten und der Unterdrückung der Armen, als sei Dürer selber einer seiner Apostel.

Als er seine Verse auf einem Flugblatt 1509 mit einer Zeichnung von Jesus und Maria veröffentlichte, erklärte er zwar: »Also spricht Albrecht Dürer, der Maler, der in seinen Kupferstichen das Zeichen führt AD«, erzählte aber, wie seine »brüderlichen« Freunde, der Humanist Willibald Pirckheimer und der Ratsschreiber Lazarus Spengler, ihn seiner Reime wegen verspottet hätten, und zitierte ungeniert die Kritik Pirckheimers und das Spottgedicht des Lazarus Spengler, dem er in seinem Spottgedicht auf Spengler erwiderte:

»Daß ich was lerne, was ich nicht kann,
dafür straft mich kein weiser Mann.«

Obendrein machte er eine Spottzeichnung gegen Spengler. Im Scherz wie im Ernst wollte Dürer nie stehenbleiben. »Ein Mann mit Talent ohne Bildung ist wie ein blinder Spiegel«, sagte er.

Dürer war aus Lust am Malen ein Maler geworden. In seinem Jahrhundert erfand man die Figur des Dilettanten. Dürer hatte zuviel Handwerk, zuviel Genie, zu viele Kenntnisse, um irgendwo ein Dilettant zu bleiben. Was war er nicht, was konnte, was verstand er nicht alles!

Dieser Maler war ein gelernter Goldschmied, ein Zeichner, Illustrator, Kupferstecher, Radierer, Holzschneider. Er war ein Drucker, Verleger und Kunsthändler.

Er war ein Mathematiker, den Kepler und Galilei schätzten. Er schrieb Bücher über Geometrie, Festungswesen, Messung von Menschen, Tieren, Gebäuden, über Proportionen, über die Bewegung. Er machte Entwürfe für Häuser, Glasmaler, Festungen und Basteien und Brunnen, für Becher, Leuchter, Helme, allerlei Geräte und Schmuck. Er zeichnete Schriften, Trachten und den Weltatlas für Stabius.

Er schrieb über Kunst, über seine Familie, über das Schöne, über Gott, über Päpste, über Martin Luther, und was er auf Reisen sah und tat.

Er war ein Sprachschöpfer und Kunsttheoretiker, ein Ästhetiker auf der Jagd nach dem Schönen und Vollkommenen, ein Humanist, ein Diarist, ein vielseitiger Autor und Reimeschmied, ein gelehrter Künstler, der wie Leonardo da Vinci die Malerei für eine Wissenschaft hielt, die sich auf Mathematik und humanistische Bildung gründete.

Er war ein Popularisator, der durch seine Holzschnitte und Kupferstiche seine Anschauungen von dieser und jener Welt, seine von überall angeregten Ideen in Europa verbreitete, ein Volksredner, der in Bildern zur Welt sprach, eine Hauptfigur der europäischen Kunst, der aus der Provinz kam, ein Mittler zwischen Stilen, Epochen, Völkern, Nationen, Sekten und Ständen, und immer wieder ein Initiator. Nachahmend übertraf er zuweilen seine Vorbilder. Die deutschen Maler tadelte er und versprach ihnen eine große Zukunft, die nicht eingetroffen ist.

Seine Bilder signierte dieser Sohn eines Ungarn, der, wie oft Söhne von Einwanderern, abwechselnd besonders kritisch gegen seine Landsleute war und wieder sie panegyrisch rühmte, häufig Albertus Durer Germanus und Noricus und Norimbergensis. Sein Kölner Vetter hieß sich dagegen Unger.

Dürer war ein Kunstlehrer, der bedeutende Maler zu Schülern hatte, wie den Hans Baldung, den Hans Suess von Kulmbach und Hans Schäufelein, und die drei jungen »gottlosen« und revolutionären Maler Hans Sebald Beham, Barthel Beham und Georg Pencz, was zumindest Dürers Werkstatt zur Ehre gereicht.

Wie von allem, was er machte, und wie von sich, hatte Dürer auch von seinen Schriften eine große Meinung und wandte enorme Mühe, Zeit und Genie daran.

Seine theoretischen Studien begann er nach dem ersten Aufenthalt in Italien. In Nürnberg traf der Maler Jacopo de' Barbari, Hofmaler des Kaisers. Dürer schrieb: »Idoch so ich einen find, der so etwas beschriben hät van menschlicher mas zw machen, dan einen man Jacobus genent, van Venedig geporn, ein lieblicher moler. Der wies mir man vnd weib, dy er aws der mas gemacht hätt und daß ich auf diese Zeit lieber sehen wollt, was seine meinung war gewest dann ein new kunigraich, aber dieser forgemelt Jacobus wollte seinen grunt nit klerlich an tzeigen, das merkett ich woll an jm.«

Dürer erzählt, wie er von Plinius und Vitruv und de' Barbari »seinen anfang« genommen und »dornoch aws meinen für nemen gesucht van dag zw dag«.

Im Oktober 1507 schrieb Dürer aus Venedig an Pirckheimer, er reite nach Bologna, »um Kunst willen in heimlicher Perspektive, die mich einer lehren will«.

Seit etwa 1508 schrieb er seine Theorien auf, die er aus Schriften antiker und zeitgenössischer italienischer Autoren, aus Spekulation und Erfahrung gewonnen hatte. Er kannte Theorien und Manuskripte des Leone Battista Alberti und Leonardo da Vinci, zumindest hatte er indirekte Kenntnis. Seit 1512 arbeitete Dürer an seinem Buch »Unterricht der Malerei« oder »Speis der Malerknaben«, wo er Perspektive, Farbenlehre und Proportionslehre

184

abhandeln wollte. Bereits 1513 oder 1515 berichtete der Nürnberger Christoph Scheurl in seiner Vita des Propstes Anton Kress, daß Dürer als einziger nach Apelles ein Buch »von der Kunst und Ursach der Malerei« geschrieben habe. Dürer hat es nie veröffentlicht.

Indes seine humanistischen Freunde Bücher und Pamphlete, ja die meisten Briefe lateinisch verfaßten, schrieb Dürer deutsch. Damals gab es keine wissenschaftliche Prosa in deutscher Sprache, nur die Prosa der Mystiker, Suso, Tauler und Meister Eckhardt in seinen deutschen Laienpredigten. Man druckte auf deutsch in einer ungeschliffenen rohen Sprache halbwissenschaftliche Kalender, Pflanzen- und Gesundheitsbücher oder »Geometrie deutsch«.

Dürer mußte also wie Luther sein Deutsch schaffen, auch er schaute dem Volk aufs Maul und gab Leben einem standardisierten Kanzleistil.

Dürers Stadtmundart und seine Schriftsprache schwebten zwischen dem Bayerischen und Fränkischen, zwischen Mittelhochdeutsch und Neuhochdeutsch. Dürer bediente sich, wie Alberti, der Ausdrücke und Begriffe der antiken poetisch-rhetorischen Stilistik, nahm Vokabeln aus der Tradition der Plato, Cicero, Augustinus, der Scholastiker und der deutschen Mystiker.

Dürer bat Pirckheimer und andere humanistische Freunde, ihm eine Vorrede zu schreiben. Pirckheimer, in deutschen Briefen oft bündig und witzig, wurde zum Pedanten, wenn er deutsch sich literarisch ausdrückte, er prunkte mit Metaphern und klassischen Anspielungen.

Einem dieser Humanisten schrieb Dürer: »Mein Herr! Ich bitte Euch, wollet die Vorrede so einrichten, wie ich im Folgenden anzeige: Erstens begehre ich, daß gar keine Ruhmredigkeit oder Hochmut darin bemerkt werde. Zweitens daß gar keines Neides gedacht werde. Drittens, daß von nichts anderem die Rede sei, als von dem, was in diesem Buche steht. Viertens daß nichts aus anderen Büchern Gestohlenes gebraucht werde. Fünftens daß ich allein an unsere deutschen Jünglinge mich wende. Sechstens, daß ich die Italiener sehr lobe in ihren nackten Figuren und zumal in der Perspektive. Siebentens, daß ich diejenigen, welche im Besitze von etwas für die Kunst Lehrreiches sind, bitte, es zu veröffentlichen.«

Dürer schrieb: »Doch sind wir nit gar aws geschlossen van aller weisheit ... Dorum wer do will, der hör und sech, was ich mach ...«

Für abstrakte mathematische Begriffe benutzte Dürer alte Handwerkervokabeln, etwa Fischblase und der neue Mondschein, um Figuren aus zwei Kreisen zu bezeichnen, die sich schneiden, oder Eberzähne und Ortsstrich. Er schuf neue Vokabeln wie Gabellinie für Hyperbole, Brennlinie für Parabole, Schneckenlinie für Spirale.

Am Ende beschrieb der »arme Maler«, wie ihn Goethe geheißen hat, komplizierte geometrische Konstruktionen kürzer und klarer als die Mathematiker seiner Zeit und drückte historische Fakten oder philosophische Ideen in einer Sprache aus, die der Sprache Luthers ebenbürtig war, wenn wir Erwin Panofsky glauben.

Im Mittelalter unterschied man nicht zwischen Handwerk und Kunst. Maler, Bildhauer, Buchkünstler, Goldschmiede und andere Metallarbeiter sowie Architekten und Bauleute fanden gewisse theoretische Kenntnisse in einer Reihe von Abhandlungen. Aber diese Kunstbücher und ähnliche Schriften italienischer Künstler wie Leone Battista Alberti, Piero della Francesca, Francesco di Giorgio Martini und Leonardo da Vinci lieferten keine wissenschaftlichen Erklärungen, keine Prinzipien, keine Theorie, noch weniger die Wissenschaft, die Leonardo vorsah, sondern Arbeitsmethoden und Arbeitsregeln.

Die Künstler der Renaissance wollten die Natur nachahmen, mußten also erst finden, was die Natur sei, darum Naturwissenschaft treiben, um danach die Methode zu erlernen, wie die Natur nachzuahmen sei. So wurden italienische Künstler durch kunsttheoretische Bemühungen auch zu Naturwissenschaftlern. Antonio Pollaiuolo sezierte Leichen, als zeitgenössische Ärzte Anatomie noch nach Galen und Avicenna lehrten. Leonardo da

Vinci zeigte Gesetze moderner Anatomie, Technik, Geologie und Meteorologie. Galilei verdankt ihm mehr als den Kommentatoren des Aristoteles.

Dürer war der erste Nordeuropäer, der die italienischen Kunsttheorien aufgriff und entwickelte und ein systematisches, präzis formuliertes wissenschaftliches Buch lieferte.

Pirckheimer drängte seinen Freund, seine Kunsttheorien zu veröffentlichen. Dürer zögerte lange, »solch Wunderbuch« herauszugeben.

Er hatte, wie seine Zeitgenossen, die Sichtbarkeit der Natur entdeckt, und des Körpers, des Raums, des Lichts. Er suchte das Feste, Bleibende, Typische, die Gesetze, nach gotischen Exzessen das Einfache, Klassische, die Malerei als exakt lösbare Aufgabe der Geometrie. Um Dinge oder Körper zu begreifen, mußte man sie nur messen, unaufhörlich maß er Tausende Menschen. Wie Alberti und Leonardo wollte Dürer die Normen der menschlichen Proportionen in Zahlen ausdrücken.

Dürer gibt in seinem ersten Buch, der »Unterweisung der Messung mit dem Zirkel und Richtscheit« von 1525 neben ausgewählten Aufgaben aus der darstellenden Geometrie auch die Theorie der schönen Buchstaben, und bringt neben holzgeschnitzten geometrischen Figuren Ellipsen, Parabeln, Kuben, Hohlkörper, Initialen, Perspektiven, Raumberechnungen, auch Entwürfe für ein Siegesdenkmal, für ein Denkmal eines Trunkenbolds und den Entwurf zum Bauernmonument von 1525, mit dem Schwert im Rücken des Bauern, womit Dürer gegen die Bauern, wie Luther, oder für die Bauern, wie Tilman Riemenschneider, Stellung genommen haben soll.

Die Bücher über die Messung und über die Proportionen widmete Dürer dem »hochersprießlichen Freund« Pirckheimer. In seiner Widmung schreibt er: »Denn es ist offenbar, daß die deutschen Maler mit ihrer Hand und im Gebrauch der Farben nicht wenig geschickt sind, wiewohl es ihnen bisher an der Kunst der Messung, Perspektive und anderen dergleichen gemangelt hat. Darum ist zu hoffen, wenn sie diese auch erlernen und also Geschicklichkeit und Kenntnis miteinander überkommen, daß sie dann mit der Zeit keiner anderen Nation den Preis von ihnen lassen werden. Aber ohne Proportionen kann nie eine Figur vollkommen sein.«

Stolz wie ein Entdecker schreibt er: »Ich mein, jch wöll hy ein klein fewerle antzünden. So jr all merung mit künstlicher pesserung darzw thüt, so mag mit der tzeit ein fewer daraws geschürt werden, daz durch dy gantz welt lewcht.«

In diesem nie vollendeten Malerbuch, wo er von allem handeln wollte, was Malen und Malerei betraf, finden wir, wie in seinen Holzschnitten und Kupferstichen, Naivität und Tiefsinn, absurde Details und den Blick fürs Große. Wie gemalter Tiefsinn zuweilen zur ikonographischen Pedanterie wird, sogar in der Melancholie, so sind gemalte Naivitäten doch minder peinlich als geschriebene. Auch hier finden wir manchen grotesken Zug, tragikomische Konflikte und flagrante Widersprüche dieses großen Künstlers, der, wie seine bigotte Mutter vom Christentum voll, zugleich glaubte, die antiken Heiden hätten den Schlüssel zur Welt und Kunst besessen, und der das ganze Wissen und alle Tendenzen seines neuheidnischen Jahrhunderts am liebsten ausgeschöpft hätte, befangen ebenso vor Christus wie vor Plato. Oder unbefangen vor jedermann?

1512 schrieb Dürer: »Es ist uns von Natur eingegossen, daß wir gern viel wüßten, dadurch zu bekennen eine rechte Wahrheit aller Ding!« Doch schrieb er auch: »Solch Ding halt ich für unergründlich.«

Er suchte das Vollkommene und das Schöne, aber welches Vollkommene, welches Schöne?

Da ist sein sonderbarer Satz: »Wie die Alten die schönste Gestalt ihrem Abgott Apollo zugemessen, also wollen wir dieselben Masze brauchen zu Christo dem Herrn, der der Schönste aller Welt ist.«

Der Schönste? Dürer zeigt die Schaustellung, die Geißelung, die Gefangennahme, den Schmerzensmann in der Höhle, am Kreuz zwischen den Schächern, den Leichnam, die Grablegung, die Beweinung – die Passion also in voller Schönheit? Die Schönheit des Leidens?

Wie die antiken Tragödiendichter dieselben Stoffe wiederholten, repetierte die christliche Kunst die gleichen Motive, Größe und Greuel aus der Geschichte der abtrünnigen Juden, die stete Wunderwelt, den tragikomischen Sturz der Menschheit vom Sündenfall bis zum Jüngsten Gericht, dieser grausigen Karikatur auf alle Justiz, mit der Rache eines Gottes für alle Ewigkeit, und die exemplarische Familiengeschichte von der unbefleckten Empfängnis bis zur Kreuzigung, mit Glück und Ende von Mutter und Kind im Marienleben, und dem geplanten Unglück in der Passion.

Julien Sorel, Stendhals Sprecher in »Le Rouge et le Noir«, sagt, der Gott der Christen sei ein Despot und darum voller Rachegedanken; seine Bibel spreche nur von grausigen Strafen. Er sei ohne Mitleid.

Wer war Dürers Gott?

Wie Dürer alle Stände und Klassen, alle irdische Existenz und die himmlische und höllische dazu, alles mit Augen Sichtbare und alles in seiner Phantasie Geschaute festhalten wollte, mit Silberstift und Grabstichel und Pinsel für Wasser- und Ölfarben, auf Holz und Tuch, mit Feder, Kohle, Kreide und Schlammkreide und mit Tusche auf farbigem Papier, und alles zeigen wollte, vom Kaiser zum Henker, von Gott zum Teufel, vom Papst zum erstochenen Bauern, jede Lust, jeden Schmerz, so wollte er auch mit seinen Bildern, Stichen und Holzschnitten alle Stände und Klassen erreichen.

Er malte im Auftrag der Kirche und des Kaisers, von deutschen Kaufleuten in Venedig und Frankfurt und Nürnberg, von Kardinälen und Kurfürsten, von großen Malern und Leuten, die ihm einen Gulden für ein Porträt »schenkten« oder gar nichts zahlten. Er gab seine Zeichnungen und Holzschnitte als Trinkgeld an Knechte und Mägde.

Aber vor allem arbeitete er im eigenen Auftrag und wandte sich an die Gelehrten wie an die Unwissenden, an die Elite wie an die Menge.

Der Kupferstecher und Holzschneider Dürer hat mehr als der Maler seinen internationalen Ruhm begründet und Schule gemacht in Europa. Ihm war jeder Weg recht, jede Wirkung erwünscht, all seine Widersprüche erschienen ihm natürlich. Er sagte: »Was ganz leicht ist, kann nicht sehr kunstvoll sein; was aber kunstvoll ist, das erfordert Fleiß, Mühe und Arbeit.« Doch pries er vor allem die Intuition.

In den Skizzen zum Malerbuch schreibt er zwar von der Schönheit, es gezieme einem Maler, ein Bild aufs schönste zu machen, wie er nur kann. »Was aber dy schonheit sey, daz weis ich nit.« Einmal schreibt er, was von den meisten für schön gehalten würde, das sollen wir uns befleißigen zu machen, viele sehen mehr als einer. Dagegen schreibt er: »Da wir aber fragen, wie wir ein schön Bild sollen machen, werden etliche sprechen: nach der Menschen Urteil. So werden's dann die andern nicht nachgeben, und ich auch nicht.«

Dann wieder schreibt er: »Ich halt dafür, je genauer und gleicher ein Bild den Menschen ähnlich gemacht würde, je besser dasselbe Werk sei … Aber etlich sind eine andere Meinung, reden davon, wie die Menschen sollten sein. Solches will ich mit Ihnen nicht kriegen. Ich halt aber in solchem die Natur für Meister und der Menschen Wahn für Irrsal. Einmal hat der Schöpfer die Menschen gemacht, wie sie müssen sein, und ich halt, daß die rechte Wohlgestalt und Hübschheit unter dem Haufen aller Menschen begriffen sei. Welcher das recht herausziehen kann, dem will ich mehr folgen, denn dem, der ein neu erdichtet Maß, das die Menschen Teil gehabt haben, machen will.« Und er schreibt: »Geh nicht ab von der Natur!«

Etwa 1523 schrieb Dürer: »Darum überlasse ich es jedem, ob er schöne oder häßliche Dinge machen will; denn jeder Meister muß eine edle oder gemeine Figur machen können. Das ist ein großer Künstler, der seine wahre Macht und Kunst in gemeinen und gewöhnlichen Dingen zeigen kann. Darum entwirft einer in einem Tag mit seiner Feder auf einem Papier und ist ein besserer Künstler als der andre in seinem großen und subtilen Bild. Und diese Gabe sei wunderbar; denn Gott gebe oft die Fähigkeit zu lernen und die Einsicht, etwas Gutes zu machen einem Mann, desgleichen in seiner Zeit nie lebt, und kein gleicher lebte lange bevor und kein gleicher wird so bald nach ihm kommen.«

1528 schrieb Dürer, es gebe eine relative Schönheit, die absolute sei bei Gott. Jetzt, da wir nicht das Allerbeste erreichen können, sollen wir es ganz aufgeben? »Den viehischen Gedanken nehmen wir nit an.«

Dürer, ein gefangener Christ, eben da das Christentum sich spaltete und zur Religion der Unwissenden wurde, wollte aus jedem Kerker entwischen und richtete sich in jedem Kerker wohnlich ein.

Wir sind alle eingesperrt, und kein Weg führt in die Freiheit. Das Talent beflügelt, aber man fliegt nur durch eine illusorische Welt. Man lebt in einem zum Schein erweiterten Kerker. Wir sind eingesperrt in die eigene Person. Wir sehen nur, was unser Auge sehen kann, auch wenn wir durch Fernrohre blicken. Wir hören nur, was fürs Hören gemacht ist. Wir erfassen nur das uns Faßliche. Immer wird unser Universum, auch mit Millionen Milchstraßen, nur ein Spiegelbild unserer eingesperrten Vernunft sein, wie jeder Gott unser Schattenbild ist.

Man erzieht uns, ehe wir gehen und sprechen, lehrt uns, was wir essen und denken sollen, schreibt alles vor, was wir wissen können, liefert uns an Mythen, Traditionen, Religionen und andere Vorurteile aus, an jede Art Aberglauben und vererbte Denk-Irrtümer. Wer sich wehrt, wird eingesperrt in einem Kerker innerhalb des Kerkers. Man verbrennt oder erschlägt Ketzer und Nonkonformisten, und unterdrückt sogar das Geständnis, daß man im Kerker lebt.

Wie Dürer in manchen Bildern verfuhr, daß er Figuren aus Teilen zusammensetzte, da den Kopf, und von dort den Hintern nahm, eine Hand einfügte, oder einen Fuß, wie er ganze Figuren transponiert hat, etwa die Venezianerin für seine babylonische Hure ausborgte, oder für Apostel und Heilige seine Freunde als Modell nahm, etwa den Melanchthon, wie sein Adam und seine Eva gleichzeitig auch Apoll und Venus, antike und biblische Figuren darstellten, wie er aus dem Fenster seines Hauses in Nürnberg blickte und Mauer und Türme in sein Marienbild hineinzog, oder auf den Markt ging, um Bauern abzuzeichnen, oder in den Spiegel blickte, wenn er einen Trommler, oder sich, oder Christus, oder einen als den anderen malen wollte, so verfuhr er auch mit seinem Tagebuch der Reise in die Niederlande, wo er für sich seinen Alltag notierte, als bestünde jede Erfahrung seines Lebens aus Einnahmen und Ausgaben, als wäre er ein Buchhalter seines Lebens, und sein Leben eine Folge von Radierungen.

Immerhin zeichnete er in seinem Reiseskizzenbuch in Bildern auf, was ihm merkwürdig oder brauchbar erschien, Tagebuch und Skizzen zusammen ergeben den ganzen Dürer.

Im Tagebuch notiert er so geradehin, so nüchtern, wie er geht und reitet und sich einschifft und mit Fuhrleuten verhandelt, welche Trinkgelder er verteilt (Almosen notiert oder gibt er nicht). Er schreibt auf, was er unterwegs gearbeitet hat, welche Kuriositäten und italienische Kunstwaren er gesammelt hat, mit welcher Bewunderung er die fremde Kunst der Azteken betrachtet hat, was er für seine »Kunstware«, wie er sagt, erlöst hat.

Wir lesen, wie Dürer mit seiner Agnes und der Magd Susanna umgegangen ist, meist aß Frau Dürer mit der Magd in der Küche, und Dürer mit dem Wirt oder mit anderen Herren, wir erfahren, wie die niederländischen Maler und Goldschmiede und anderen Kunsthandwerker den Dürer feierten, wie ihn einst die Maler in Venedig, Ferrara, Bologna gefeiert hatten. Auch der flüchtige König von Dänemark, des Kaisers Schwager, lud ihn zum Essen ein. Dürer notierte und zählte, wer ihn zum

Essen einlud, für wen er Porträts gemacht, wieviel man ihm bezahlt hat, wer zu zahlen vergaß. Er sammelte die Details seines Lebens wie Stüber und Gulden.

Er beschrieb die grotesken Abenteuer und das Gewöhnliche. Die Gemälde, die er eigens aufsuchte, beschreibt er nicht, sondern erzählt nur, wieviel Trinkgeld er dem Küster gab, der ihm das Bild zeigte. Er berichtet, wie er auf einem Schiff beinahe untergegangen wäre, wie er krank wurde, und von so »schönen Mädchengestalten, dergleich ich wenig gesehen habe«. Davon erzählt er auch später dem Melanchthon, bei Festaufzügen stellte man die schönsten Mädchen, in ganz dünnen Flor gehüllt, auf die Straße, und Dürer, wie er dem Melanchthon gestand, hat diese Mädchen sehr aufmerksam und etwas dreist in der Nähe betrachtet, weil er ja ein Maler sei.

Wir erfahren, daß ihn Thomas von Bologna, ein Schüler Raffaels, aufgesucht habe, einer zeichnete den anderen, und wie oft und wieviel Dürer im Spiel verloren habe, daß der den Lukas von Leyden mit dem Stift porträtiert hat, daß ihm Margarete, die Statthalterin der Niederlande, »alle ihre schönen Sachen zeigte, darunter bei vierzig kleinen Bildchen in Ölfarben, dergleichen ich an Feinheit und Güte zugleich nie gesehen habe«, und daß Lukas von Leyden »ein kleines Männchen« war, daß Dürer das »Einreiten zu Antwerpen und des großen Riesen Gebeine« sah, daß Dürer der Margarete ein Bildnis ihres toten Vaters, des Kaisers Maximilian, schenken wollte, »aber da sie ein solches Mißfallen daran hatte, da führte ich ihn wieder weg«. »Ich gab ein Kaiserporträt gegen ein englisches weißes Tuch, daß mir Jakob, Tomasin's Eidam, gegeben hat.« Dürer notiert es ohne Kommentar. Wir lesen in seinem Tagebuch, zwei Hengste brachten siebenhundert Gulden, ein Kohlezeichnung Dürers brachte einen Gulden. Dürer notiert es ohne Kommentar.

Er notiert: »Der Alexander Imhof hat mir vollends hundert Goldgulden geliehen ...«

So hat also Dürer gelebt, unterwegs mit Frau und Magd. So ging er von einer Einzelheit seines Lebens zur anderen. So hat er seine Bilder und sein Leben zuweilen zusammengesetzt. Er machte einen Ausflug, um ein totes Walroß zu sehen, er hat des Walroß' Kopf gezeichnet. Er aß mit Erasmus von Rotterdam, er hat des Erasmus' Kopf gezeichnet.

Er zeichnete den 93jährigen Alten, und zahlte ihm wie einem Modell. Er zeichnete das nackte Brustbild eines Mädchens, Hunde, Pferde, Löwen, seinen Wirt in Antwerpen und den Hafen in Antwerpen, den Tiergarten in Brüssel und Burgen am Rhein, den Sebastian Brant und die Mohrin Katharina, die Agnes Dürer in niederländischer Tracht und später auf dem Rhein, Christus am Ölberg, eine Türkin, einen singenden Jüngling, St. Christophorus neunmal auf einem Blatt, Maria, einen Ruderknecht, Kreuz- und Grabtragung, einen thronenden Bischof und auf der Rückseite des Blattes einen Hund, ein Fliesenmuster, das Rathaus zu Aachen und das Münster, Caspar Sturm mit einer Flußlandschaft und den köstlichen Lautenschlager Hauptmann Felix Hungersperg, und die schöne Jungfrau von Antwerpen, und viele noch, und vieles.

Gegen Bücherverbrenner und Bilderstürmer schrieb Dürer: »Also ehren sie Gott mit dem, das wider ihn ist. Gott habe ein Mißfallen über solche, die Meisterwerke vertilgen, die mit großer Mühe, Arbeit und Zeit erfunden wurden. Ach was großer Schmerzen …«

Aber Dürer, der so oft den Teufel als den Kameraden des Todes malt, und mit gleichem Behagen die Hölle wie den Himmel, sieht die Hölle auch in Rom, schreibt wie Luther: »Der Hölle Pforten – der römische Stuhl.« Und: »Am Freitag vor Pfingsten im Jahre 1521 kam die Mär nach Antwerpen, daß man Martin Luther so verräterisch gefangen genommen hätte … Und lebt er noch?«

Dürer heißt den Luther »Christi Nachfolger«, und »nie sei ein Volk so gräßlich beschwert gewesen, wie wir Arme unter dem römischen Stuhle«. »Und darum sind dieselben, nämlich Martin Luther's Bücher in großen Ehren zu halten, und nicht zu verbrennen; es wäre denn, daß man seine Widersacher, die allzeit der Wahrheit widerstreiten, auch ins Feuer würfe ...«

Menschen ins Feuer werfen? Spricht derselbe Dürer, der dreizehn Jahre vorher seinen Freund Pirckheimer und sich mitten in sein Gemälde, mitten in die minutiöse »Marter der zehntausend Christen« hineingestellt hat? Dürer schreibt: »O Erasmus von Rotterdam, wo willst Du bleiben? Sieh, was vermag die ungerechte Tyrannei der weltlichen Gewalt, der Macht der Finsternis ... Höre du Ritter Christi ... beschütze die Wahrheit, erlange der Märtyrer Krone! Du bist doch ohnedies schon ein altes Männchen. Ich habe ja von dir gehört, daß du dir selbst nur noch zwei Jahre zugegeben habest, die du noch taugest, etwas zu tun ... Und wenn du darob um eine kleine Weile früher stürbest.«

Kennen wir auch diesen Dürer aus seinen Bildern? Mit der Einladung an einen Freund, Märtyrer zu werden?

Im Tagebuch fährt er fort: »Wieder habe ich 1 Gulden zur Zehrung gewechselt. Ich habe dem Doktor wieder 8 Stüber gegeben. Wieder einmal mit dem Roderigo gegessen. Ich habe mit dem reichen Canonicus gegessen. Ich habe 1 Gulden zur Zehrung gewechselt. Ich habe Meister Konrad, den Bildhauer von Mecheln, zu Gaste gehabt an den Pfingstfeiertagen. Ich habe 18 Stüber für italienische Kunstblätter gegeben. Abermals dem Doktor 6 Stüber ... Ich bin am letzten Pfingstfeiertag zu Antwerpen auf dem Pferdemarkt gewesen und habe da überaus viele hübsche Hengste vorreiten sehen, und insbesondere sind 2 Hengste gar um 700 Gulden verkauft worden. Ich porträtierte einen englischen Edelmann mit der Kohle, der schenkte mir einen Gulden, den ich zur Zehrung gewechselt habe.«

Gibt es viele Tagebücher von Künstlern, die so schonungslos und darum so aufregend wären? Das Tagebuch mit seiner provinziellen Pedanterie wird ergänzt durch das weltläufige Genie des Skizzenbuches.

Dürers Schriften sind Beispiele bildhafter präziser Prosa. Man findet wie in seinen Zeichnungen das mikroskopische Detail, den großen Umriß und den grotesken

Zug, die geschwinde Illustration, die farbenstarke Präzision, die dokumentierte Phantasie, das Zusammengesetzte und das Enthüllende, das Zufällige und die großartige spontane Komposition, die scharfen Porträts, die stilisierten und die nackten Selbstporträts.

Freilich findet man auch überall, sogar zwischen den Kapriolen der venezianer Briefe an Pirckheimer, die durchgehende Unzufriedenheit, die stete Mißstimmung, die Empfindlichkeit eines Mannes, dem man unrecht tut, den man trotz allem Ruhm nicht nach Gebühr schätzt und zahlt. Da grollt ein Tasso seinen Tyrannen und falschen Mäzenen. So gekränkt empfindet und spricht der Dürer, der im übrigen so selbstsicher auftritt.

Mit derselben Bitterkeit resümiert Dürer sein eigenes Leben und das Leben der Seinen, die 15 Geschwister, die er überlebt hat. Immer spürt er den Tod am Ellenbogen, den Tod als Bruder, mit dem Teufel daneben. Dürer berichtet die Betrübnis und Armut des Vaters, und »die große Armut, Verspottung, Verachtung, höhnischen Worte, Schrecken und große Widerwärtigkeiten«, welche das Leben der Mutter ausgemacht haben, genau wie er sie gesehen, und ein Jahr vor ihrem Tod aufgezeichnet hat. So behielt er sie, im Bild und im Gedächtnis.

An Pirckheimer schreibt er aus Venedig, wo er doch »zum Gentiluomo geworden« sei: »Hier bin ich ein Herr, daheim ein Schmarotzer.«

500 Jahre später feiern sogar die Nürnberger ihre großen Söhne.

Am Ende des Tagebuchs schreibt er: »Ich habe bei allem meinem Machen, Verzehren, Verkaufen und anderer Handlung Schaden gehabt in den Niederlanden in allen meinen Beziehungen zu hohen und niederen Ständen; und insbesondere hat mir Frau Margareth für das, was ich ihr geschenkt und gemacht habe, nichts gegeben.«

An Kress schreibt er, »dem Kaiser Maximilian habe ich drei Jahre lang gedient und das Meinige dabei eingebüßt«.

An Georg Spalatin schreibt er 1520: »Muß also in meinen älteren Tagen entbehren und meine lange Zeit,

Mühe und Arbeit an Seiner kaiserlichen Majestät verloren haben.«

Dem Rat von Nürnberg schreibt er 1524: »Ich habe
auch die dreißig Jahre, die ich zu Haus gesessen bin, in
dieser Stadt nicht für 500 Gulden Arbeit bekommen, was
ja wahrlich eine geringe und lächerliche Summe ist, und
gleichwohl ist noch nicht ein Fünftheil davon Gewinn.«

Welche Bilanz eines Künstlers, vier Jahre vor seinem
Tode. Welche Bilanz einer Heimatstadt. Und das war die
große Zeit der Stadt Nürnberg, wo ein Pirckheimer im
Rat, Dürer im Großen Rat saß.

Eines der liebenswürdigsten Talente Dürers finden wir
in seinen Schriften wie Bildern: Sein Talent für Freundschaft. Wir kennen keine Liebesgeschichten Dürers.
Pirckheimer hat Dürers Witwe nachgesagt, sie habe ihrem
Mann die Hölle bereitet und das Leben verkürzt.

Im Umgang mit Männern hatte Dürer Glück. Groß,
wie er sie gezeichnet und gemalt hat, so hat er viele
vortreffliche Männer seines Jahrhunderts auch im Umgang gesehen und mit ihnen gelebt von gleich zu gleich,
ein Genie mit seinen Freunden. *(1971)*

Landschaft Franken

Die Tage im Walde wurden schon kürzer. Die Sonne beeilte sich von Abend zu Abend früher hinabzusinken, hinter dem immer dunkleren und zugleich fahleren Laubwerk der Bäume. Gewitter zogen vorüber und verrauschten in jähen Güssen. Danach kamen sanftere, häufigere Regenfälle. Später, inmitten einer still gleitenden Reihe von anmutig heiteren Tagen, begannen die Blumen und Kräuter zu welken, die Felder wurden stoppelig kahl, die Wiesen gemäht. Das Laub der Buchen ringelte sich und begann in den buntesten Farben zu brennen. Die weißen Wolken sanken tiefer. Die Regenpilze im Walde wurden groß und faulig. Der Herbst, September, Oktober, eine Reihe blauer Tage. Die Störche und Wildenten und Schwalben waren schon fortgeflogen. In den Nächten sauste der Wind, als hätte er Lust, die Wälder fortzutragen, gleich in der Luft dahinsegelnden Möwen. Der alte Tucher schlief schlecht in diesen unruhigen Nächten, er stand oft auf und stellte sich ans Fenster und blickte in die Nacht und lauschte auf das Krachen und Schlagen, das Pfauchen und Jaulen, das Pfeifen und schmerzliche Rauschen, auf die hundertfältigen und zusammenfallenden Geräusche dieser Schlachthausmusik der Natur. Wehmütig stellte sich der alte Tucher vor, dies sei sein letzter Herbst. Er fürchtete im Dunkeln, den Winter nicht mehr zu überleben. (...)

Die Dämmerung hatte schon ihre grauen Nebel verloren und blühte in den zauberischen Farben der Frühe, in tiefem, schwimmendem Gold und in mystischem Blau und mildem Orange und Silber und Lila, und die Gewölbe flammten wie brennende Städte am Himmel, und die Luft war wie glühender Rauch, farbentriefend, und im Osten ging strahlend die Sonne auf, und vom Rot fiel ein heller Schein auf die fahlen Gesichter der Männer und schien ein neues, schöneres Leben auf ihren Wangen entzünden zu wollen. Aus der Luft kam das steigende und fallende

Trillern der unzähligen Lerchen. In sanften Stößen drang der frische, kühle Atem des Morgens in die Weinluft des Saales. Der alte Tucher trat ans Fenster und blickte hinaus auf den Park, die Wiesen und Äcker und Weinhügel, die im ersten Licht der Frühe glänzten, und wandte sich zu seinen Kindern und Freunden und sagte, indem er mit der Linken hinausdeutete auf Land und Himmel: »Ist es nicht ein schönes Land, das ich euch schenke, meine Kinder?« *(1934)*

Ich lebe nicht in der Bundesrepublik

Ich habe mehr als dreißig Jahre in Deutschland gelebt, und vielleicht ein halbes Jahr in der Bundesrepublik. Ich verließ Deutschland, als seine Regierung von Männern gebildet wurde, die den Menschenmord und den Völkermord zum Regierungsprogramm gemacht haben. Solange ein Globke einer der höchsten Beamten war, erschien mir die Bundesrepublik unheimlich. Wenn Berlin wieder frei wäre und die Hauptstadt der Bundesrepublik, würde ich vielleicht wieder nach Berlin ziehen. Ich lebe gerne in Weltstädten, und weder München noch Stuttgart, weder Frankfurt noch Hamburg nehmen es mit Paris oder London, New York oder Rom auf. Ich bin ein Schriftsteller, und ich glaube, nichts beeinträchtigt die deutsche Literatur mehr als ein gewisser enger Provinzialismus. Ich glaube, alle deutschen Schriftsteller sollten einen großen Teil ihres Lebens im Ausland verbringen, die Welt sehen, unter Fremden heimisch werden.

Ich habe in aller Welt Freunde, aber nirgends so viele wie in der Bundesrepublik. Mich hat es immer zu meinen Freunden (und Freundinnen) gezogen. Ich habe nie lange Lebenspläne gemacht. Ich war nach Rom gekommen, für ein Jahr. Und wohnte zehn Jahre in Rom. Vielleicht fahre ich schon nächste Woche in die Bundesrepublik, oder im Mai 1964 etwa nach Düsseldorf, wo Heinrich Heine geboren wurde, oder nach New York, wo meine Schwestern, meine Nichte, und so viele deutsche Freunde leben, die Deutschland verlassen hatten, als es die halbe Welt zu verfinstern begann.

Ich fühle mich in aller Welt zu Hause, wo der Staat noch nicht allmächtig ist. Wäre ich ein Baum, so würde ich immer noch auf demselben Fleck Erde stehen, wohin ein Wind meinen Keim getragen hätte. Wäre ich ein

Storch, so würde ich jedes Jahr aus der Bundesrepublik nach Ägypten fliegen. Ich fühle mich überall zu Hause, wo es Menschen gibt, die keinen Unterschied zwischen Menschen machen, und nicht nach ihrer Hautfarbe, nicht nach ihrer Religion, nicht nach ihrer Partei, nicht nach ihrer Herkunft, nicht nach ihrem Wohnort fragen, sondern nur danach, ob es Menschen guten Willens sind, Menschen, die nicht nur auf Kosten anderer leben wollen, Menschen, die mehr von sich fordern als von andern, Menschen, die jeden auf seine Weise leben und glücklich sein lassen, wenn nur seine Weise nicht schädlich, nicht tödlich für die Weise der anderen wird.

Im übrigen lebt ein deutscher Schriftsteller immer mit dem Geiste dort, wo man seine Sprache spricht und wo man ihn versteht.

Warum also nicht in der Fremde leben, da man später so lang, so ewig zu Hause sein wird; denn die Toten sind überall zu Hause. *(1963)*

Ich über mich. Apokrypher Nachruf und Gegen-Nachruf

Gestern, den 28. Januar 1999, starb überraschend der in 29 Ländern verbotene Autor Hermann Kesten, sozusagen vor den Augen und Ohren der halben Welt, eben als er in seinem fränkisch prononzierten Englisch im Channel 13 in New York anläßlich seines 99. Geburtstags seine aufrührerische Rede gegen die Zensurbehörde der Vereinigten Staaten von Europa (»Staatsgesinnungsamt« US. EUR.) beendet hatte. (Der Sender Freies Berlin bringt diese vom Staatsgesinnungsamt nur leicht überprüfte Rede erst heute, in der bekannt deutschen Übertragung durch Peter Chotjewitz [67], der zur Ehrung des Verstorbenen vor dem Fernsehschirm so auftritt wie in seinem rigorosen Nacktbuch im Verlag Melzer, Darmstadt.)

Kesten, beweglich wie je, hatte bereits in Rom im italienischen P.E.N. Club eine Stunde vor der Auflösung des Clubs durch die europäische Literaturpolizei (die bekanntlich nur experimentelle Parteiautoren beschäftigt) die Gründung des neuen Exil-P.E.N.-Clubs der europäischen Literatur mit dem Sitz in New York, Jerusalem und Tokio angekündigt, hatte mittags in Paris eine stürmische Unterredung mit dem Generalkommissar aller deutsch-französischen Provinzen der Vereinigten Staaten von Europa, Daniel Cohn-Bendit (55) gehabt, hatte in Jerusalem sowie kurz darauf in Tokio in identischen Fernsehinterviews mit Horst Bienek (69) seine Pläne für seinen hundertsten Geburtstag im Jahr 2000 bekanntgegeben und war frisch wie stets in New York eingeflogen, wo einige seiner Urenkelinnen ihn umarmten und per Hubschrauber zum Channel 13 in Manhatten brachten.

Ehe wir im Laufe der übrigen 28 Seiten unserer heutigen Zeitung mit dem gebührenden Respekt die Daten der moralischen Triumphe und politischen Niederlagen dieses keineswegs gewöhnlichen Autors bringen, zitieren wir die Aussprüche einiger Persönlichkeiten mehrerer Kontinente.

Peter Handke (56): »Kesten? Nie gehört! Vielleicht Boxer? Wir Vertreter der jungen Generation ...«

Robert Neumann (104), auf die Frage: »Was halten Sie von Kestens Büchern?« – nachdem ihm seine strahlend junge Gattin die Frage zum vierten Mal ins Hörrohr geschrien hatte, lächelnd: »Mit meiner berühmten anekdotischen Deutlichkeit sowie ohne Schonung der Person: Kesten war mein einziger Freund, abgesehen von Friedrich Torberg, der indes jede Freundschaft zwischen mir und ihm stets bestritten hat ...« (Seine strahlend junge Gattin ruft fünfmal ins Hörrohr: »Kestens Vorreden!«) Neumann: »...«

Arthur Miller (84), Ehrenpräsident des P.E.N.: »Kesten fiel mir hauptsächlich auf Kongressen durch seine sprühende Schweigsamkeit auf.« Der bekannte echolale Anonymus Becker im »Spiegel«: »Eros vorbei ...«

Toni Kesten (die Witwe): »Hermann hatte zahllose Vorzüge, zum Beispiel seine Ungeduld, seinen politischen Eigensinn, seine literarische Rücksichtslosigkeit, seinen Unwillen, von sich selber zu sprechen, seine Gewohnheit, mir bei Tisch zum Dessert Gedichte der jüngsten Generationen vorzulesen und auf gemeinsamen Spaziergängen hartnäckig zu schweigen, unter dem Vorwand, er denke nach ... nachdenken? Schließlich war er kein Philosoph. Wie sagen Sie? Seine Vorzüge? Wie erwähnt, er war zu geschwind, so ging er, so schrieb er, so lebte er. Hätte er auf mich gehört, so wäre er dank den Fortschritten der Eugenik und der Ökologie wie andere Autoren auch leicht 120, was sage ich, 160 Jahre alt geworden und hätte mir diese überstürzte Trennung erspart. Als Gatte? fragen Sie. Er hatte auch Fehler. Aber er liebte fast alle, die ihn liebten. Und er war liebenswürdig.«

Erich Kästner (100): »Kesten war mein Freund. In jungen Jahren hatte er Anlagen zum Tennis, freilich keine Schulung ...«

Paolo Milano (104), Literaturkritiker der römischen Wochenschrift ESPRESSO: »Kesten? In seinen Zwanzigern, in den Zwanzigern des 20. Jahrhunderts, einer der Führer der Neuen Sachlichkeit, mit Joseph Roth, Erich Kästner, Bert Brecht, Alfred Döblin, Heinrich Mann, verlor er sich gegen Ende seines freilich allzu kurzen Lebens in gewiß noch nicht zu überblickende Experimente, die im Gegensatz zu Beckett und Solschenizyn, wie schon Sartre sagte, was Norman Mailer freilich bestritten hat, trotz der gegenteiligen Ansicht der drei Büchnerpreisträger Heissenbüttel, Jandl, Wolfgang Bauer, aber in Übereinstimmung mit den ewig neuen Kursbuch-Revoltetexten von Hans Magnus Enzensberger, entsprechend dem ›Schmutz‹ von Christian Enzensberger ...«

Inspiriert von »Der Spiegel« (150), jenem rührenden Hohlspiegel, wo schreibende Analphabeten die Welt genau so enthüllen, wie lesende Analphabeten die nackte Welt sich immer schon vorgestellt haben, erscheint dieser Nachruf anonym, unser Gegen-Nachruf dagegen, den wir in der morgigen Ausgabe bringen, unter Pseudonym.

Kesten war der heiterste deutsche Dichter des 20. Jahrhunderts. In seinen Büchern wird sein fröhliches Gelächter noch lange forthallen. Er sah so vernünftig aus, daß man ihm jene definitive Dummheit, die Menschen machen können, nämlich zu sterben, gar nicht zugetraut hätte.

Wer mit ihm umging, dem schien er so präsent, daß es uns absurd vorkommt, von ihm im Präteritum zu sprechen.

Diese Identität mit dem Leben charakterisiert ihn und sein Werk. Er publizierte Kesteniana 73 Jahre lang: Aphorismen, Gedichte, Dramen, Novellen, Romane, Biographien, Essays, Aufsätze, Rezensionen, politische Aufrufe, Briefe, Anthologien, er machte Editionen der Werke zahlreicher imaginärer und reeller Freunde. Jeder Satz, den er gestern oder vor siebzig Jahren geschrieben hat, wird noch in hundert Jahren so aktuell und lebendig sein wie heute.

Seine Frau versichert, nicht sein Verdienst, sondern die Grenze seines Talents habe ihn gehindert, auch nur einen unaufrichtigen Satz zu schreiben. Zuweilen wollte sie ihn bewegen, etwas ungesagt zu lassen, aus Rücksicht auf gewisse Gefahren, oder im Hinblick auf gewisse Erfolge.

»Wenn ich anfange, die Wahrheit zu fürchten«, erklärte er, »so kann ich keine Zeile mehr schreiben. Ich erkenne keinen Zensor an, nicht mal den Zensor in meinem Bett.«

Im allgemeinen Interesse sah er sein Interesse. Er hatte nie einen Besitz. Sein Kapital waren Bücher und Freunde. Er lebte von seinen Büchern und mit seinen Freunden.

Vor Menschen hatte er keine Furcht, dagegen vor Dummheit, Krankheit und dem Tod. Verbrecher hieß er soziale Kranke und Diktatoren soziale Verbrecher. Nach seinen Feinden befragt, erwiderte er: »Ich kenne keine persönlichen Feinde, nur Menschenfeinde.«

Literarische Rücksicht nahm er gelegentlich auf Freunde. Er rühmte sie vielleicht mehr, als andere Kollegen glaubten, daß es gerade jene verdient hätten. »Das eben ist die Verzauberung der Liebe«, sagte er, »daß sie den Geliebten so schön sieht, wie er nur im Entwurfe ist.«

Es ist kein Zufall, daß vom ersten Tag, da er publizierte, gerade viele der besten Autoren über seine Bücher geschrieben haben. Es bezeichnet ihn, daß die meisten seine Freunde waren.

Er glaubte, kein andrer hätte seine Romane und Novellen besser schreiben können.

Seine Essays dagegen, meist Gelegenheitsarbeiten, wie »Dichter im Café«, »Meine Freunde die Poeten«, »Die Lust am Leben«, »Ein Optimist«, »Der Geist der Unruhe«, »Lauter Literaten«, oder seine Biographien über Copernicus, Casanova, Diderot, Heinrich Heine, seien literarische Liebeserklärungen, Ausdruck seiner Zärtlichkeit für seine wahren und imaginierten Freunde in der Weltliteratur und für die Menschheit, die er seine liebste Freundin hieß.

Er erklärte, er habe stets ein Gewissen und selten ein schlechtes Gewissen gehabt, da er fast alle seine Fehler für Fehler der Natur hielt. Meist habe er andere nicht schlimmer behandelt, als er wünschte, selber behandelt zu werden.

Er liebte den Umgang mit Menschen und mit Büchern, in denen er wieder das Abbild von Menschen fand, er liebte die schönen Künste und große Ideen, bis zur Naivität, obgleich er skeptisch genug war, die Gebrechlichkeit und Zweideutigkeit aller Zivilisationen zu durchschauen.

Freiheit, Gerechtigkeit, Glück, Liebe, Lust am Leben, Wahrheit waren häufig Titel oder Themen seiner Bücher, wie »Josef sucht die Freiheit«, »Der Gerechte«, »Glückliche Menschen«, »Ein Sohn des Glücks«, »Die Lust am Leben«, »Die Liebes-Ehe«. Freilich war Kesten ein ironischer, ja satirischer Autor, ein schwärmender und erbitterter Chronist seines Jahrhunderts, worauf diese oder andere Titel seiner Bücher, wie »Der Scharlatan«, »Die Kinder von Gernika«, »Die Zeit der Narren«, »Die Zwillinge von Nürnberg« hinweisen.

Kestens bestes Buch war nach Thomas Mann (freilich im Vorwort von Thomas Mann zu diesem Buch!) »Die Kinder von Gernika«, Heinrich Mann und Stefan Zweig zufolge »Glückliche Menschen«, laut Joseph Roth »Der Scharlatan« und »Der Gerechte«, laut Alfred Döblin »König Philipp der Zweite«, laut Ferdinand Lion und Klaus Mann »Die Zwillinge von Nürnberg«, laut Erich Kästner »Copernicus« und »Bücher der Liebe«, laut Wolfgang Koeppen »Dichter im Café«, laut Kesten selber sein vorletztes Buch »Autoren auf dem Mond« (München 1998 bei Kurt Desch), laut Kurt Desch Kestens Biographie »Casanova«.

Seiner Nachwelt sicher, falls es eine Nachwelt gäbe, zweifelte Kesten zuweilen an der Wirklichkeit der Vorwelt. »Es wäre ein Witz«, erklärte er, »wenn ich diese ganze Welt nur geträumt hätte. Es wäre eine Entschuldigung für den lieben Gott, wenn es ihn gäbe. Wenn es also wahr ist, daß diese ganze Welt, samt Sonne, Mond und Sternen, ja dem Universum, das daran hängt, nur eine Erfindung von mir ist, so verlasse ich ungern diese geträumte Welt, denn ich hänge an meinen Fiktionen.«

Gegen-Nachruf, vom 30. Januar 1999:

Kesten, bekanntlich ein »monotheistischer« Atheist, ein verzweifelter Pazifist, ein ungeduldiger Moralist, ein skeptischer Rationalist, ein weltbürgerlicher Antinationalist, ein idealistischer Sensualist, obendrein eingestandenermaßen ein Intellektueller, Poet, Republikaner, Kaffeehausliterat und ... Jude! gab vor, er sei schon verliebt auf die Welt gekommen, sei bereits mit fünf Jahren entschlossen gewesen, Autor zu werden, mit dreizehn habe er sich vorgenommen, die Welt anzuklagen, mit siebzehn, sie zu verbessern, mit neunzehn, sie zu beschreiben, mit 21 beschloß er, ein guter Mensch zu werden, mit 26, als er seine erste Novelle, und mit 27, als er seinen ersten Roman publizierte, wollte er ein neues Kapitel der deutschen Literatur eröffnen, mit 30 Jahren nahm er sich vor, sein Jahrhundert zu überleben, und verließ mit 33 Jahren das deutsche Reich, in der Hoffnung, ein besseres Europa mitzugründen.

Was ist aus seinen Träumen, was ist aus ihm geworden?

Wie man weiß, erklärte er vorgestern in New York, er schreibe jetzt, in seinem hundertsten Jahr, sein eigentliches, sozusagen sein erstes Buch. Es ist, wie uns seine Witwe, Toni Kesten, versichert, ein Fragment geblieben.

Wir müssen folgern, daß Kesten nur ein Fragment von Kesten war.

Dieser kaum Hundertjährige gehört demnach unbestritten zu jenen allzufrüh in jungen Jahren weggerafften großen Hoffnungen der deutschen Literatur, an denen Deutschland so beklemmend reich ist. *(1970)*

Biografie

28.1.1900	geboren in Podwoloczyska (Galizien); Eltern: lsak Kesten (1871-1918), lda, geb. Tisch (1872-1962); Geschwister: Karoline (1897-1979), Gina (geb. 1904)
ca. 1904	Umzug nach Nürnberg
1906-1910	Volksschule an der Bismarckstraße
1910-1919	Melanchthon-Gymnasium mit Abitur
1919/1920	Universität Erlangen (Jura, National- ökonomie)
1920-1923	Universität Frankfurt am Main (Jura, Nationalökonomie, Geschichte, Philo- sophie, Germanistik)
1922	Verlust des Manuskriptes einer Disserta- tion über Heinrich Mann
1923-1925	Reisen nach Portugal, Spanien, England, Holland, Frankreich, Italien, Nordafrika
seit 1926	freier Schriftsteller
1927	Übersiedlung nach Berlin, Autor beim Kiepenheuer Verlag
seit 1928	Cheflektor beim Kiepenheuer Verlag
1928	Heirat mit Toni Warowitz (5.7.1904- 3.7.1977); Beginn der Freundschaft mit Erich Kästner, Joseph Roth, Ernst Toller, Heinrich und Klaus Mann u.a.; ehren- volle Erwähnung beim Kleist-Preis
15.3.1933	Flucht vor dem NS-Regime; lebt ab- wechselnd in Paris, Nizza, Amsterdam und Ostende; Leitung der deutschen Abteilung des Verlages Allert de Lange in Amsterdam, Herausgabe von Werken deutscher Emigranten
1939	Internierung in den Lagern Colombes und Nevers als »feindlicher Ausländer«
17.5.1940	Flucht in die USA, dort – zusammen mit Thomas Mann – »Honorary Advisor«

	des »Emergency Rescue Committee« für Emigranten deutschsprachiger Länder
1949	Staatsbürgerschaft der USA; Ende des Exils; Reisen nach Europa, u.a. nach Deutschland (dabei Besuch auch in Nürnberg) und nach Asien; lebt seitdem abwechselnd in New York, Rom und in der Schweiz
1952	Übersiedlung nach Europa, Wohnort zumeist Rom
1954	Kulturpreis der Stadt Nürnberg
1969	Premio di Calabria
1974	Georg-Büchner-Preis
1975	Stiftung eines Hermann-Kesten-Preises durch Verlag R. S. Schulz; öffentliche Feier zum 75. Geburtstag durch die Stadt Nürnberg
1977	Kulturpreis der Stadt Dortmund; Nelly-Sachs-Preis; Übersiedlung nach Basel
1978	Ehrendoktor der Universität Erlangen-Nürnberg
1980	Ehrenbürger der Stadt Nürnberg
1982	Ehrendoktor der Freien Universität Berlin
1988	Aufstellung einer Kesten-Skulptur in Nürnberg (Wilhelm Uhlig)
1990	Öffentliche Feier zum 90. Geburtstag durch die Stadt Nürnberg
1993	Öffentliche Ehrungen in Basel und Nürnberg
1995	Öffentliche Ehrung in Nürnberg als Stifter der Preissumme für den 1. Nürnberger Menschenrechtspreis
3.5.1996	Verstorben in Basel
7.5.1996	Beisetzung in Basel

Bibliografie

*Die Titel in Kursivdruck sind in der Stadtbibliothek
Nürnberg vorhanden; Auflistung: Ulf von Dewitz*

Romane
Josef sucht die Freiheit (1927)
Ein ausschweifender Mensch (1929)
Glückliche Menschen (1931)
Der Scharlatan (1932)
Der Gerechte (1934)
Ferdinand und Isabella (1936)
König Philipp der Zweite (1938)
Die Kinder von Gernika (1939)
Die Zwillinge von Nürnberg (1947)
Die fremden Götter (1949)
Der Mohr von Kastilien (1952)
Ein Sohn des Glücks (1955)
Bücher der Liebe: 4 Romane (1960)
Die Abenteuer eines Moralisten (1961)
Die Zeit der Narren (1966)
Ein Mann von sechzig Jahren (1972)

Erzählungen, Novellen (Auswahl)
Vergebliche Flucht (1926)
Die Liebesehe, 2 Novellen (1929)
Die Rache, Schulausgabe (1948)
Moritz Pfeffer (1930)
Die Liebesehe, 18 Novellen (1948)
Oberst Kock und andere Novellen (1957)
*Mit Geduld kann man sogar das Leben aushalten,
7 Novellen (1957)*
Die 30 Erzählungen von Hermann Kesten (1962)
Dialog der Liebe. Novellen (1981)

Lyrik
Ich bin der ich bin (1974)

Bühnentexte (Auswahl)
Maud liebt beide (1928)
Admet (1928)
Babel oder der Weg zur Macht (1929)
Wohnungsnot oder die Heilige Familie (1930)
Einer sagt die Wahrheit (1930)
Wunder in Amerika (1931, zusammen mit Ernst Toller)

Biografien, Essays, Reden (Auswahl)
Copernicus und seine Welt (1948)
Casanova (1952)
Meine Freunde die Poeten (1953)
Dichter im Café (1959)
Der Geist der Unruhe (1959)
Gotthold Ephraim Lessing – Ein deutscher Moralist
(1960)
Filialen des Parnaß (1961)
Lauter Literaten (1963)
Deutsche Literatur im Exil (1964)
Ein Optimist (1964)
Zwanzig Jahre danach. Zweite Nürnberger Rede (1965)
Der Dichter in der modernen Welt (1967), BR Studio
Nürnberg
Mit Menschen leben (1967), BR Studio Nürnberg
Die Lust am Leben. Boccaccio, Aretino, Casanova
(1968)
Das Exil und Heine (1969), BR Studio Nürnberg
Hymne für Holland (1970), Niederländische Bot-
schaft Bonn
Heine lebt (1972), Düsseldorf
Revolutionäre mit Geduld (1973)
Die vergebliche Heimkehr: Wiedersehen mit
Deutschland (1975), BR Studio Nürnberg

Herausgeber von Anthologien u.a. Werken (Auswahl)
24 neue deutsche Erzähler (1929)
Neue französische Erzähler (1930)
Novellen deutscher Dichter der Gegenwart (1933)

Ernst Toller, Briefe (1935)
Heinrich Heine, Meisterwerke in Vers und Prosa (1939)
Heart of Europe. An Anthology of Creative Writing in
Europe 1920-1940 (1943, zusammen mit Klaus Mann)
The blue flower. Best stories of the Romanticists (1946)
Emile Zola, The Masterpiece (1946)
*Unsere Zeit Köln. Die schönsten deutschen Erzäh-
lungen (1956)*
Josef Roth, Werke (1956)
Kurt Tucholsky, Eine Auswahl (1957)
René Schickele, Werke (1959)
Vorwort zu Erich Kästner: Gesammelte Schriften (1959)
Heinrich Heine, Prosa (1961)
Gotthold Ephraim Lessing, Werke (1962)
Die wirkliche Welt. Realistische Erzähler (1962)
Europa heute. Prosa und Poesie seit 1945 (1963)
Ich lebe nicht in der Bundesrepublik (1964)
Josef Roth: Briefe 1911-1939 (1970)

Übersetzungen (Auswahl)
Julian Green, Leviathan (1930)
Jean Giraudoux, Die Abenteuer des Jérome Bardini
(1932)
Jules Romains, Der Kapitalist (1931)
Henry Michaux, Meine Güter (1931)
Emanuel Bove, Geschichte eines Verrückten (1931)
John Gunther, So sehe ich Asien (1940)
Stephen V. Benêt, Amerika (1945)
E.B. White, New York (1954)

Werke Kestens wurden in folgende Sprachen übersetzt:
Chinesisch, Dänisch, Englisch, Französisch, Hebräisch,
Holländisch, Italienisch, Japanisch, Jiddisch, Kroatisch,
Norwegisch, Polnisch, Portugiesisch, Schwedisch, Ser-
bisch, Slowenisch, Spanisch, Tschechisch, Ungarisch u.a.

Quellenverzeichnis

Der alte Dichter, aus: *Ich bin der ich bin*, München/
Zürich 1974

Mit Menschen leben (Vortrag im Studio Nürnberg des
Bayerischen Rundfunks, 1967), aus: Wolfgang
Buhl (Hg.), *Fränkische Klassiker*, Nürnberg 1971,
© Verlag Nürnberger Presse Druckhaus Nürnberg

Der Dichter im Café, Vorwort aus: *Dichter im Café*,
Wien/München/Basel 1959

Die Ehre, aus: *Die Dreißig Erzählungen*, München
1962

Dreimal erste Liebe, aus: Robert Neumann (Hg.), *34 x
erste Liebe*, Frankfurt am Main 1966

Nürnberg, aus: *Das Stachelschwein*, in: »Hermann
Kesten als Journalist«, Magisterarbeit von Anja
Herrmann, Erlangen 1994

Brüder! Zur Sonne, zur Freiheit!, aus: *Die Zwillinge
von Nürnberg*, 2. Kapitel, Amsterdam 1947

Der Nürnberger Trichter, aus: *Die Sammlung. Literarische Monatsschrift*, hg.v. Klaus Mann, 2. Jg.,
Heft 1, Amsterdam 1935

Exegese des Exils: Exzerpte, aus: H.K. (Hg.), *Deutsche
Literatur im Exil. Briefe europäischer Autoren
1933-1949*, München 1964

B. und B., aus: *Ich bin der ich bin*, München/Zürich
1974

Beginn einer Rettung, aus: *Ein Mann von sechzig Jahren*, München/Wien/Basel 1972

Der Auszug aus Ägypten, aus: *Sieg der Dämonen*, ab
1972 *Ferdinand und Isabella*, München 1972

Wir Nürnberger. Erste Nürnberger Rede (Ansprache
zur Hauptversammlung des Deutschen P.E.N.-
Zentrums in Nürnberg, 1961), aus: *Filialen des
Parnaß*, München 1967

Zwanzig Jahre danach. Zweite Nürnberger Rede (gehalten im Rahmen der fränkischen Kulturtage

1965), hrsg. v. Nürnberger Schul- und Kultur-
referat, Nürnberg 1965

Träume. Ein Brief, aus: *Merian* 8. XIX, Nürnberg 1966

Wiedersehen mit Nürnberg, aus: *Ein Optimist,* München 1970

Wiedersehen mit Schulbuben: Der Abituriententag
(Bayerischer Rundfunk und Abendzeitung München), aus: *Ein Optimist,* München 1970

Johannes Kepler, aus: *Ich bin der ich bin,* München/
Zürich 1974

Der Autor Dürer (Vortrag im Germanischen National-
museum, veranstaltet vom Studio Nürnberg des
Bayerischen Rundfunks, 1971), aus: *Revolutionäre mit Geduld,* München 1973

Landschaft Franken, aus: *Der Gerechte,* München
1967 (Wiederauflage)

Ich lebe nicht in der Bundesrepublik, aus: H.K. (Hg.),
Ich lebe nicht in der Bundesrepublik, München
1964

[Ich über mich.] Apokrypher Nachruf und Gegen-
Nachruf, aus: K.H. Kramberg (Hg.), *Vorletzte
Worte – Schriftsteller schreiben ihren eigenen
Nachruf,* Frankfurt 1970

*Abdruck der Texte mit freundlicher Genehmigung von
RA Beisler, München bzw. der genannten Verlage und
Institutionen. Für einige Texte waren die Rechteinhaber
nicht zu ermitteln; sie werden hiermit gebeten, sich an
den Verlag zu wenden.*

Die Verkehrsaktiengesellschaft Nürnberg verleiht manch geflügeltem Wort Räder: In Bussen und Bahnen plakatiert sie *Bewegte Worte* von Dichtern aus Franken oder aus Nürnbergs Partnerstädten.

Einer davon, einer der größten und berühmtesten, ist der Jahrhundertautor Hermann Kesten, der in Romanen seiner Heimatstadt ein literarisches Denkmal gesetzt hat und in Reden und Aufsätzen »seinen« Nürnbergern viel Besinnliches, Kritisches und Liebevolles zu sagen wußte.

Die *Bewegten Worte* Hermann Kestens, zu seinem 100. Geburtstag und zum 950jährigen Stadtjubiläum in einem Nürnberger Lesebuch zusammengestellt, sind gedacht für Menschen, die sich bewegen lassen.

Gute Fahrt mit Ihrer VAG Nürnberg

Gegenwartsliteratur
bei ars vivendi

Elmar Tannert · Der Stadtvermesser
Roman, Hardcover, 200 Seiten
ISBN 3-89716-037-4

Die Anatomie der Stadt N., ihr Geist und ihr Ungeist – ein
Kaleidoskop aus menschlichen Trieben und unmenschlichen Machenschaften, aus Geschichte und Gegenwart,
aus Mickymaus und Goebbels, vermessen und aufgezeichnet in einem fulminanten Romanerstling.

*»Dieses Debüt ist, im doppelten Sinne, ein starkes Stück.
Und ein Heimat- respektive Schlüsselroman der beson-
deren Art.«* Nürnberger Nachrichten

Wolfgang Buhl · Karfreitagskind
Roman, Hardcover, 616 Seiten
ISBN 3-89716-051-X

Episodenreich und voller Ironie erzählt der Roman die
Geschichte einer Familie, in der sich die Irrungen und
Wirrungen der deutschen Staatengeschichte des 20. Jahrhunderts spiegeln. Meta, Kurt, Dorle, Fritz, Manuel und
mittendrin Elsa, das »Karfreitagskind«: sechs Lebensläufe, verflochten durch Familienbande, aber mehr noch
durch Wunsch und Verwünschung, Entfremdung und
Annäherung, Trauer und Wut, Heimatverbundenheit und
Heimatverlust. – Ein aufwühlendes und poetisches Pan-
optikum der deutschen Teilung und ihrer Überwindung.

*Der »›deutsch-deutsche Roman‹ ... gefordert haben den
seit 1989 viele Literaturkritiker – jetzt müssen sie ihn
nur noch lesen«.* Abendzeitung